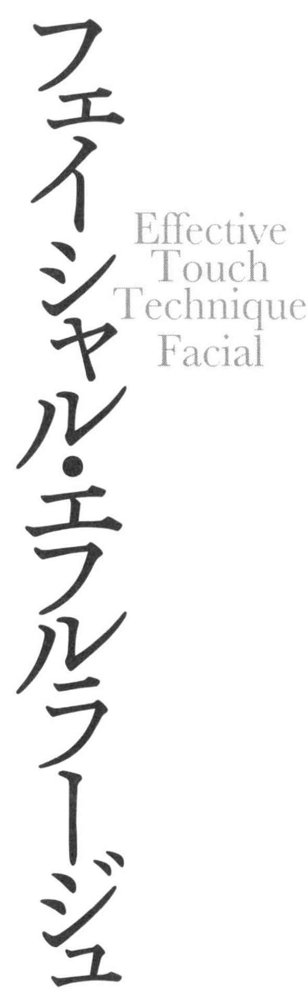

小澤智子 著
エフェクティブタッチ・スクール
校長

野溝明子 監修
医学博士

BAB JAPAN

はじめに

「ボディとフェイシャルでは、どちらが難しいですか？」

セラピストの皆さんからよくいただく質問です。

これは私見ですが、フェイシャルのほうが難易度は高いと感じています。なぜなら、ボディよりも繊細に対応しなければいけないからです。手のひら全体を密着させることと、指先を密着させることでは、細かさが違います。

ただ、いったん身につけてしまうと、「ボディよりもフェイシャルのほうが楽しい！」というセラピストの声も多いです。

エフェクティブタッチ・テクニークのボディとフェイシャルの違いについて、いくつかの視点から説明しましょう。

一つ目は、**圧の違い**です。

顔の筋肉は身体の筋肉に比べて小さく薄いので、それに合わせた圧の練習が必要になってきます。

圧が強すぎるとファッシア（浅筋膜や深筋膜）を潰してしまい、リリースすることが難しくなってしまいます。そのため１回の施術で結果が出にくくなってしまいます。

最初はファッシアどころか、筋肉まで潰してしまうほどの圧を掛けてしまっていることもあります。もちろんそれはもってのほかです。

頭の中にイメージしている圧加減が、エフェクティブタッチの圧と、いかに異なっているのか修正してもらうことが、習得における第一課題となってきます。この点は時間をかけて練習していきます。

二つ目は、**骨の形の違い**です。

ボディにある骨、例えば腕と足の骨は棒のように真っ直ぐです。丸みがある部分は肋骨、ゴツゴツとしている部分は肩甲骨や骨盤ですが、どこもパーツが大きく、施術しやすいのです。

ですが、顔の骨は小さい上にいろいろな形が混在しています。顎先のシャープさ、頬の丸み、鼻の高さや目の彫りの深さなど、それぞれの骨の面に対して常に一定の圧を掛けていくのは至難の業なのです。骨の面に合わせた密着は、エフェクティブタッチのレッスンで皆さんが一番苦労されている点です。

こうした職人技ともいえる繊細な指使いで行っていくからこそ、たった1回の施術で結果が出せるのです。

それともう一つ、フェイシャルの習得における難しさが、使うツールが多いこと。

ボディではオイルがあればどこでも施術できますが、フェイシャルでは化粧品やスポンジ、コットン、筆、ホットタオルなど、たくさんの道具を使いこなしていく必要があります。これらのツールを使いながら手際良く行っていくためには、相当の訓練が必要になってきます。

私がボディよりもフェイシャルのほうが難易度が高いと考える理由をご理解いただけたでしょうか？　しかし、この難しさを乗り越えた時、よりステージアップしたご自身の実力に気づかれるでしょう。

本書では、「エフェクティブタッチ・テクニーク®−フェイシャル」(以降、「エフェクティブタッチ・フェイシャル」と略称します）の基本と、一連の流れを紹介していきます。

本書が全てのセラピストに役立つことを願っております。

小澤智子

第3章　首、フェイスライン、口周部の施術 …… 72

第4章　頬、鼻周辺の施術 …… 116

第5章 目、額周辺の施術 …… 134

第6章 スキンアップ（整肌）…… 162

第7章 ヘッドマッサージ …… 182

序章

エフェクティブタッチ・フェイシャルとは？

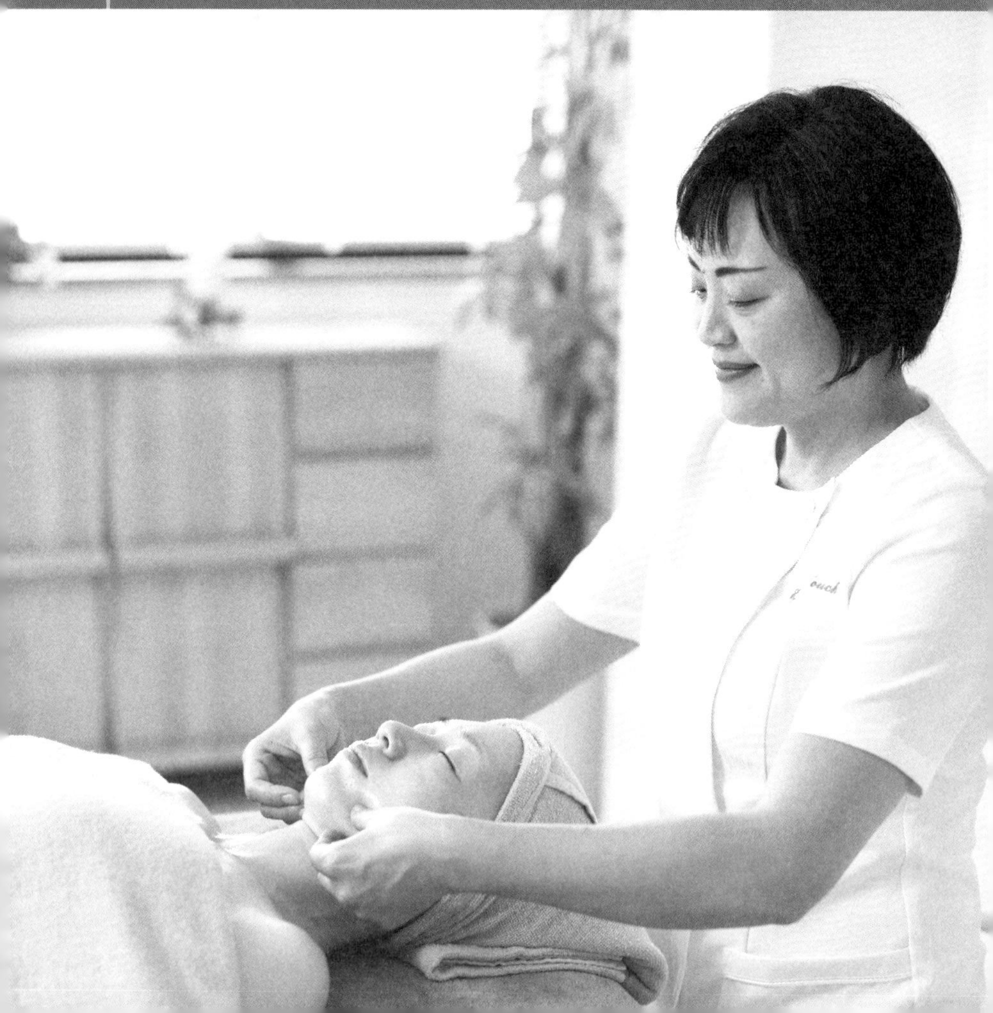

エフェクティブタッチ®が目指しているセラピー「心と身体はつながっている」

エフェクティブタッチは、「主客一体」のセラピーを目指しています。
「主」は、あるじ。セラピーを届ける人。つまりセラピストのこと。
「客」は、セラピーを受け取る人。クライアントやケアの相手のこと。
セラピーの空間は、もてなす側と、もてなされる側が対等の関係で共に創り出していくものです。セラピストだけが懸命になるのでなく、またセラピストがクライアントに必要以上にへりくだることもなく、そしてクライアントもセラピストに依存しすぎない。
主客の双方が一体となって創り出されるセラピーこそ、エフェクティブタッチが目標とする姿です。クライアント、お一人お一人と共に唯一無二のセラピーを創り出し、人生に寄り添えるセラピストを目指しています。
この目標のためには、確固たる理論と技術が求められます。
もちろん、私たちセラピストは治療家ではなく、エフェクティブタッチはセラピーを目的としておりますので、「治そう」とか「何とかしてやろう」という欲は必要ありません。
しかし、クライアントの身体に直接触れるのですから、セラピストにとって解剖学の勉強は必須と考えています。心と身体はつながっているので、解剖学や生理学の知識を得ておくことは、重要なものと位置付けられています。
有機的につながった筋肉が、実に巧妙に関連しながら動きを創り出す人体。最新科学では、リラックスホルモンのセロトニンや、ハッピーホルモンのオキシトシンが、タッチによって分泌促進されること。一定のリズムと圧が、副交感神経を優位な状態にしたり、血流やリンパの流れを促進し、各器官の働きを良くすることがわかってきました。
全身を温めることで、セロトニンやオキシトシンなどのホルモンが分泌されて、心を癒す手助けをしてくれると考えられるのです。
このように考えれば、オイル塗布からセラピーは始まっていることがわかると思います。皮膚に触れるファーストタッチからクライアントとセラピストが同調し始め、タッチの圧が筋肉に伝わって全身の緩みへとつながり、さらに心も緩んでいくのです。
私たちセラピストがヘルスケアのお手伝いをできることは、これからも増えていくことでしょう。そしてセラピーの可能性も大きくなっていくことでしょう。
ぜひ、解剖学や生理学を入り口にして、今後求められるセラピーの習得を目指しましょう。

1 エフェクティブタッチ・フェイシャルの「五つの特徴」

1 たった1回の施術で結果が出る多角的なフェイシャルテクニック

エフェクティブタッチ・フェイシャルの技術は、オールハンドのオイルトリートメントです。

しかし、ただのトリートメントではなく、多角的なアプローチでセラピーの本質をクライアントにお届けする、統合された技術です。

解剖学の面から見ると、エフルラージュによるクライアントの筋肉の状態に合わせたアプローチで、ファッシア（浅筋膜や深筋膜）をリリースし、癒着のない状態に戻していきます。

リラクゼーションの面から見ると、エフルラージュによるソフトで優しいタッチと、一定のリズムが自律神経のバランスを整え、クライアントを眠りへと導くほどのリラクゼーションを提供します。

アロマテラピーの面から見ると、精油が持つ心理作用やスキンケアに良いとされる作用に加え、キャリアオイル（精油を希釈するベースオイル）の作用も用います。

つまり、エフェクティブタッチ・フェイシャルは、香りとオイルトリートメントによって、人の五感のうち「触覚」「嗅覚」の二つに働きかけ、筋肉や筋膜など肉体的なアプローチと、ホルモンや神経など身体の内側からのアプローチの、両面からの働きかけをしているのです。

こうした多角的な施術を、クライアントの状況に合わせて行うことで、たった1回でも結果が出せます。

エフェクティブタッチ・フェイシャルの施術は、デコルテ、フェイス、ヘッドの部位を行います。オールハンドで70分以上触っていきますので、満足度の高いセラピーといえるでしょう。

2 解剖学に基づくテクニーク

エフェクティブタッチでは、解剖学と施術がリンクしていることを重要視しています。エフェクティブタッチ・フェイシャルでも、クライアントの顔から皮膚の下にある筋肉が透けて見えるようになることを目指しています。

解剖学の観点からいうと、エフェクティブタッチ・フェイシャルは、表情筋や咀嚼筋にアプローチして、顔のバランスを正中に整えるメソッドです。

実は、私たちの顔は左右線対称に目、鼻、口の位置が整っていることはほとんどありません。長年にわたって使われてきた筋肉の状態でバランスが崩れていることが多いからです。例えば、表情の作り方や、噛み方のクセなどによって、口角の高さが左右で異なっていたり、目の開き方や眉の位置が左右で違っていたりします。

エフェクティブタッチ・フェイシャルでは、エフルラージュで筋膜や筋肉をリリースし、癒着のない状態に戻していきます。それにより下に引っ張られた筋肉が元の位置に戻ってリフトアップしたり、左右差も整い、バランスの良い顔になるのです。

3 高いリラクゼーションを得られる

最近の科学的な検証では「一定の圧とリズムによるタッチングは、自律神経のバランスを整える」ことがわかっています。

実際に施術を受けたクライアントは、本来は敏感な部位である顔に触れられているにもかかわらず、深い眠りについているケースが多いのです。

ハッピーホルモンと言われるオキシトシンの分泌を促進するタッチング方法は、「密着させること」「手のひらの面積を広く使うこと」「ゆっくりとソフトに行うこと」です。

これはエフェクティブタッチの施術の仕方と全く同じです。エフェクティブタッチのソフトなタッチ、一定のリズムと均一の密着圧によって、オキシトシンや心のバランスを保つセロトニンの分泌が促されていると考えられます。

オキシトシンとセロトニンの効果によって、クライアントに高いリラクゼーション効果をもたらしていると考えられます。

4 手技は目からウロコのエフルラージュ

エフェクティブタッチ・フェイシャルの基本手技はエフルラージュです。ボディでは主に手のひらを使って行いますが、フェイシャルでは指を使った手技がメインとなります。一指から四指を顔のパーツごとに使い分け、それらを密着させていくのです。

エフェクティブタッチの「密着」の定義は、「圧が均一に掛かること」です。

ボディの場合は手のひら全体に均一な圧を作っていきますが、フェイシャルでは指腹をクライアントの顔に均一の圧を掛けていきます。ですから、ボディよりも繊細で難易度が高くなります。

顔の筋肉の特徴も、より繊細さを必要とする要因となります。

まず、ボディの筋肉はほとんどが骨に付着していますが、顔の筋肉は骨以外に皮膚や筋膜、隣の筋肉に付いているなど、ボディよりも柔らかい部分に付着していることが多くあります。

また、大きさや厚さもボディよりも小さく薄いのも、顔の筋肉の特徴です。顔には小さな面積の中にたくさんの筋肉が存在しており、凹凸も多くあります。筋肉の大きさはボディと比べると1/10どころか、1/100もしくは、それよりも小さく薄いのです。

つまり、エフルラージュによる圧は、ボディよりもかなりソフトに行っていく必要があり、同時にほんの少しのくぼみにも注意深く指先を沿わせて密着して施術を行う必要があるのです。

施術の際には、指がつっぱったり、震えたり、手首や肘、肩などに必要以上の力が入ってしまうと密着が外れてしまいます。指の関節を常に脱力させて自由自在に動くようにエフルラージュを行うことで結果を出すことができるのです。

レッスンで何度も注意する点がこの圧加減です。

多くの人は、「圧を弱くしてください！」と繰り返し伝えても、なかなか弱くなりません。ボディの半分くらいの圧だと思っているケースが多いようです。

しかし、フェイシャルで用いるのは、それよりもずっと弱い圧です。

「ボディの 1/10 くらいでしょうか？」、もっと弱いかもしれません。

「薄くてちょっとでも強く触るとパリンと割れてしまうガラス細工だと思ってやってみましょう」とお伝えすると、やっと優しいタッチになっていきます。それほど優しく、繊細なタッチで十分な効果が発揮されることに、「目からウロコのエフルラージュ」と皆さん驚かれます。

5 お客様の美意識を一緒に育む

フェイシャルメニューを選ぶクライアントの悩みの中で一番多いのが、シワやたるみについてです。

解剖学の筋作用を理解すると、シワやたるみの原因になる下に引っ張ってしまう筋肉や、上に挙げてくれる筋肉がどれなのかわかるようになります。こうした解剖学の視点から説明することで、クライアントのセラピストに対する信頼感がグンと上がります。

フェイシャルでは、手技による効果に加え、粧材の効果も期待できます。

「乾燥していた肌が、しっとりとした」

「くすんで透明感のない肌が、艶やかになった」
「ハリのない肌が、ぷっくりモチモチな肌になった」

施術後のお顔を鏡で見た時に発するクライアントの喜びと感動の声は、セラピストを幸せにしてくれるでしょう。

また、施術を通して、「リフトアップされ、美肌になった状態を長くキープしたい！」という美意識の向上がクライアントに起きますので、自宅でできるセルフケアの方法をお伝えできるように、解剖学とともに粧材への理解を深めておかなければなりません。

エフェクティブタッチでは、セラピストはクライアントに寄り添い、共同で美しさに向き合います。そうすることで強い信頼関係が構築され、支持されるセラピストになっていくのです。

Column

化粧品選びは
自分がデイリーケアで使っているものを！

フェイシャルメニューの導入を検討していく中で一番苦労するのが、コスメ選びでしょう。

「サロンで使う化粧品は何が良いですか?」「どこの化粧品を使っていますか?」などの化粧品に関するご質問をセラピストからたくさんいただきますし、エフェクティブタッチの生徒さんから聞かれる確率はほぼ 100%です。

その質問に対して私がお答えすることはいつも決まっています。

「まずはあなたが使ってみましょう」

自分が使わずにしてお客様にお勧めはできません！　いろいろなメーカーの物を試してみて、自分の日々のケア用として使うほど気に入った物をサロン用として導入すれば良いのです。商品の良い点を実体験しているからこそ、本音でお勧めできるはずです。

実際に使っている物のトークは、リアル感満載。そして、良いものをお伝えしたいという気持ちは、セールストークっぽくならずに伝わります。きっと、お客様も納得して使ってくださることでしょう。

フェイシャルメニューを提供するサロンでは、粧材は強い味方になります。季節ごとに使うラインを変えてキャンペーンコースを展開することも可能です。乾燥が多い季節には保湿コース、日差しが強い季節は美白コース、季節の変わり目にはデトックスコースや敏感肌コースなど。いろいろなアイデアが出てきますね。

また、美顔器などのエステ機器の導入でプラスアルファの価値を提供することも可能です。美顔器には、スチーマー、ブラッシング、吸引、高周波、低周波、イオン導入など様々な機能があります。ご自身のサロンのブランディングに合ったものを活用すると良いでしょう。

2 フェイシャルに必要な基礎解剖生理学

1 頭部の骨格と意識したい部位

エフェクティブタッチでは、筋肉と骨の両方を意識することを重要視しています。ここでは、フェイシャルトリートメントの工程で意識したい頭部の骨格を紹介します。

●前頭骨（ぜんとうこつ）

額の部分です。ここには前頭筋があり、顔の中では大きな筋肉になりますので、骨・筋肉ともに意識しましょう。

●側頭骨（そくとうこつ）

頭部の側面の骨です。ここには側頭筋があります。ヘッドマッサージの時に特に意識する骨と筋肉です。

・乳様突起（にゅうようとっき）

側頭骨の後方にある突起で耳たぶの裏の辺りにある丸く突き出た骨。胸鎖乳突筋が付着しています。

・頬骨弓（きょうこつきゅう）

側頭骨から前方へ伸びる頬骨突起と、頬骨から側頭へ伸びる側頭突起がつながって頬骨弓を作ります。頬骨の丸みの部分を耳のほうに追っていくと、直線で細長い眼鏡のつる（テンプル）のような骨として触れます。

頭蓋（正面）

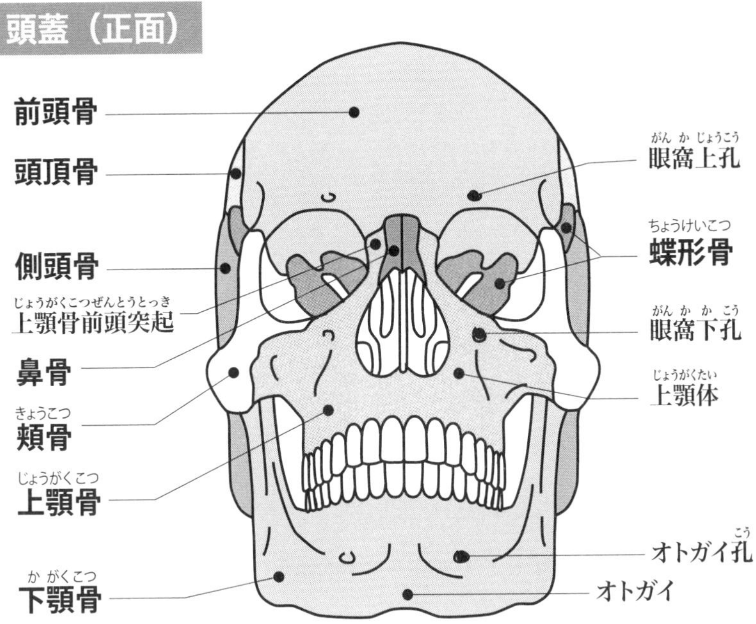
前頭骨
頭頂骨
側頭骨
上顎骨前頭突起
鼻骨
頬骨
上顎骨
下顎骨
眼窩上孔
蝶形骨
眼窩下孔
上顎体
オトガイ孔
オトガイ

頭蓋（側面）

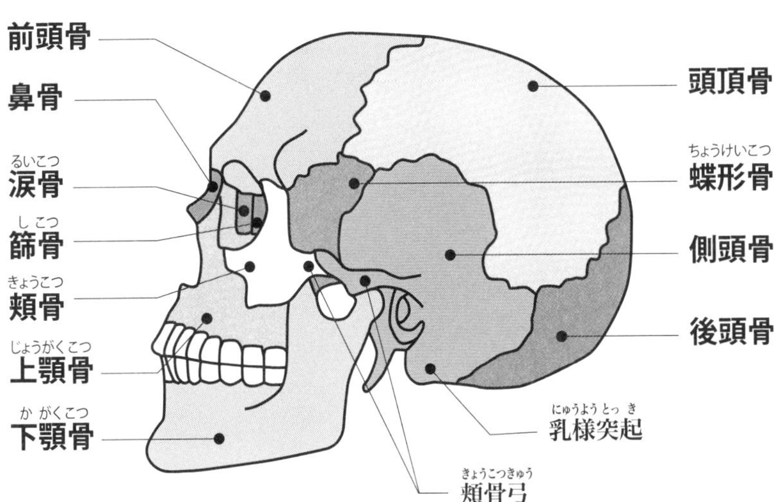
前頭骨
鼻骨
涙骨
篩骨
頬骨
上顎骨
下顎骨
頭頂骨
蝶形骨
側頭骨
後頭骨
乳様突起
頬骨弓

ここには大頬骨筋や咬筋が付着しています。咬筋は力強く大きな筋肉になりますので覚えておきましょう。

●頬骨（きょうこつ）

ほほ骨と書いて「きょうこつ」と読みます。ここから大頬骨筋、小頬骨筋が下方に向かいます。

●上顎骨（じょうがくこつ）

上あごの骨で、左右一対の骨です。ここには口唇や鼻翼を挙げる筋群の付着部が多くあります。

・上顎体（じょうがくたい）

上顎骨の中央で、鼻の両側の三角柱状の部分です。

・上顎骨前頭突起（じょうがくこつぜんとうとっき）

上顎骨で鼻根と目頭のくぼみの辺り、鼻骨の両側に突き出ている部分です。ここには眼輪筋、上唇鼻翼挙筋、眉毛下制筋など複数の筋肉が付着しています。

・眼窩下孔（がんかかこう）

上顎骨の眼窩下縁の少し下にある血管（動脈と静脈）と神経（上顎神経の枝）が通り抜ける孔です。この辺りに上唇挙筋が付着しているので位置を確認しておきましょう。

●下顎骨（かがくこつ）

下あごの骨です。ここには、皮膚を下制する筋群の付着部が多くあります。上顎骨と下顎骨には口輪筋が付着しています。顔の中で大きな筋肉の一つです。

・オトガイ

顎先の辺りを指します。ここで下顎骨の中央（下顎体）に触れます。ここには、オトガイ筋が付着しています。

●頭頂骨（とうちょうこつ）

頭頂部の骨です。ここには前頭筋と後頭筋をつなぐ帽状腱膜があります。

2 皮膚の役割

ここでは皮膚の大切な役割を紹介します。フェイシャルを提供するセラピストは身につけておきたい知識です。皮膚の役割を理解し、クライアントに使用する粧材のライン選びなどに役立てましょう。

水分の喪失や透過を防ぐ

体液が外に蒸発するのを防ぐとともに、外からの水分の透過を防ぎ、生命を守っています。

体温を調節

発汗や皮膚血管の拡張で放熱して体温を下げたり、立毛筋の収縮や皮膚血管の収縮で放熱を防いだりして体温の調節をしています。

病原体や物理的刺激・化学物質の刺激から生体を守る

病原体、熱、光、物理的な力、化学物質、乾燥などの外界の有害な刺激から保護する（バリア機能）働きがあります。

感覚器としての役割を果たす

皮膚には感覚受容器があり、外界の状況を把握します。触圧覚のような機械的刺激は、浅い所にあるメルケル盤やマイスネル小体が皮膚の細かい動き

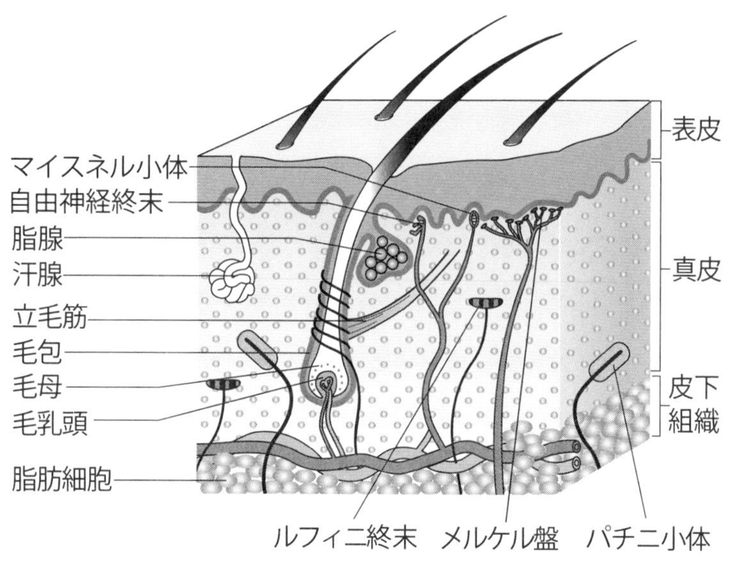

を、比較的深いところにあるルフィニ終末とパチニ小体が広い面積の圧をそれぞれ感じます。自由神経終末は、痛覚などの侵害刺激や温熱の感覚を伝えます。

ヒトが触覚で皮膚上の２点を識別できる能力は、部位によって異なりますが、唇や指先は突出して高い感度を持ちます。

ビタミンＤを作る

紫外線にあたると、皮膚はコレステロール誘導体からビタミンＤを合成します。ビタミンＤは腸でカルシウムを吸収するのに必要なビタミンです。

老廃物と毒素の排泄

汗や皮脂として、そして剥げ落ちる細胞の垢、毛、爪で、体内の老廃物を排出します。

経皮吸収

脂溶性の小さい分子の外用薬などが、表皮や毛孔を通じて吸収されます。

3 皮膚の構造と生理学

ここでは皮膚の解剖学と生理学について紹介します。皮膚の構造を理解することでクライアントにスキンケアの重要性を説明できるようになります。

また、お勧めする化粧品の選択について生理学に基づいてお話しできるようになります。

皮膚は「表皮」「真皮」「皮下組織」の三つの層に分かれています。皮膚は人体最大（面積と重さ）の臓器です。

表面積は成人で約1.6㎡、厚さは表皮と真皮で0.2～2.2mm（表皮5％、真皮95％）ほど、重さは約3～4kg（皮下組織を除く）を占めます。

表皮の角質層の表面には、汗と皮脂が混ざった「皮脂膜」があります。

表皮の構造と役割

表皮は深部から「基底層（きていそう）」「有棘層（ゆうきょくそう）」「顆粒層（かりゅうそう）」「透明層（とうめいそう）」「角質層（かくしつそう）」の五つに分類されます。

厚さは平均約0.2mmで、95％がケラチノサイト（角化細胞）、5％がメラノサイト（色素細胞）やランゲルハンス細胞（免疫細胞）などから構成されています。

基底層では、ケラチノサイトの細胞分裂が頻繁に行われています。古い細胞は下から押し上げられ、形を変えながら皮膚表面の角質層まできて死んだ細胞となり、最後はフケや垢となって剥がれ落ちます。この肌の生まれ変わりをターンオーバーといい、健康な肌では28～30日の周期で繰り返します

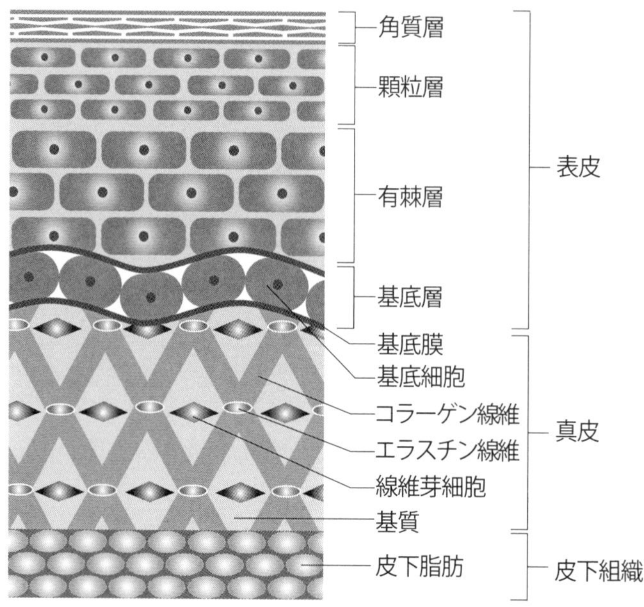

が、年齢とともに代謝の周期が長くなり、角質層が厚くなってきます。

また、基底層には「メラノサイト（色素細胞）」もあり、メラニンを作って紫外線から肌を守っています。

有棘層では、ランゲルハンス細胞（免疫細胞）がケラチノサイトの間で働き、異物混入を免疫を指揮する白血球に知らせ、身体を守っています。この時に異物と判断して身体の外に排除しようとして現れる反応が皮膚のアレルギー反応です。

顆粒層では、ケラトヒアリン顆粒という小さな粒が、セラミドや保湿因子やケラチンの元などを含み、角化や保湿を助けます。

透明層は、手掌と足底のみに存在します。角質層の直下に透明層をはさむので、手掌と足底は見た目の質感が違います。

角質層では、死んだケラチノサイトが何層にも重なり常に外的刺激から皮膚を守るバリアの役割を果たしています。角質の細胞はケラチンという丈夫なタンパク質を豊富に含むので、刺激に強く、体内の水分を保持します。また、保湿し紫外線吸収もするNMF（天然保湿因子）も存在し、細胞の間は角質細胞間脂質（セラミドやコレステロールなど）が埋めて皮膚の水分バランスが保たれています。

真皮の構造と役割

真皮には、血管やリンパ管、神経があり、表皮の一部である毛包、汗腺（エクリン腺、アポクリン腺）や脂腺とその導管などが内部に入り込んでいます。真皮の厚さは平均2mmほどあり、膠原線維（コラーゲン線維）が70%以上を占め、膠原線維を支えるように弾性線維という線維があります。これらの線維はそれぞれ、コラーゲン、エラスチンというタンパク質からできています。

線維は真皮内を網の目のように走り、コラーゲン線維はハリを、弾性線維は弾力を生み出しています。

細胞の間を埋める部分を細胞外基質といいます。ここには、線維の他にヒアルロン酸やコンドロイチン硫酸に代表される酸性ムコ多糖類からなるゼリー状の物質が存在しています。ヒアルロン酸などのムコ多糖類は保水力が高く、真皮内の水分量を一定に保つ役目を果たしています。これらの基質を作る細胞を「線維芽細胞（せんいがさいぼう）」といいます。

皮下組織の構造と役割

皮下組織は、ほとんどが皮下脂肪からなり、脂肪の間を血管、リンパ管、神経が通っています。皮下脂肪の内部には、コラーゲン線維主体のゆるやかな膜状のつながりがあり（浅筋膜）、さらに下層の骨格筋を包む筋外膜や骨を包む骨膜の表層にも、同様の膜（深筋膜）があります。

これらは直接筋肉を包む膜ではありませんが、筋外膜と同様にコラーゲン線維主体の膜であるため、まとめて筋膜（ファッシア）と呼ばれます。

ところどころに真皮から垂直方向にはしるコラーゲン線維も入り、皮膚の表層と筋肉や骨がつながっています。通常、筋肉は皮下組織の下にあって骨に付着して関節を動かしますが、顔面の表情筋だけは特別で、筋線維が皮下組織の内部に入り込み、皮膚を動かします。

皮下脂肪は、外部からの衝撃を和らげる保護の役割や、熱の遮断・保温などの役割をします。脂肪は悪者扱いされがちですが、保護や体温調節など、皮膚の仕組みにはなくてはならない存在なのです。

4 老化とアンチエイジング

肌は20歳をピークに少しずつ時間をかけて衰えてきます。肌の老化の要因は様々にありますが、代表的な要因を四つ紹介します。

光老化

肌老化の原因の約8割が光によるものといわれています。紫外線などの光が原因で現れるシミ、シワ、たるみなどを光老化と呼んでいます。

紫外線（UV）には、A波（UVA）、B波（UVB）、C波（UVC）の3種があります。

波長はA波が一番長く、健康への害は少ないものの、長時間浴びることでシワやたるみなど肌深部への悪影響を及ぼします。

B波の大半はオゾン層に吸収されますが、その一部は地上まで到達し、皮膚の表層に影響を及ぼし日焼けによる炎症を起こしたり、シミやそばかすの原因となります。

C波は最も有害で、オゾン層に遮られて地上には到達していませんが、到達した場合には皮膚ガンの原因となります。

皮膚の乾燥

表皮で潤いを保つ天然保湿因子の成分（アミノ酸など）や細胞間脂質（セラミドなど）が加齢とともに減少すると、皮膚が乾燥しやすくなります。

また、真皮の基質を作る線維芽細胞の働きも加齢とともに衰えるので、エラスチンやコラーゲンやヒアルロン酸が減少してハリや弾力が弱くなり、肌はくすみ、乾燥も増します。

乾燥した肌は薄く硬くなり、シワやたるみ、くすみが目立つようになります。

細胞の酸化

鉄が酸素に触れて錆びるように、細胞も酸素によって変質します。そのため、「細胞のサビ」ともいわれます。

細胞の酸化の原因は活性酸素です。活性酸素とは、体内に取り込まれた酸素が、様々な要因によって、より反応性の高い状態になった物質の総称です。

活性酸素の発生要因は、呼吸をする、紫外線を浴びる、大気汚染、飲酒、喫煙、ストレス、食事、電磁波などがあり、生きていく上で活性酸素から逃れることはできません。

活性酸素のやっかいな点は、周りの物質をどんどん錆びつかせてしまう点です。活性酸素によって脂肪酸が変化した過酸化脂質という物質は、体内の細胞を次々と錆びさせて、機能を低下させていきます。

細胞膜などの生体膜は、活性酸素によって酸化されやすく、皮膚が酸化するとコラーゲンが硬くなり、くすみ、シワ、たるみを引き起こして老化を速めます。

細胞の糖化

細胞の糖化とは、糖質が体内でタンパク質と結びついて劣化することです。タンパク質と糖質を含む食べ物に熱を加えると茶色に焦げるのも、糖化です。酸化が「細胞のサビ」と呼ばれるように、糖化は「細胞のコゲ」ともいわれています。

皮膚は糖化するとコラーゲンやエラスチンが減少してくすみやすくなり、黄色くくすむことが特徴です。角質層が硬くなりシワも深くなり、抗酸化作用も衰えてくるのでシミもできやすくなります。

糖化したタンパク質は劣化し、終末糖化産物（＝AGEs：エーイージー）となって体内に蓄積されます。糖化は肌の酸化を促し、活性酸素を作り、活性酸素は糖化を促すという関係にあり、老化をますます加速させてしまいます。

糖化の原因は、糖質の摂り過ぎや活性酸素の発生です。

日々のアンチエイジングのポイント

加齢によって皮膚の乾燥や細胞の酸化、糖化が進み、老化していきます。残念ながら、私たちは加齢を止めることができません。

しかし、老化は努力次第で遅らせることができます。老化（エイジング）を遅らせることを「アンチエイジング」といいます。

アンチエイジングのために大切なことは、第一に活性酸素の発生を抑制したり除去したりする生活習慣を身につけることです。

紫外線対策

- 日差しが強い時間帯（10～14時くらい）の外出を避ける
- 日焼け止めを使用する
- サングラス、日傘、帽子を着用する
- 肌が露出しない洋服や手袋を着用する
- ビタミンB、C、ミネラルを摂取する

糖化対策

- 糖質の過剰な摂取を控え、血糖値の大幅もしくは急激な上昇を抑える
- 活性酸素の発生を抑制する生活をする
- ビタミンCを摂取する

活性酸素の除去

- 酒、たばこを控える
- 抗酸化物質を摂取する（ビタミンA、B3〈ナイアシン〉、ビタミンC、ビタミンE、βカロチン、ポリフェノール、アスタキサンチンなど）
- ストレスを減らす

上記の対策を合わせて行うことに加え、適度な運動をして筋肉量の低下による代謝の衰えを防ぎましょう。

お客様には、日々の生活からアンチエイジングライフを心がけていくようにアドバイスできるといいですね。日々の生活の中でコツコツ長く続けていくことが老化防止の第一歩です。

Column

カラダと顔はつながっている

エフェクティブタッチ・フェイシャルでは、デコルテだけで20分くらい時間をかけて十分に施術していきます。

デコルテ部分は、顔の筋肉とのつながりが多くある部位です。胸筋群や胸鎖乳突筋をはじめとする首の筋群は、身体にも顔にも影響があります。

2019年4月にアメリカで人体の解剖実習に参加してきました。そこで目の当たりにしたのが人体は全てつながっていたこと！　参考書や解剖書をたくさん読んで勉強してわかっていたつもりでしたが、実際に目の当たりにして初めて知ることがありすぎて、毎日が驚きの日々でした。

私たちの全身は結合組織（主成分はタンパク質でコラーゲンやエラスチン）で頭の先から足の先までつながっています。ですから、肩の不調がある場合にも、下肢や殿筋を緩めることで、肩が楽になることがあります。

顔もしかり。前頭筋の緊張によって額に入った横シワが、足の裏を緩めることで薄くなるということも考えられるのです。

フェイシャルメニューを受けたお客様が、「どうして肩まで楽になるのですか?」と不思議そうにおっしゃることがあります。

その逆に、ボディだけしか受けていないお客様が、「フェイスラインがスッキリしてリフトアップしました！」と驚いてくださいます。

これは不思議なことではありません。カラダと顔がつながっている証なのですから。

サロンには、ボディだけ、フェイシャルだけと単体でコースを受けられるクライアントがいらっしゃいますが、できるだけトータルで両方の施術を受けていただけるようにお勧めしてみましょう。

フェイシャルだけのお客様には、背中のオプションをご案内してみるのも良いですね。デコルテと背中に触れると上半身の拮抗筋にアプローチできますので、これだけでもかなり結果が出せると思います！

3 エフェクティブタッチ・フェイシャルの施術姿勢の基本原則

1 指の正式名称（医学用語）

エフェクティブタッチ・フェイシャルでは、指の表現に医学用語を使って説明していきます。第２章以降の施術手順の解説に頻繁に出てきますので、覚えておきましょう。

- 親指：母指（ぼし）
- 人差し指：示指（じし）
- なか指：中指（ちゅうし）
- くすり指：環指（かんし）または薬指（やくし）
（※この本では環指で表記）
- こ指：小指（しょうし）

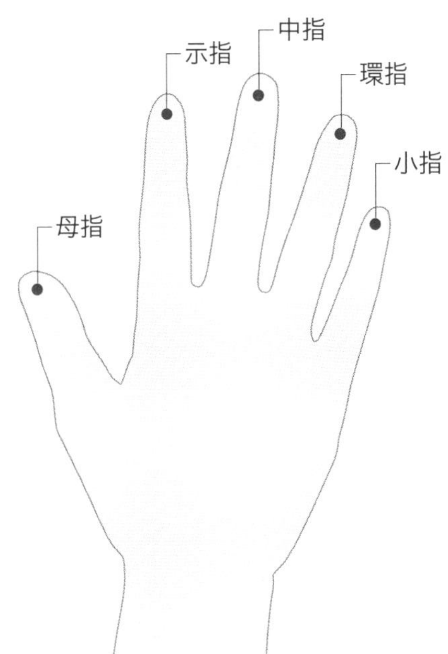

2 施術姿勢の基本原則

身体に無理のない姿勢で行うことが、エフェクティブタッチの基本姿勢になります。フェイシャルでは、特に指や手首の使い方が基本姿勢に大きく影響してきます。

以下に、エフェクティブタッチ・フェイシャルの施術姿勢の基本原則を五つ紹介します。やりにくいと感じたら、それは無理が生じているサインになりますので、基本姿勢を修正していきましょう。

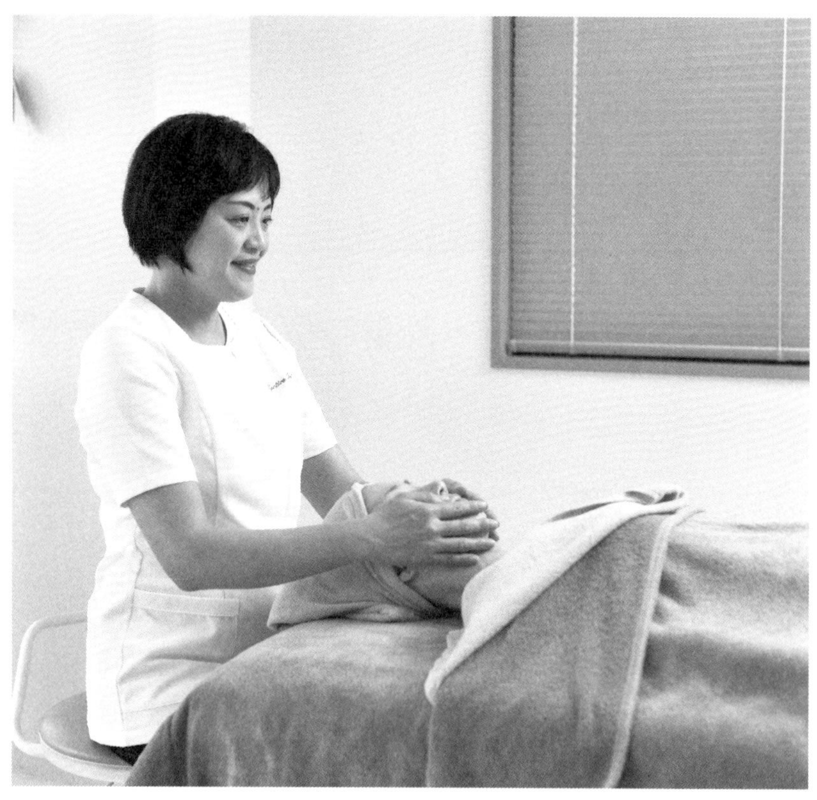

スツールの位置

フェイシャルの施術は、クライアントの頭頂部でスツールに座って行います。

スツールの高さは、ベッドに肘をついた時に110度くらいの角度になるように調整しましょう。

ベッドとセラピストの距離は、両手を伸ばした時に肘が緩やかに曲がる程度の空間を作りましょう。

近くなりすぎると、お腹がクライアントの頭頂に当たったり、施術がしにくくなってしまうので注意しましょう。

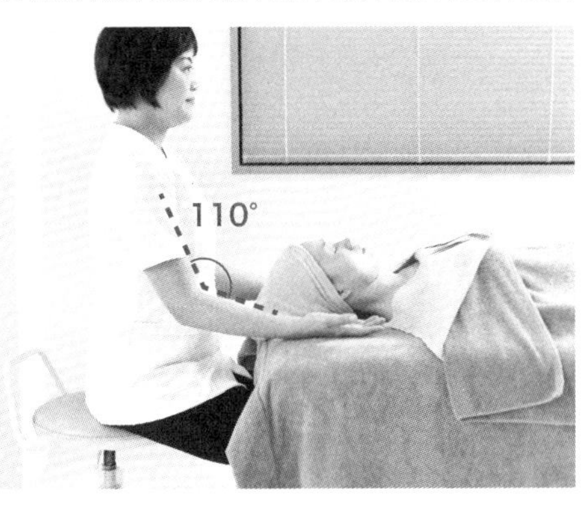

悪い例

ベッドとスツールの距離が近すぎて、お腹が当たってしまう。

良い例

腕が自由に動かせる空間がある。

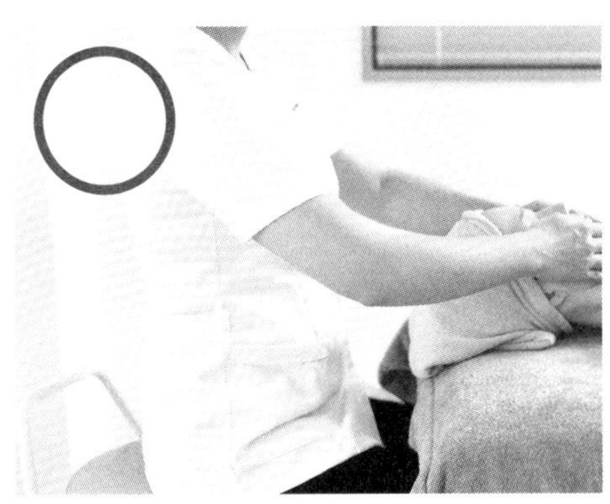

体幹と頭の位置

体幹部は胸を張り過ぎず、反り腰にならないように体幹部の力を抜き、頭が骨盤の上に真っ直ぐに乗っているイメージで座っている状態を基本姿勢とします。施術中はこの姿勢をキープします。

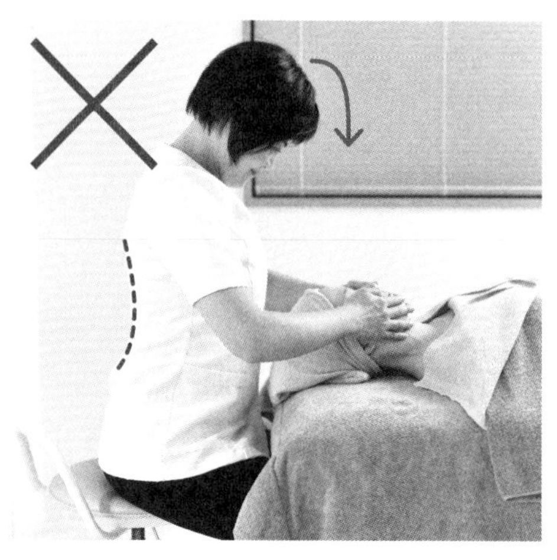

悪い例

胸が張って反り腰になり、頭はクライアントの顔を覗き込むよううなだれている。

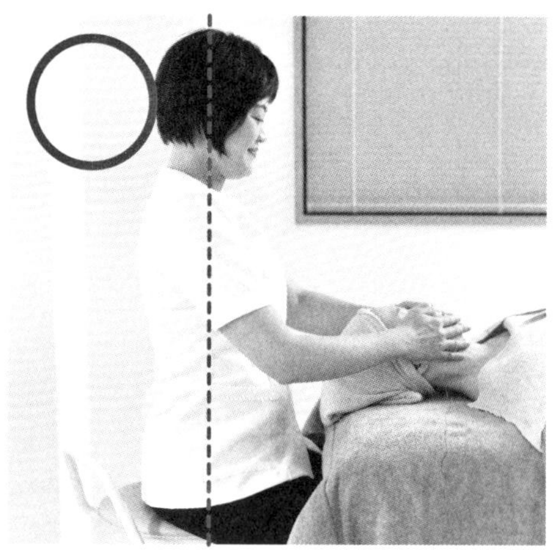

良い例

骨盤と脊柱と頭が一直線上になり、余計な力が入らずにリラックスして座っている。

指の使い方

指の関節が過伸展せずに、どの関節にも緩やかな屈曲が入り、指全体を柔らかく使えるようにします。指がつっぱってしまうと、密着が外れてしまうので注意しましょう。

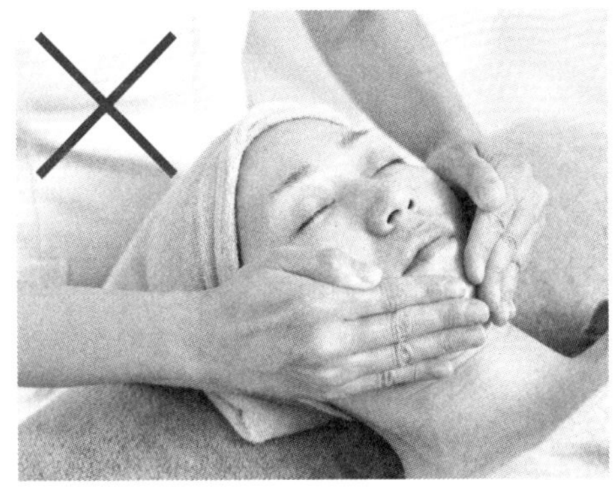

悪い例

全ての指が過伸展してしまい、密着が外れている。

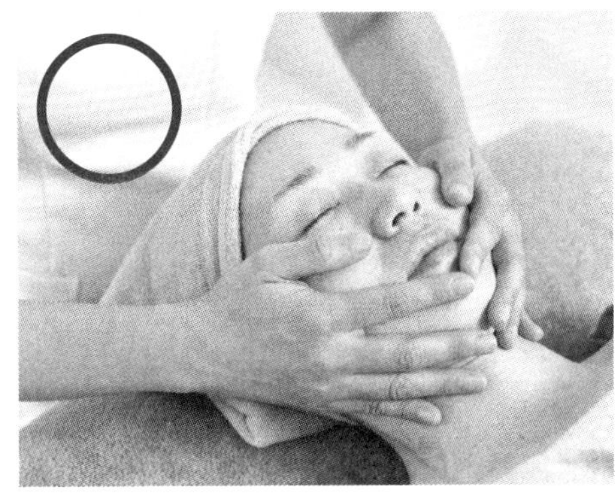

良い例

全ての指関節が脱力して、クライアントのフェイスラインをしっかりと密着して触れている。

手首の使い方

施術中に手首にシワが入ってしまうほど屈曲をしている状態は、不自然です。窮屈な使い方は密着が外れてしまいます。

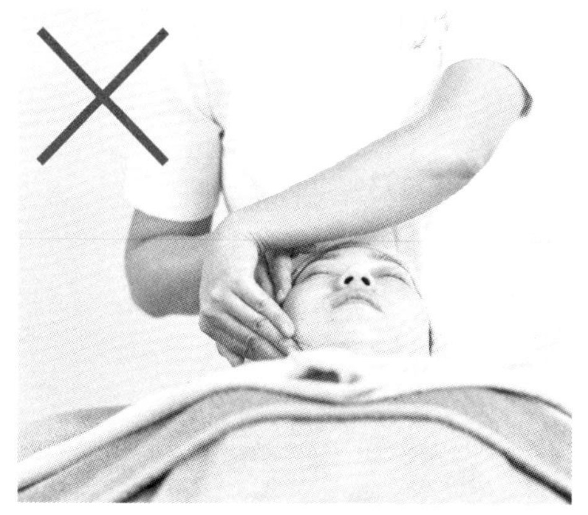

悪い例

手首が過度に屈曲して、苦しそうに見える。

良い例

手首のシワが取れて、使い方が自然になった。

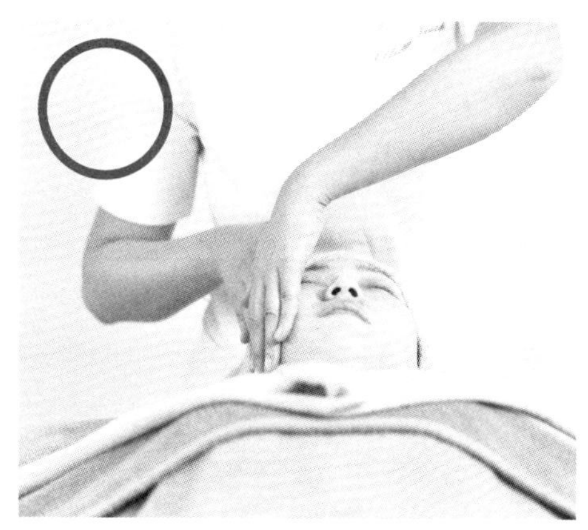

脇の位置

脇を締めてしまうと、腕の可動域が少なくなってしまうため、良い施術ができなくなります。

脇がピタっとくっつかないように少しだけ緩めて、腕が自由に動かせる位置をキープしましょう。

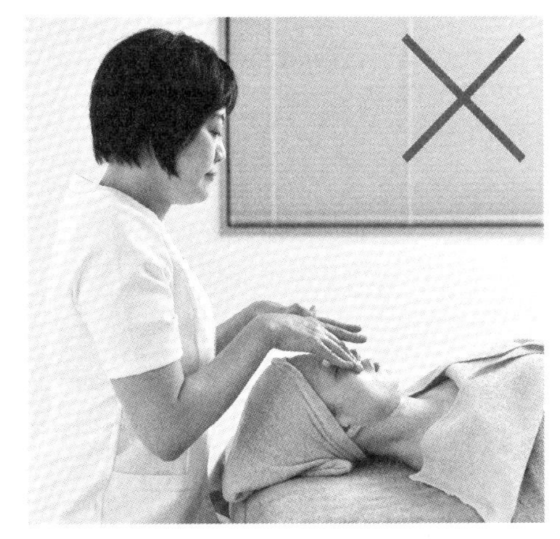

悪い例
脇が締まっているため、腕が詰まって自由に動かせない状態。

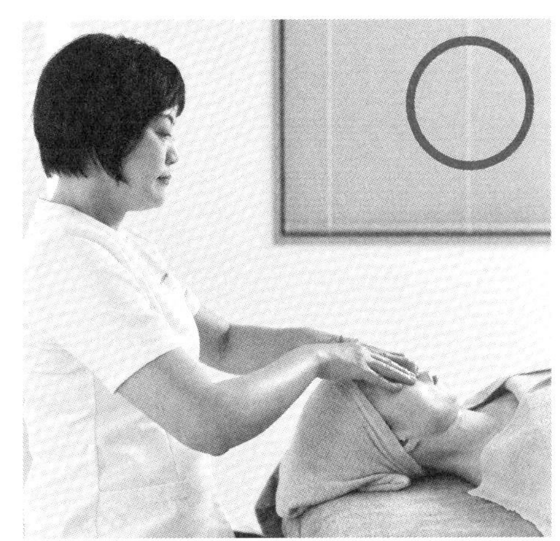

良い例
脇と肘に余裕が出て、腕が自由に動かせる状態。

4 四つの肌タイプとリーディング

1 肌のタイプの指標

クライアントの肌タイプを知ることは、肌に適したフェイシャルケアを行う上で大切なことです。エフェクティブタッチ・フェイシャルでは、水分と脂分の２軸で肌のタイプを分類しています。

肌のタイプは、「ノーマルスキン（普通肌）」「ドライスキン（乾燥肌）」「オイリースキン（脂性肌）」「オイリードライスキン（混合肌）」の四つに分類されます。

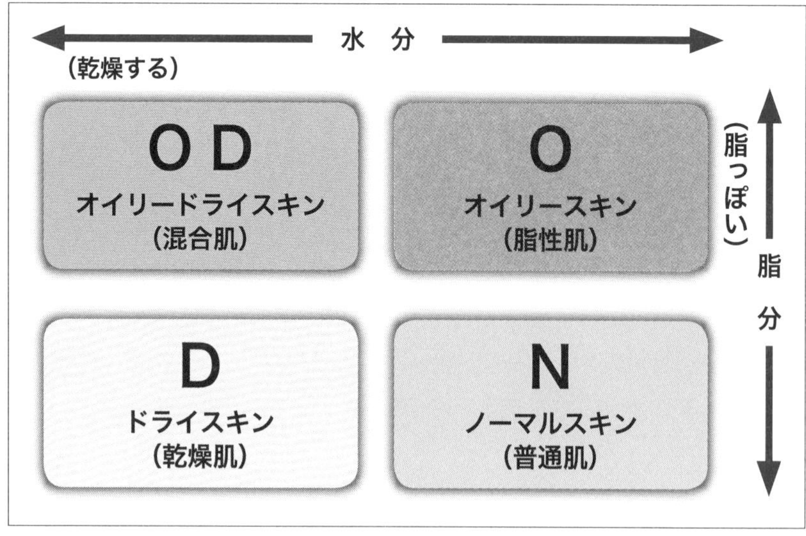

肌のタイプを見る際は、首の肌を指標にします。

なお、肌タイプは加齢とともに変化していきますので、リピーターの方であっても、施術の都度にタイプを確認すると良いでしょう。

ノーマルスキン（普通肌）

潤いがあって、キメが細かく毛穴は小さい。首の皮膚を触るとやや手が引っかかるくらいの潤いがある状態です。このくらい潤いがある肌が望ましいです。

ドライスキン（乾燥肌）

乾燥していて、荒れやすい。白い粉が吹いているのであれば、かなり乾燥が進んでいる状態です。キメは細かいが不鮮明。毛穴は小さい。触ると手の引っかかりは全くなくサラサラしています。

オイリースキン（脂性肌）

潤いはあるがベタつきやすい。キメは整っているが粗く、毛穴が大きい。皮脂が浮いてテカテカ光って見えることもあります。触ると皮脂のぬめりやベタつきを感じる状態です。

オイリードライスキン（混合肌）

脂っぽいがかさつきやすい。キメは粗く不鮮明。毛穴が比較的大きい。額や鼻のＴゾーンなど皮脂が目立つ箇所は触るとベタつくが、頬などはサラサラとしていたり、脂っぽい部分とかさつく部分が混在している状態です。

2 カルテへの記載とコンサルテーション

肌のチェック項目

肌のタイプのほかにも、次の項目をチェックしてカルテに記載しましょう。

カルテに記載した内容を参考にして、化粧品のライン選定やホームケア・アドバイスをしましょう。

●ハリ　●弾力　●肌色
●透明度　●キメ　●温度
●しわ　●たるみ　●むくみ
●肌トラブル（ニキビ、湿疹、肌荒れ、赤ら顔、アレルギー反応など）

リーディングのポイント

施術前のリーディングの際には、正面から見て、次の項目をチェックしましょう。

●口角の高さ
●目や眉の左右差
●ほうれい線の深さ
●フェイスラインの形など

この時、まじまじと顔を覗き込むようにする必要はありません。チェックしているポイントを、コンサルテーションをしながら、ほんの数秒ほど確認する程度で良いでしょう。

この際、鏡を使ってクライアントと一緒に確認していくことで、施術前後の変化を共有することができます。

施術後にも再び鏡を見ていただきながら、変化をチェックしていくと、「目がいつもよりも大きくなった！」「フェイスラインがスッキリした！」「リフ

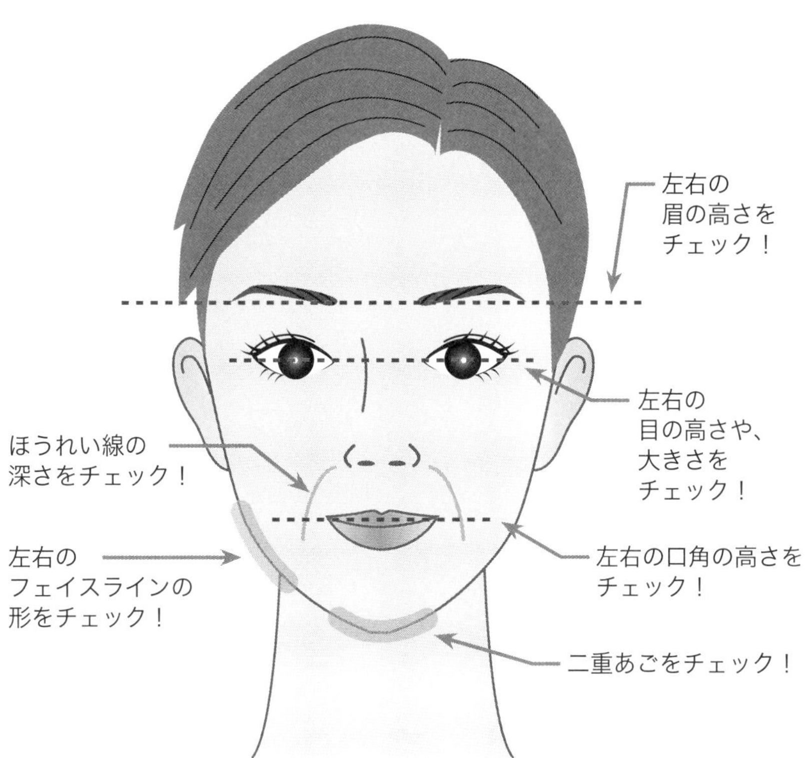
左右の
眉の高さを
チェック！
左右の
目の高さや、
大きさを
チェック！
ほうれい線の
深さをチェック！
左右の
フェイスラインの
形をチェック！
左右の口角の高さを
チェック！
二重あごをチェック！

トアップされた！」など、セラピストが何も言わなくても、クライアントが率先して感想を口に出してくださるケースも少なくありません。毎日見ている自分の顔なので、セラピストよりも繊細な変化に気づきやすいからです。

セラピストは、結果が出た根拠をきちんと説明しましょう。「肌の状態に合わせて、どの筋肉にどのようなケアを行ったのか」などの情報をフィードバックすることで、クライアントの美意識が高まり、ケアの重要性を理解してくださるようになります。

こうしたBeforeとAfterの確認を毎回、クライアントと一緒にしていくことは、リピートにもつながっていくはずです。

コンサルテーションのヒアリングが重要

サロンでフェイシャルケアをする際、コンサルテーション時のヒアリングがとても重要になります。特に、初めてご来店のお客様には時間を取って丁寧に聞き取りをしていきましょう。

必ず確認したいのが、過去に使った化粧品での肌トラブルの有無です。何の成分でトラブルが起きたのかは、クライアント自身が明確に知っていることはほとんどありませんので、自身のサロンで使っている粧材についての理解は深めておきたいものです。

化粧品のトラブルの多くは、界面活性剤または防腐剤の影響によるものですが、必ずしもその限りではありません。ですから、サロンで使用する化粧品でトラブルが起こる可能性は、どのクライアントにもあります。ヒアリングとともに、使用する化粧品の説明や、使用の合意をいただくことを心がけましょう。

また、リピーターの方であっても、施術日の直近でいつもと違ったことをしていないか、確認が必要です。

例えば、日焼けや顔そりなど、いつもより肌に負担がかかっている状態でのフェイシャルケアは、炎症や肌荒れを起こす可能性があります。

その場合は、ご予約を別の日程に変更する、ピーリングなどの刺激の強い工程を控える、圧をいつも以上にソフトにした施術にするなど、臨機応変な対応が必要になるでしょう。

日焼けや、顔そり直後のご来店時には、鎮静用（炎症を抑えるために冷やす）のマスクが役立ちます。

季節の変わり目も肌が敏感になりやすく、アレルギー反応も起こりやすいので、それに対応した精油や敏感肌用のコスメラインを使うこともお勧めです。

5 フェイシャルに必要な備品類

エフェクティブタッチ・フェイシャルを提供するために必要な備品類を紹介します。

オールハンドの施術なので、美容機器などは含まれませんが、必要に応じて利用しても良いでしょう。

また、施術の基材は本書では植物油を利用していますが、クリームやジェルタイプのものでも代用可能です。

化粧品

- ポイントメイク落とし……アイメイクと口紅をクレンジング
- クレジング剤……ポイントメイクを落とした後、顔全体をクレンジング
- ピーリング剤……角質層の汚れを取り除くディープクレンジング剤
- ローション……化粧水、トナーとも言う
- クリーム……クリームタイプや乳液タイプがある
- セラム……美容液、肌に栄養を与える
- マスク……パック剤、クリーム、石膏、クレイ、シートタイプと形状は様々
- オイル……施術の基材となるオイル。主に植物油を使用
- 日焼け止め……サンスクリーン剤

消耗品

- エタノール……手指消毒用
- コットン……拭き取りや塗布用
- ガーゼ……マスクの時に基材を取り除きやすくするために使用
- ティッシュ
- 綿棒
- 精製水

エステ用備品

- スパチュラ……クリームを取ったり、基材を広げたりする時に使用
- ふで……マスクなど基材を顔に広げながら塗布する時に使用
- ゴミ箱……施術後にお客様の目に触れないように簡単に持ち運びできる小さな物が良い
- シリコンボール……基材を入れて混ぜる時に音が出ない物
- スポンジ２種……キメが粗いものと細かいものを用意
- 軽量スプーン……パック剤など分量を量る時に使用
- スチームタオル……ホットタオルで拭き取りをする時に使用
- トレイ……オイル置きやコットンを並べる時に使用

エステ機器

- ワゴン……可動式が便利、棚部分は引き出せるようになっているものが便利
- ホットキャビネット……タオルやコットンを温める

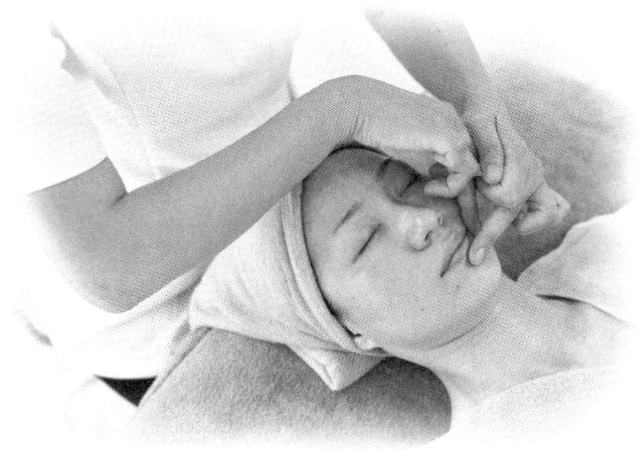

第1章
ターバンの巻き方（タオルワーク）

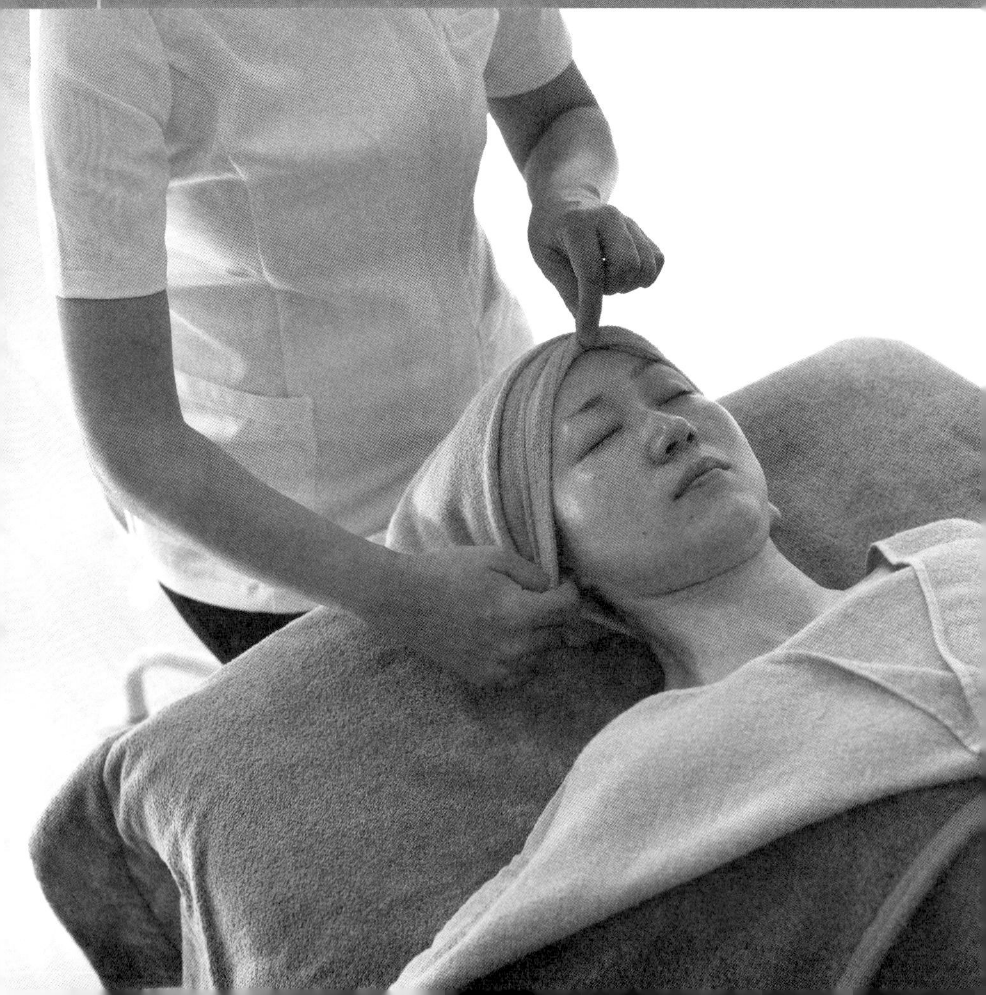

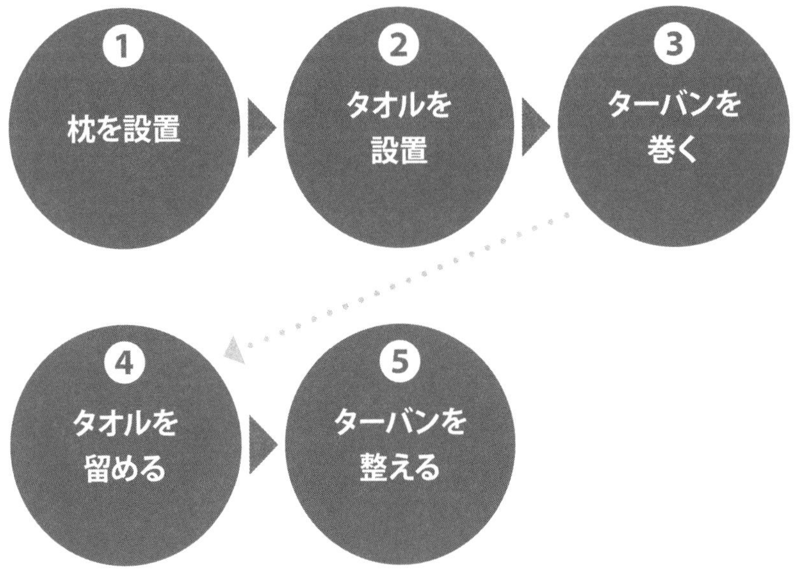
Process
1
枕を設置
2
タオルを
設置
3
ターバンを
巻く
4
タオルを
留める
5
ターバンを
整える

フェイシャルで使用するフェイスタオルはサロンの業務用をお勧めします。なぜなら一般に家庭用として販売されているタオルの長さは83〜85cmほどしかないからです。エステ用のタオルは長さが90cmほどあります。ターバンを巻く時にこの差は大きいのです。クライアントの髪の毛をしっかりと包み込み、外れないように留めるためには長めのタオルが必要です。

01 タオルを八つ折にした物を枕として使う。ベッドの上辺ギリギリに合わせて置く。

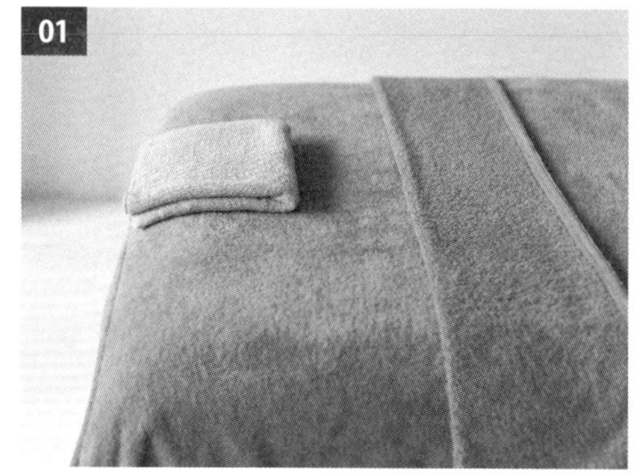

02 枕の上にタオルを置く。利き手と反対側が少し長くなるようにする。写真はセラピストが右利きのケースとして紹介している（左手側を長くなるように置いている）。

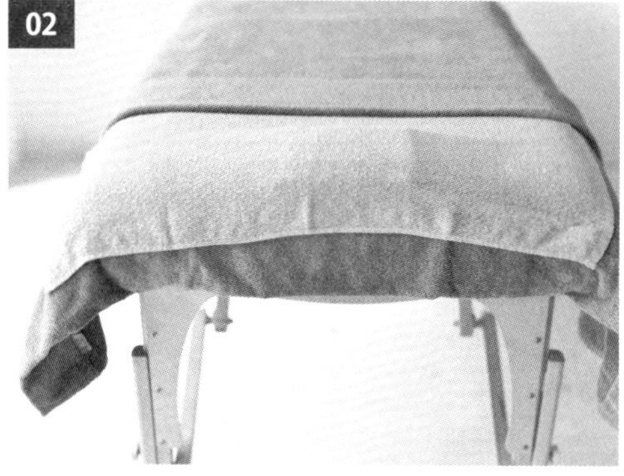

03 タオルの下の部分をベッド側に1.5cmほど折り返しておく。フェイシャルでは、ターバンが粧材やホットタオルの使用で濡れていく。その度に乾いた部分がクライアントの肌に当たるように、濡れてない部分まで折り返して巻き直していく。最初から幅を大きく折り返しておくと、巻き直しの時に折り返せなくなってしまうので注意しよう。

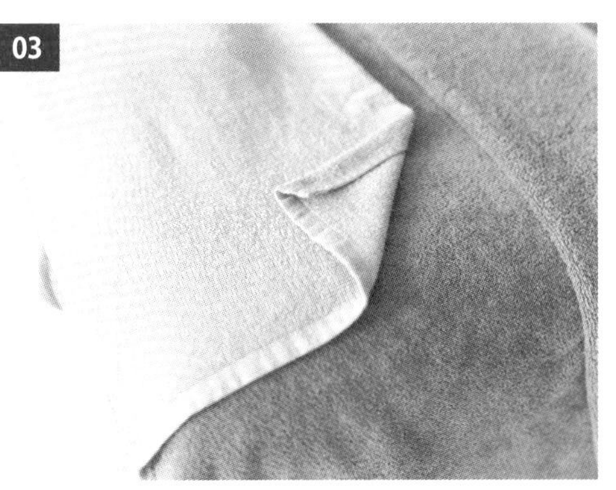

04 左手で左側のタオルを持って、右手で髪の毛を頭頂の方向に押さえながら巻いていく。この時、右手がクライアントの肌に直接当たらないように髪の毛の生え際に触れながら行おう。

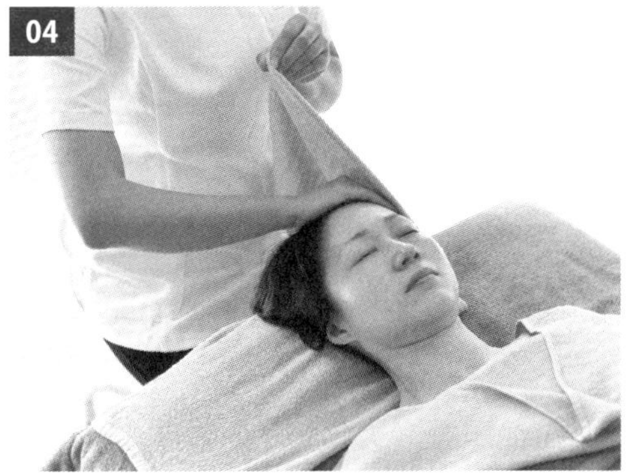

05 耳の後ろでタオルを押さえる。髪の毛が出てこないようにしっかりとタオルに入れ込み包む。

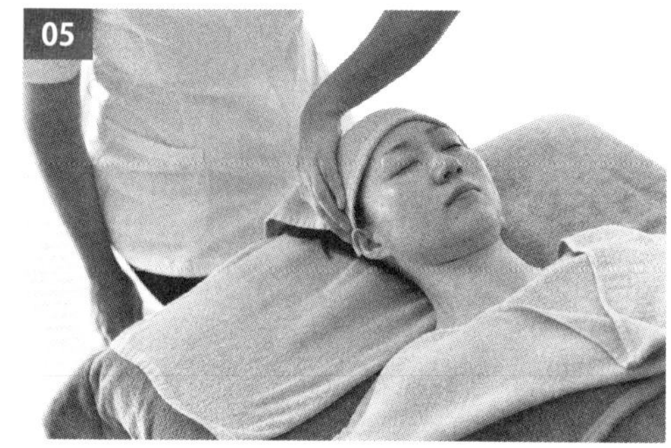

06 左手は耳の後ろから手を離さずに、右手で右側のタオルを持つ。この時に右手でタオルを引っ張って緩まないようにしっかりと締めていく。

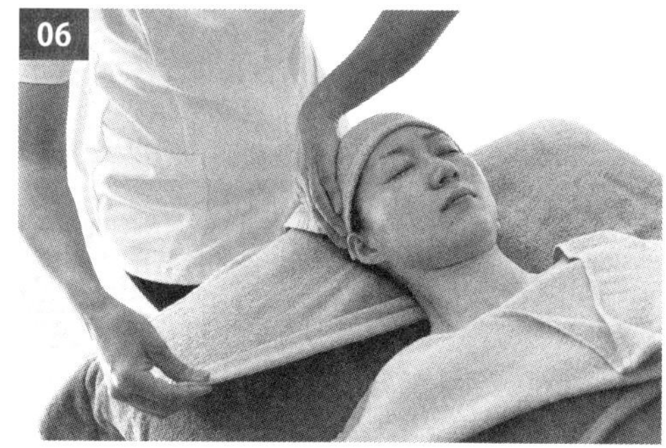

07 右手側のタオルが左側のタオルを交差したら、左手を離す。

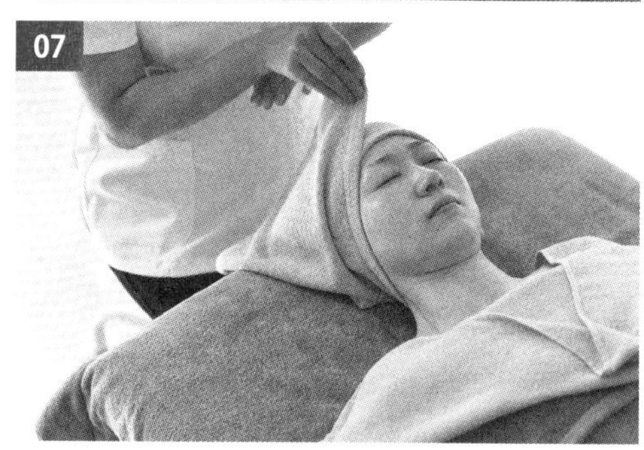

08 右手側のタオルの先を丸めて留めを作る。

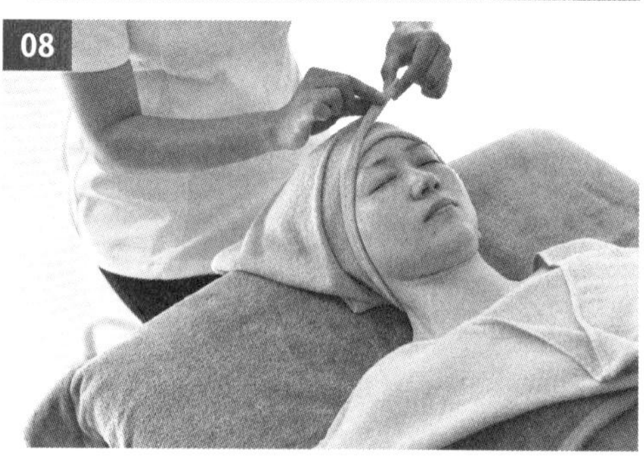

09 留めをタオルに入れ込む。

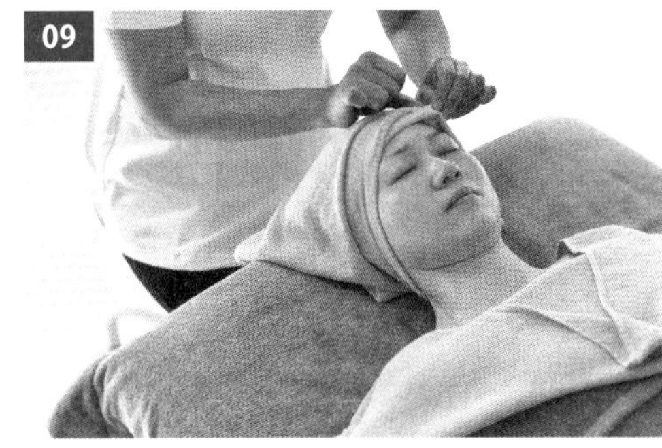

10 留めが外れないように片手で押さえながら、もう一方の手でタオルに指を滑らせながら耳まで一線描く。この時、耳たぶが裏返っている場合には元に戻す。同様に手を入れ替えて反対側も行う。

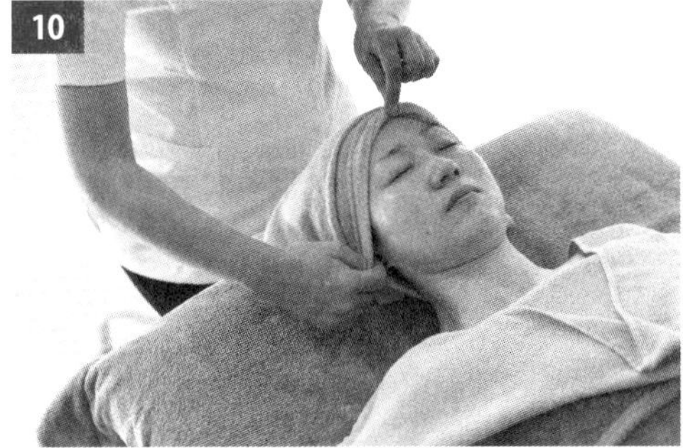

11 生え際ギリギリまでタオルをずらす。

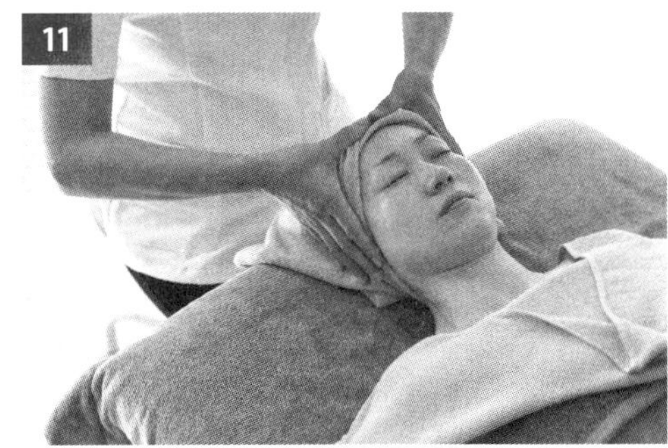

耳の穴が少し見えるくらいまで。

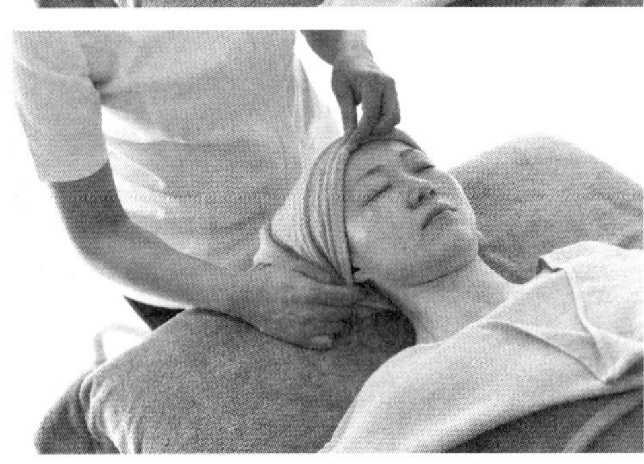

第2章

デコルテの施術

Process

❶ 胸骨に沿って右肋骨の大胸筋付着部の三指（四指）輪状軽擦

※右側のデコルテを例に解説。

❷ 右第3肋骨の三指（四指）輪状軽擦

❸ 右第2肋骨の三指（四指）輪状軽擦

※左側のデコルテも同様に、左手で上記❶〜❸を行う。

❹ デコルテ全体の手掌軽擦

❺ 小胸筋の三指（四指）輪状軽擦

❻ 鎖骨下筋の母指軽擦

❼ 鎖骨（下側）三指（四指）輪状軽擦

❽ 鎖骨（上側）母指軽擦

❾ 三角筋の手掌軽擦

❿ 首後面を交互に手掌軽擦

⓫ 肩を母指と四指で挟んで軽擦

⓬ デコルテ全体の手掌軽擦

❶ 胸骨に沿って右肋骨の大胸筋付着部の三指（四指）輪状軽擦

三指・四指のエフルラージュです。三指（示指、中指、環指）または、四指（示指、中指、環指、小指）の指の腹を接地面として、広く密着しながら軽擦をします。細かい部位の施術に適しています。

デコルテの時は、胸の膨らみによって、三指または四指のどちらで行うか調整していきます。円の大きさは４～５ｃｍ程度でゆっくりと行います。

指に力が入り、指先だけの施術になってしまうと、クライアントにくすぐったさや不快感を与えてしまう場合がありますので、指の第一から第二関節までが接するように意識しましょう。

01 クライアントの頭頂部でスツールに座って行う。スツールの高さは、ベッドに肘をついた時に110度くらいの角度になるように調整する。

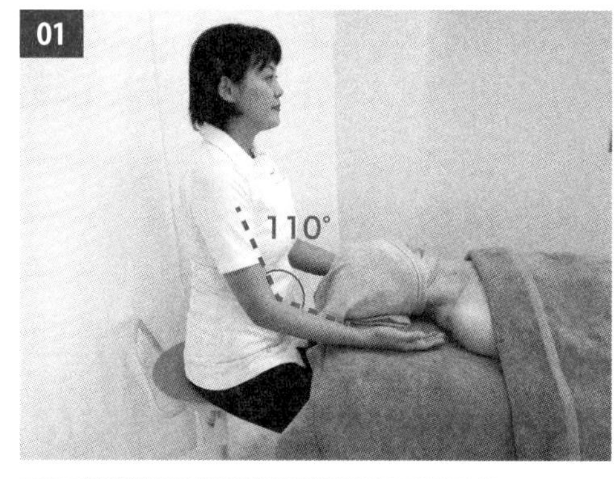

02 片手で施術。右側の大胸筋は右手で、左手は肩の辺りにそっと置く。

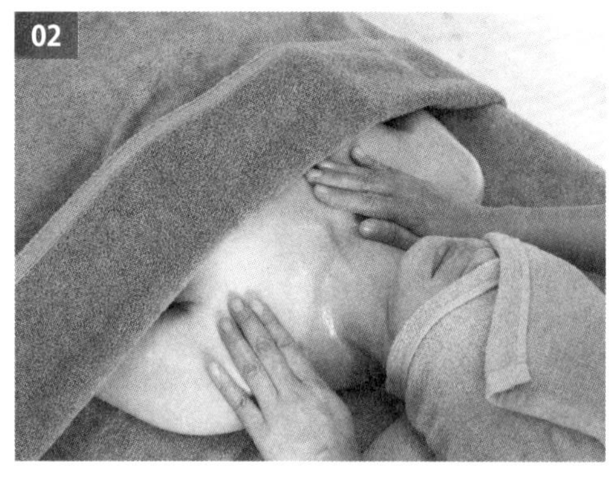

03 1円目は鎖骨、第1肋骨から剣状突起まで、五～六つの円を描きながら輪状軽擦。

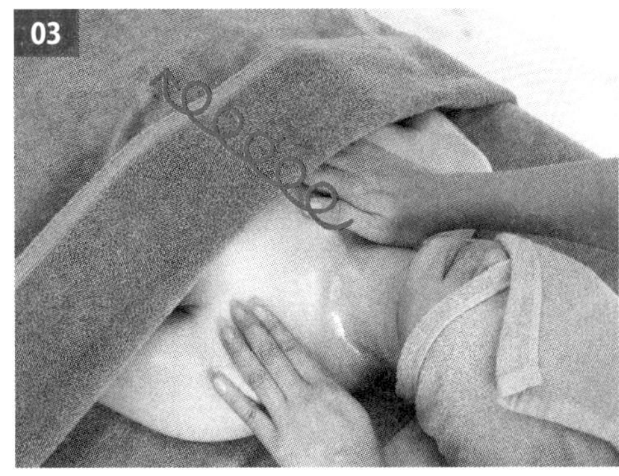

04 剣状突起まで行ったら、輪状軽擦をしながら第1肋骨まで戻る。

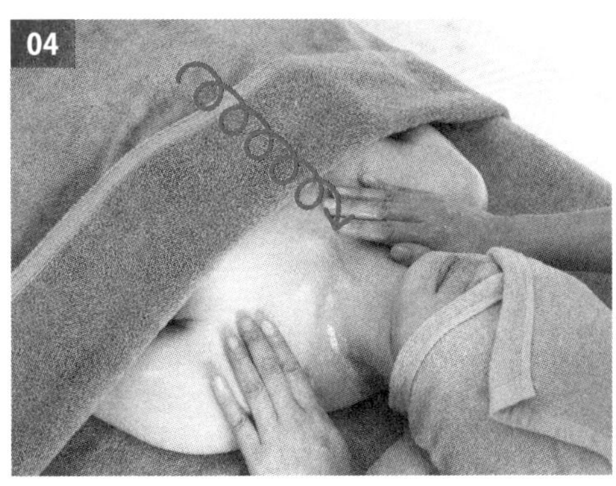

大胸筋のプロフィール

大胸筋は胸部を覆い、肋骨の下部まで広がる大きな筋肉で、まとまって上腕骨に停止し腋窩の前縁を作ります。

肋骨下部はデコルテ側からは胸があるため、施術を控えます。この部分は、腹部の施術の時に意識して行います。

また上腕骨にも付着しているので、デコルテでは三角筋を包みながら上腕骨の中ほどまで施術を行います。

▶大胸筋（だいきょうきん）

【付着】 起始：鎖骨（内側半分）、胸骨、肋骨（肋軟骨）、腹直筋鞘
停止：上腕骨（大結節稜）

【作用】 肩（上腕骨）を内転、内旋、屈曲

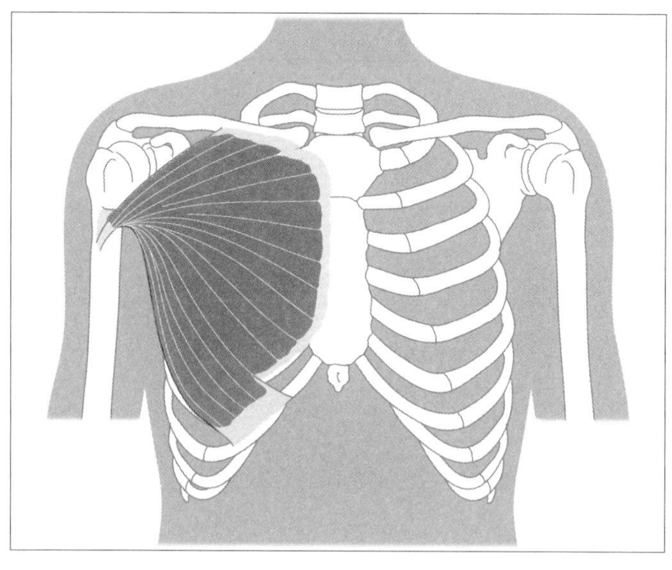

❷ 右第3肋骨の三指（四指）の輪状軽擦

05 第３肋骨を確認する。実際の施術では、この手順は行わない。前述の肋骨の輪状軽擦の時に、位置を確認しておく。

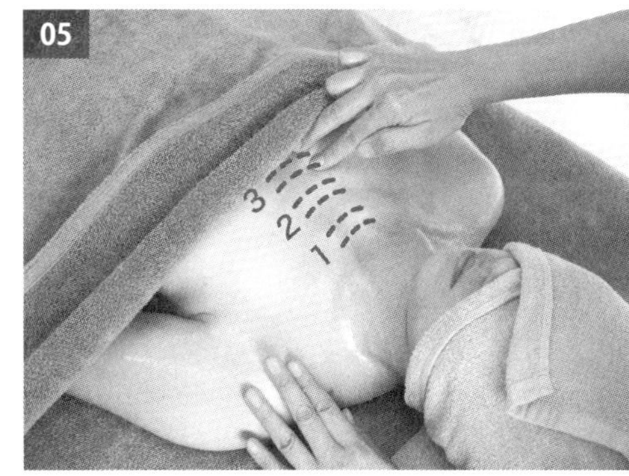

06 胸骨と第３肋骨の交わっている辺りからスタート。

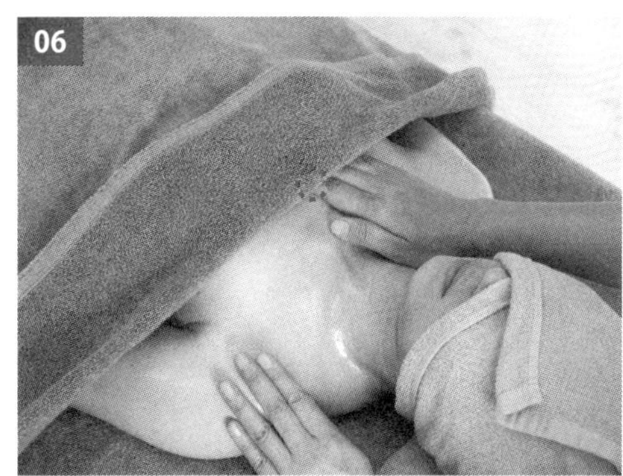

07 肋骨を追いながら体側のほうに入っていく。

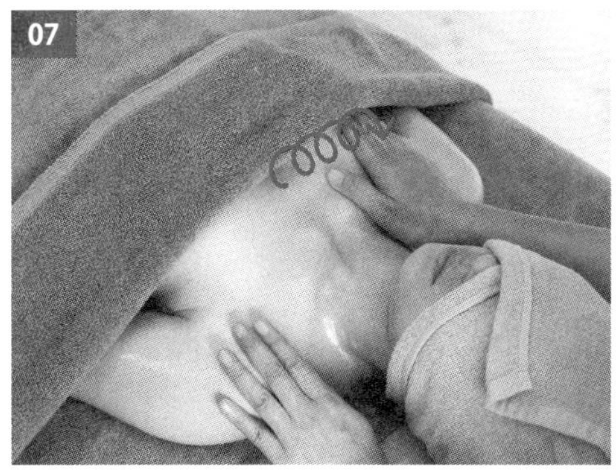

08 脇の下に入って前鋸筋をアプローチ。この部分は何度か繰り返し行うと良い

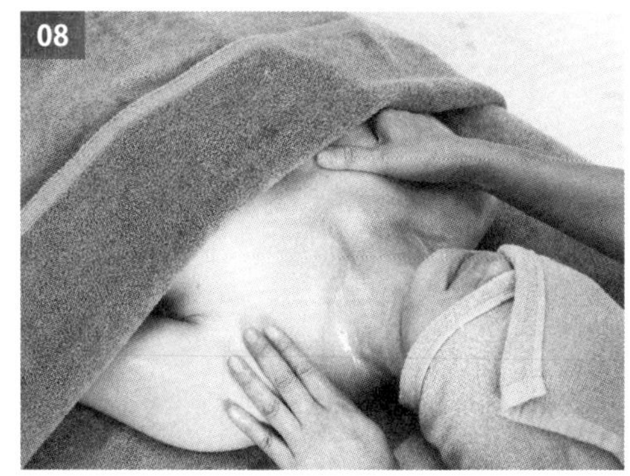

09 戻る時は、第３肋骨の上を一直線で胸骨まで戻る。

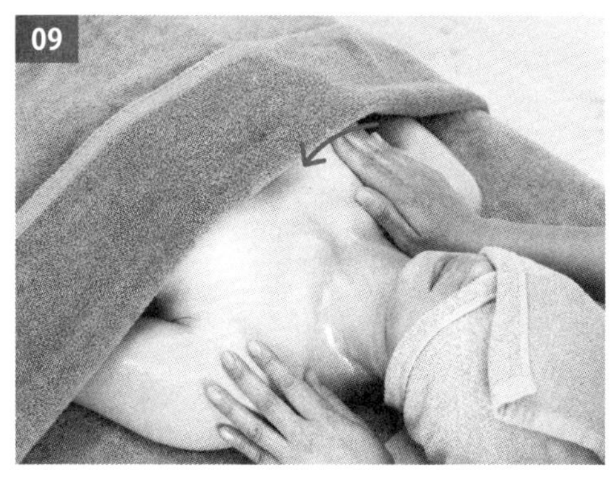

上記の手順 **06 〜 09** を繰り返す。

❸ 右第2肋骨の三指（四指）輪状軽擦

10 第２肋骨を確認する。実際の施術では、この手順は行わない。前述の胸骨と肋骨の輪状軽擦の時に、位置を確認しておく。

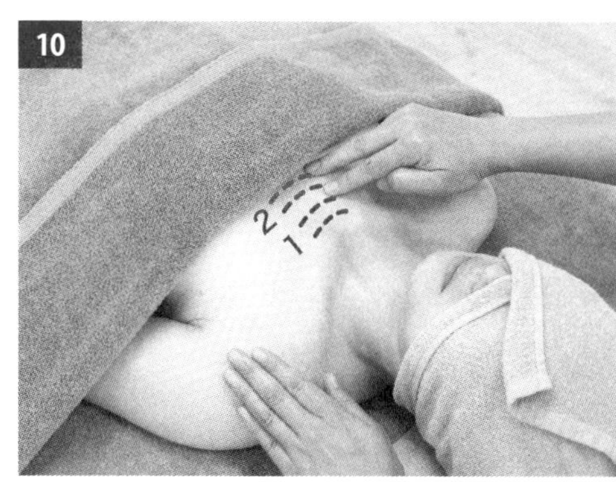

11 胸骨と第２肋骨の交わっている辺りからスタート。

12 第２肋骨から第３肋骨に沿って横に移動。

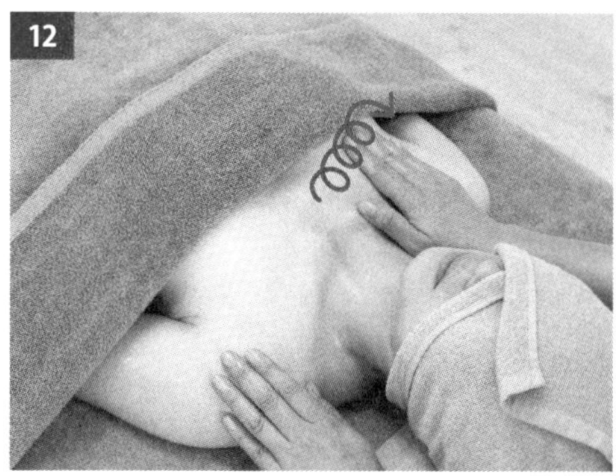

13 第３肋骨を追いながら体側のほうに入っていき、１本上の第２肋骨に移動し、前鋸筋をアプローチ。

注）第２肋骨は、鎖骨に向かっているため、体側の方向に追えない。そのため、いったん第２肋骨→第３肋骨に移動させる。

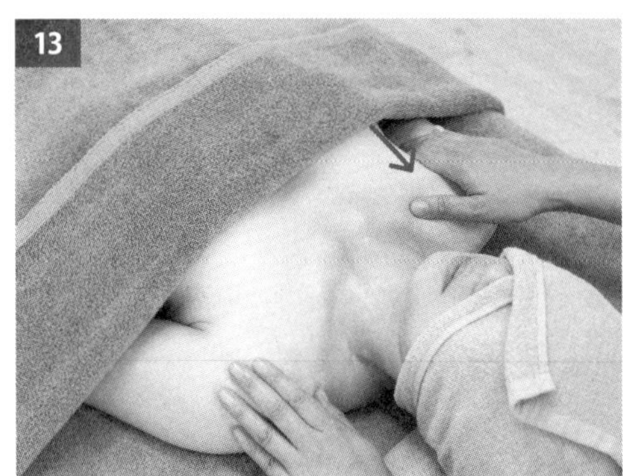

14 戻る時は、第２肋骨の上を胸骨まで一直線で戻る。

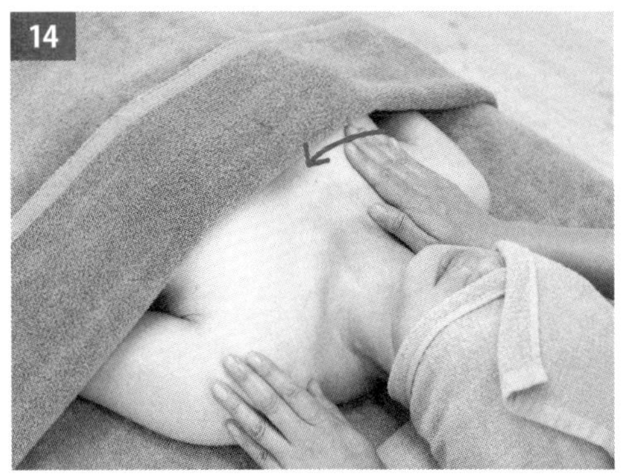

上記の手順 **11** ～ **14** を繰り返す。
反対側（左大胸筋）も同様に、上記の手順 **02** ～ **14** を行う。

④ デコルテ全体の手掌軽擦

15 両手を、胸骨と第３肋骨の辺りに合わせてスタート。

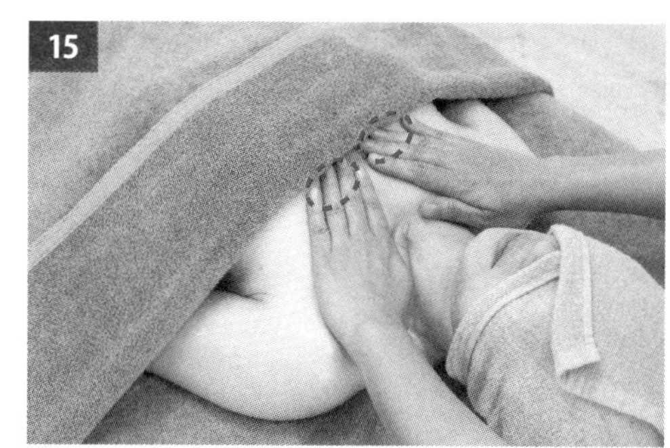

16 肋骨全体を手掌軽擦しながら、三角筋を包み込む。

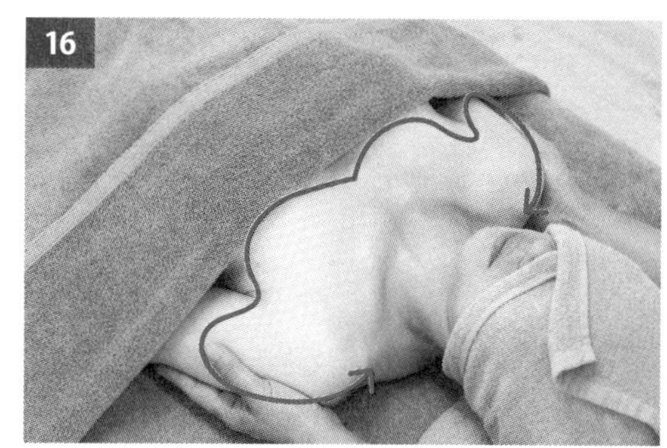

17 首の背面を軽擦しながら、乳様突起に抜ける。

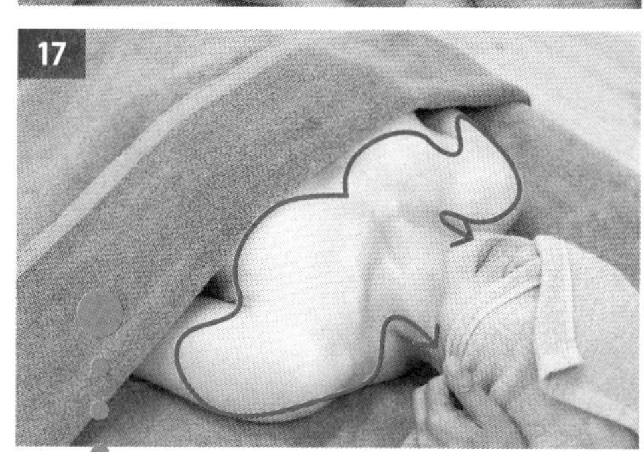

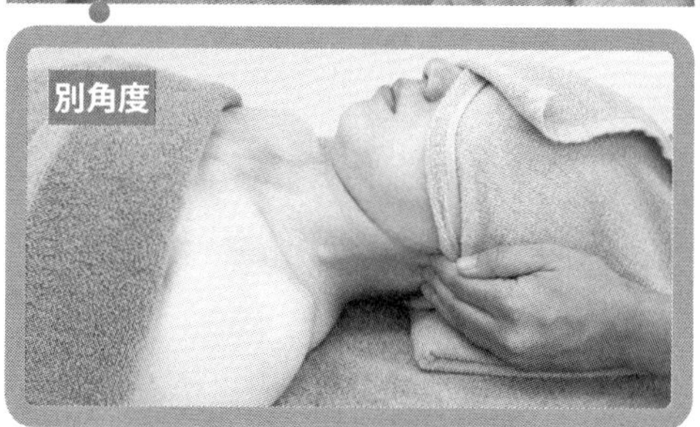

❺ 小胸筋の三指（四指）輪状軽擦

18　烏口突起（うこうとっき）を確認する。実際の施術では、この手順は行わない。鎖骨を外側にたどって、上腕骨にあたった辺りが烏口突起。

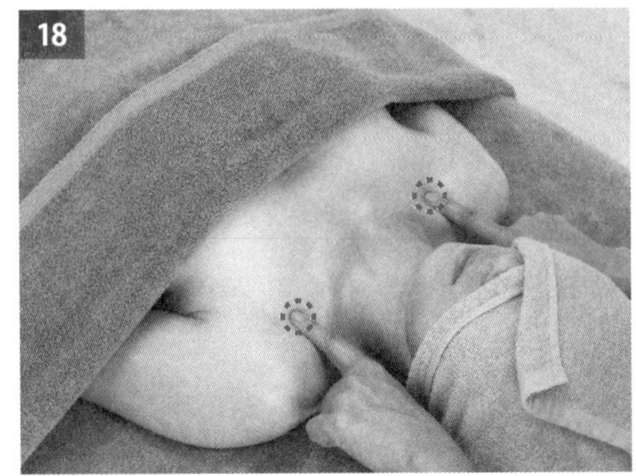
18

19　大きな円を描きながら、第２、第３肋骨の辺りを全体的に輪状軽擦。

19

20　小胸筋の停止部である烏口突起周辺の輪状軽擦。この部分は硬い腱になっているため、繰り返し行うと良い。

20

小胸筋 のプロフィール

小胸筋は大胸筋の下層に位置しています。乳房の厚みがある場合は、肋骨が指にあたるまで、やや押圧しながら行うと良いです。

起始部は第２～５肋骨辺りに付着していますが、第４、第５肋骨周辺は乳頭にあたってしまうため施術は行いません。

停止部は烏口突起に筋線維が集まり腱となって付着しているため、非常に硬くなっているケースが多く見られます。

胸筋をぶら下げているブラジャーの紐のようなイメージです。硬く短縮している場合には、指１本で軽く触っただけでも確認することができます。

▶ 小胸筋（しょうきょうきん）

【付着】 起始：第２～５肋骨（前面）
停止：肩甲骨（烏口突起）

【作用】 肩甲骨を前下方に引く

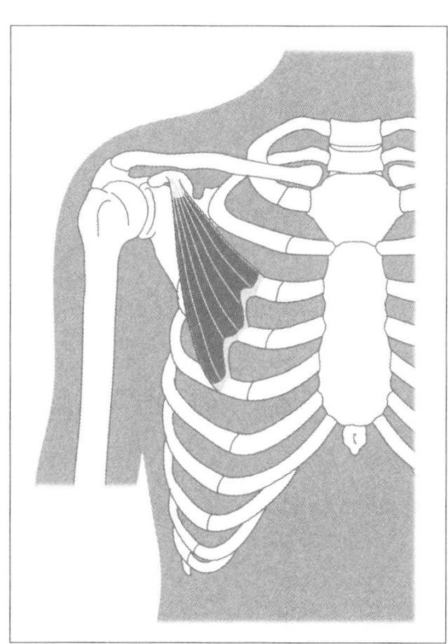

❻ 鎖骨下筋の母指軽擦

母指で線を描くようにアプローチするストロークです。母指以外の四指を支えにして、施術部位に母指を滑らせるように行います。狭い部位を施術するのに適しています。

胸部（デコルテ）、下肢、上肢で使う手技です。母指の圧に強弱がつかないように施術部位に密着させ、均一な圧を掛けながら移動します。

21 両母指で鎖骨の端から端まで軽擦する。鎖骨内側の骨端からスタート。

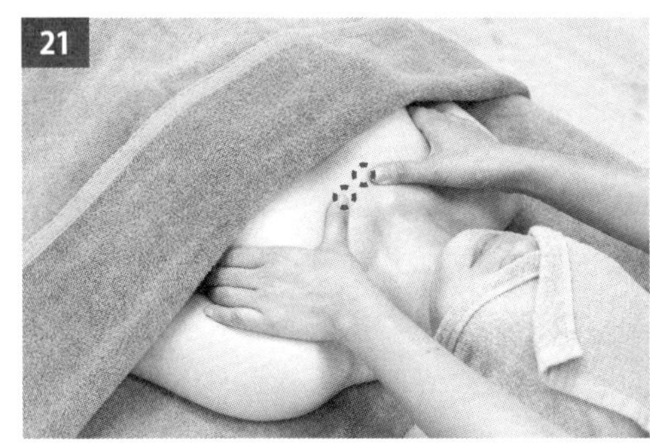

22 鎖骨下筋に沿うように、第1肋軟骨から停止部の鎖骨の半分までを往復する。

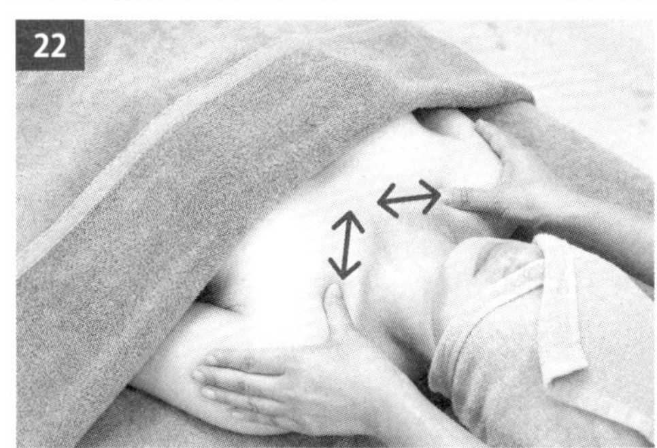

23 鎖骨の外側に1/2から肩峰を、何度か往復する。

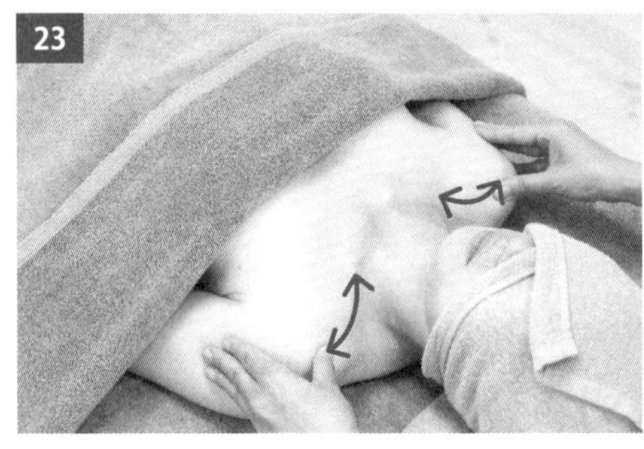

鎖骨下筋のプロフィール

鎖骨下筋は小さな筋肉ですが、鎖骨が上がっていたり、肩が前方に引っ張られているクライアントの施術に適した筋肉といえます。

鎖骨のラインには、その他に大胸筋、三角筋、僧帽筋なども付着していますので、端から端まで丁寧にアプローチを行うと良いでしょう。

▶鎖骨下筋（さこつかきん）

【付着】 起始：第１肋軟骨
　　　　停止：鎖骨（下面）

【作用】 第１肋骨を上げる、鎖骨（肩）を前下方に引く

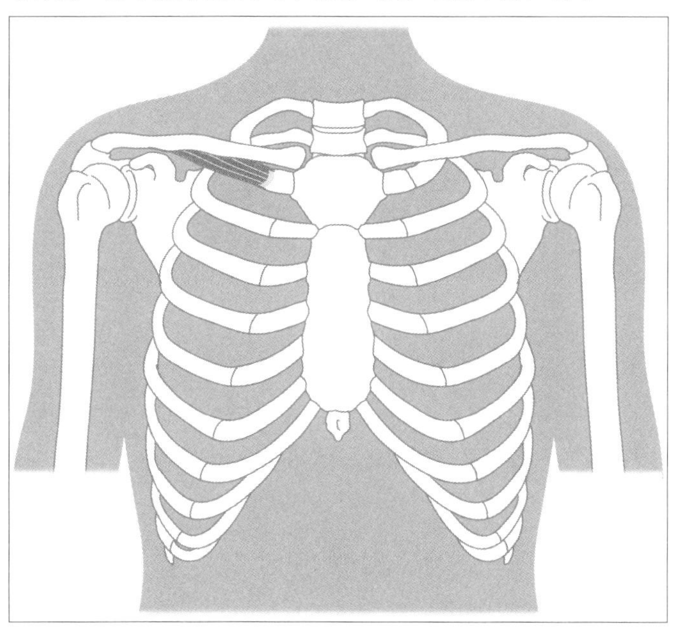

❼ 鎖骨（下側）三指（四指）輪状軽擦

24 両手の三指（四指）で、鎖骨の端から端まで輪状軽擦する。鎖骨内側の骨端からスタート。

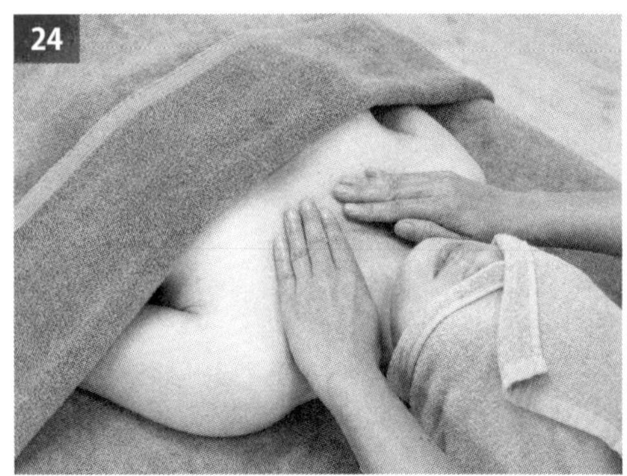

25 胸骨頭から肩峰まで、鎖骨を三指（四指）で輪状軽擦を何度か繰り返す。

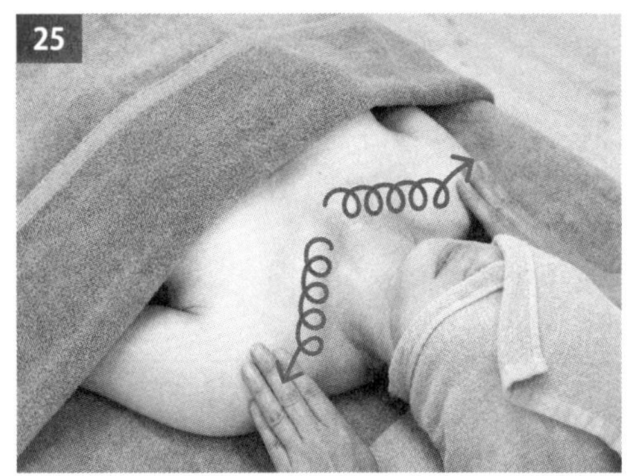

❽ 鎖骨（上側）母指軽擦

両手の母指で軽擦を行います。圧の向きは鎖骨の面に向かいます。首への垂直な圧は、気管を押さえてしまって圧迫感や不快感を与えてしまう場合があるので控えます。

26 両母指で鎖骨の端から端まで軽擦する。鎖骨内側の骨端からスタート。

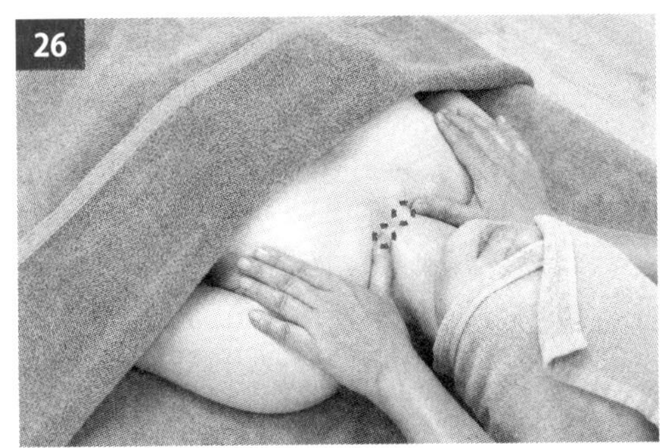

27 胸鎖乳突筋の起始部を、鎖骨の内側に沿うように軽擦。この部分は繰り返し行うと良い。

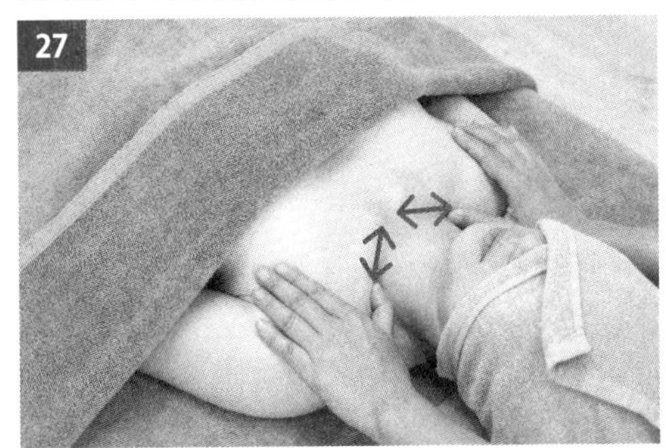

28 鎖骨上側（内側）1/2 から肩峰に向かう。肩峰周辺は何度か繰り返すと良い。

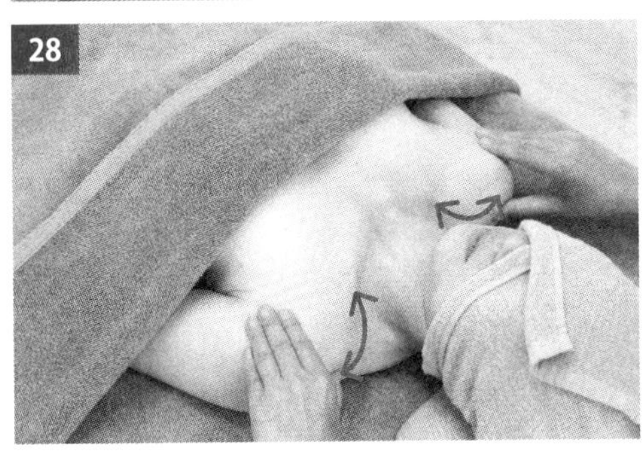

上記の手順 **26** ～ **28** を繰り返す。

胸鎖乳突筋 のプロフィール

胸鎖乳突筋は、首と頭を安定させる筋肉ですので、頭の位置が横に傾いていたり、顎が押し出されていたらリリースが必要な筋肉となります。首こりを訴えるクライアントは、胸鎖乳突筋の短縮や疲労が原因の一つになっていることが多いです。

横を向いてもらうと筋肉が浮き出てくるので非常にわかりやすくなります。起始部が２頭に分かれて鎖骨の内側に付着していることや、停止部の乳様突起周辺に筋線維が集まって付着していることが認識できます。

▶ 胸鎖乳突筋（きょうさにゅうとつきん）

【付着】 起始：胸骨頭は胸骨（頬骨柄上縁)、鎖骨頭は鎖骨（前面 1/3）

停止：側頭骨（乳様突起)、後頭骨（上項線）

【作用】 両側が働くと：首を屈曲（顎を引いた状態で前屈、顎を上げた状態で後屈）

一側が働くと：顔と首を反対側に回旋、同側に側屈

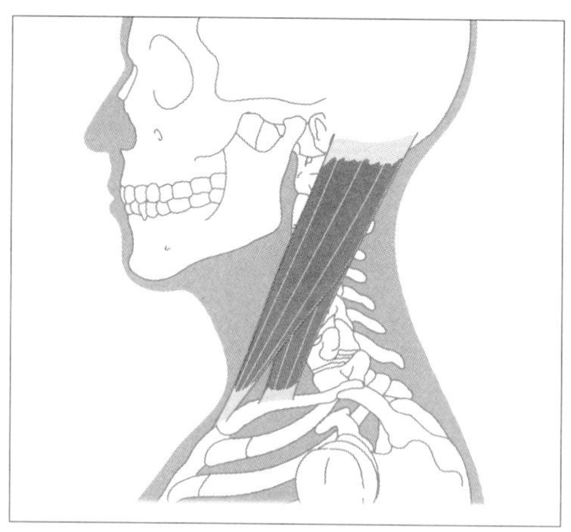

⑨ 三角筋の手掌軽擦

29　三角筋の前部線維から筋腹を包み込むように軽擦。

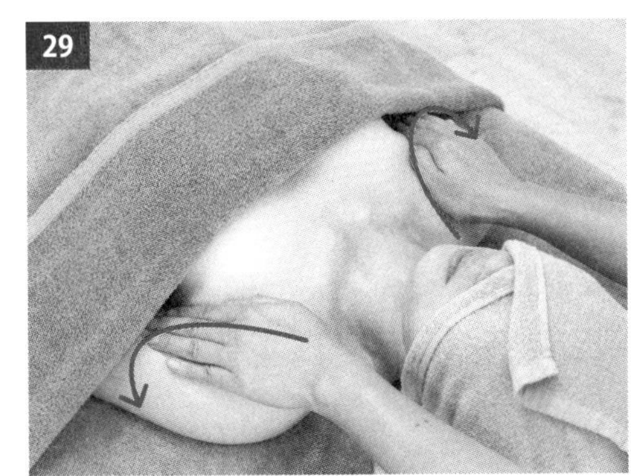

30　三角筋の上腕骨付着部を手掌の中央で捉えたら、折り返す。

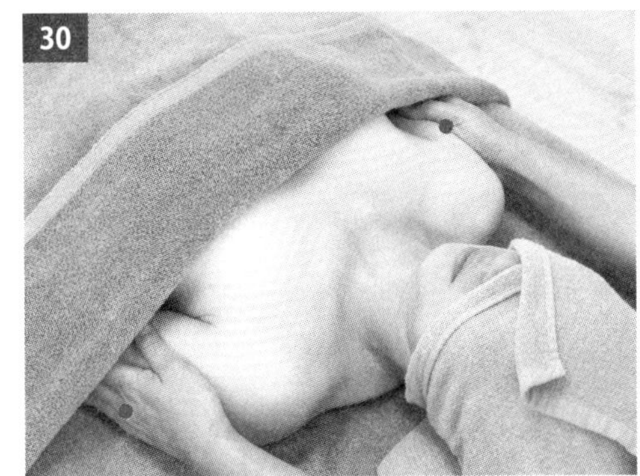

31　三角筋の後部線維を軽擦し、肩甲棘を通って抜ける。

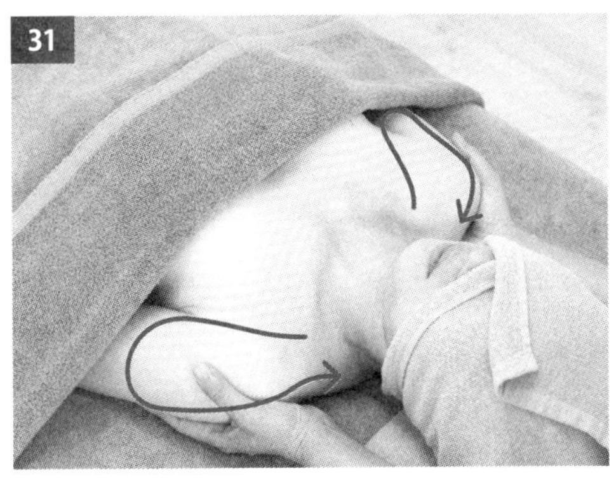

上記の手順 **29** ～ **31** を繰り返す。

⑩ 首後面を交互に手掌軽擦

首の後面を片手ずつ、交互に手掌で軽擦します。この時、頸椎を持ち上げないように注意します。頭もガタガタと動かないように行います。

また交互に手を出し入れする度に耳たぶに触れてしまうと、クライアントに不快感を与えてしまう場合があるので気をつけましょう。

32 片手ずつ交互に行う。左手で首を抱える。

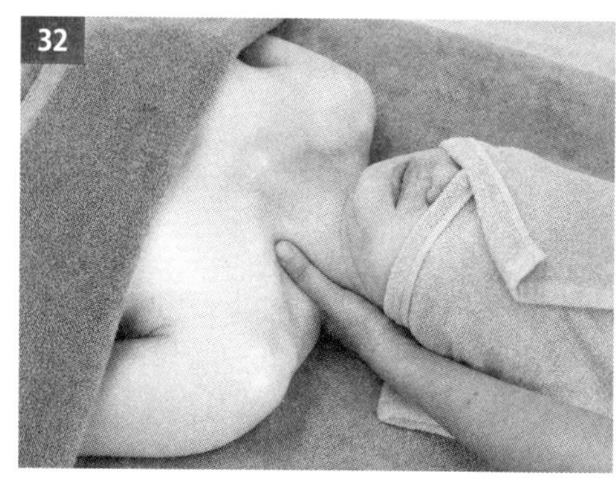

33 左手が外に抜けると同時に右手が入り、右手で首を抱える。

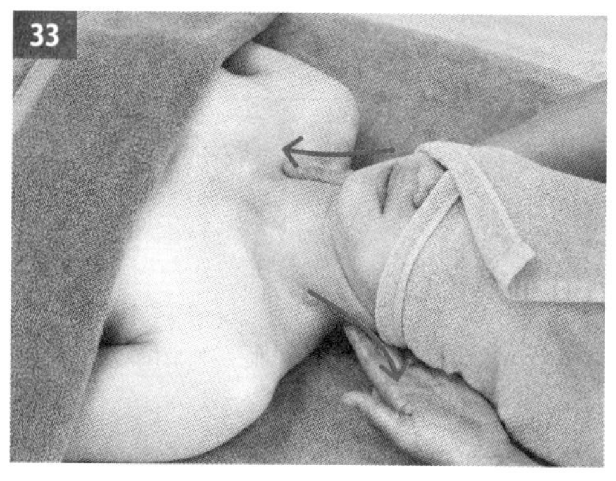

上記の手順 **32** 〜 **33** を繰り返す。

別角度

01　手が入っていく位置は、胸椎２～３番辺り。

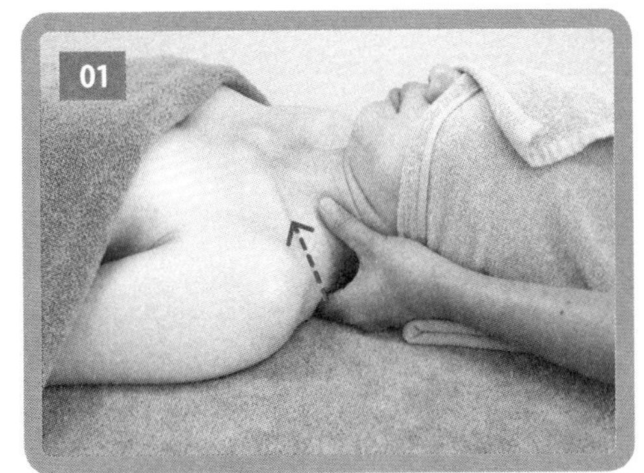

02　抱え方は、頸椎全体を包み込むようにする。

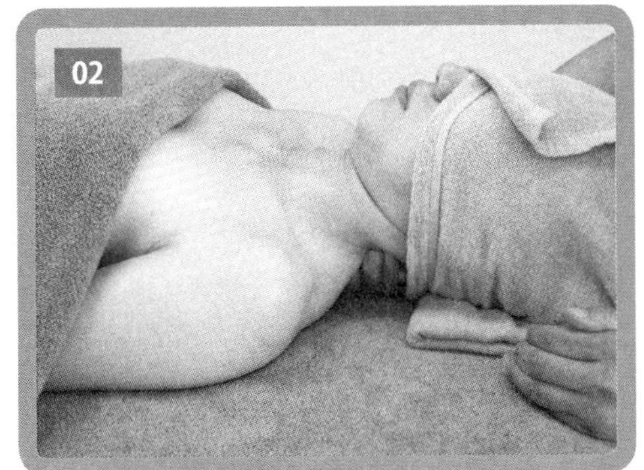

03　胸椎から頸椎まで軽擦したら、耳の後ろから抜ける。

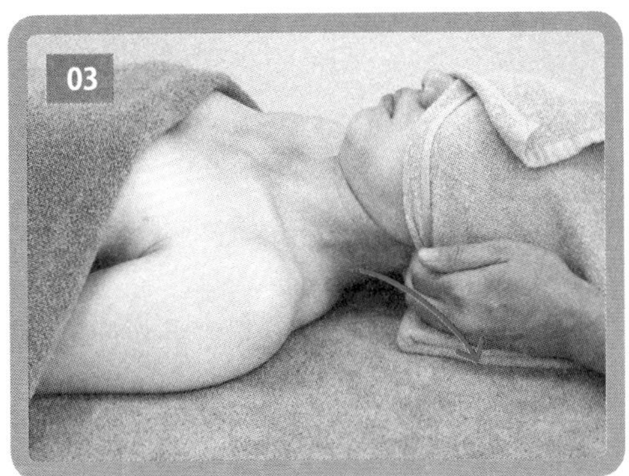

⑪ 肩を母指と四指で挟んで軽擦

34 片手ずつ交互に行うので、左手の母指が第1肋骨を、四指は肩甲骨の内縁を捉えて挟む。

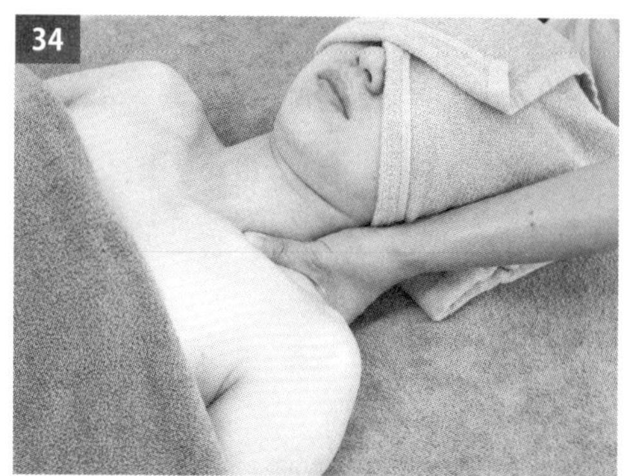

35 左手が抜けようとしているうちに、右手が入る。

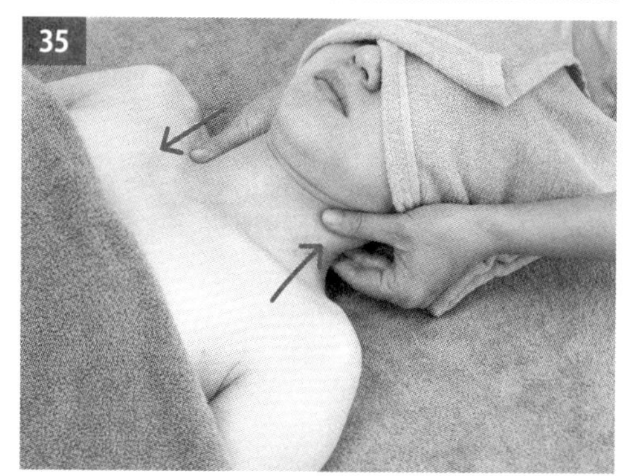

36 右手が抜けようとしているうちに、左手が入る。

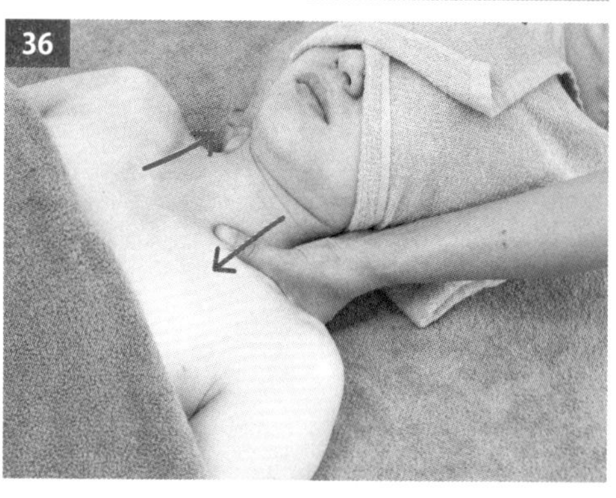

上記の手順**34**～**36**を繰り返しながら、少しずつ外側に移動する。

⑫ デコルテ全体の手掌軽擦

37 デコルテ全体のトリートメントを何度か行う（上記の手順 **15**～**17** を参照）。

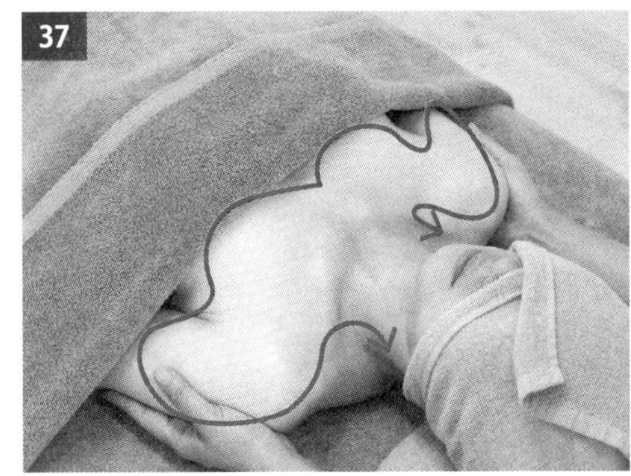

38 最後は、乳様突起から手をそっと離して終了。

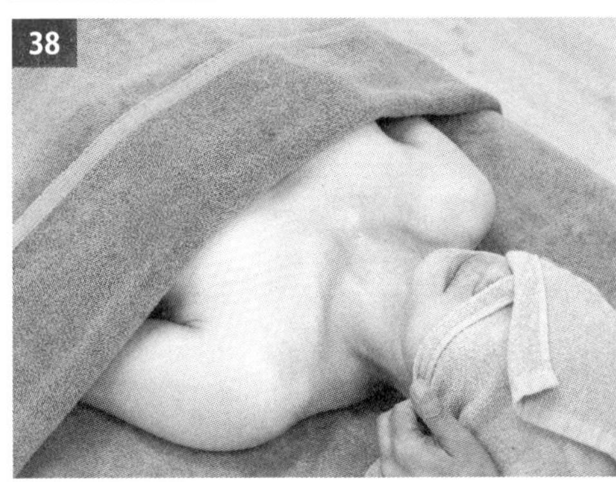

第3章

首、フェイスライン、口周部の施術

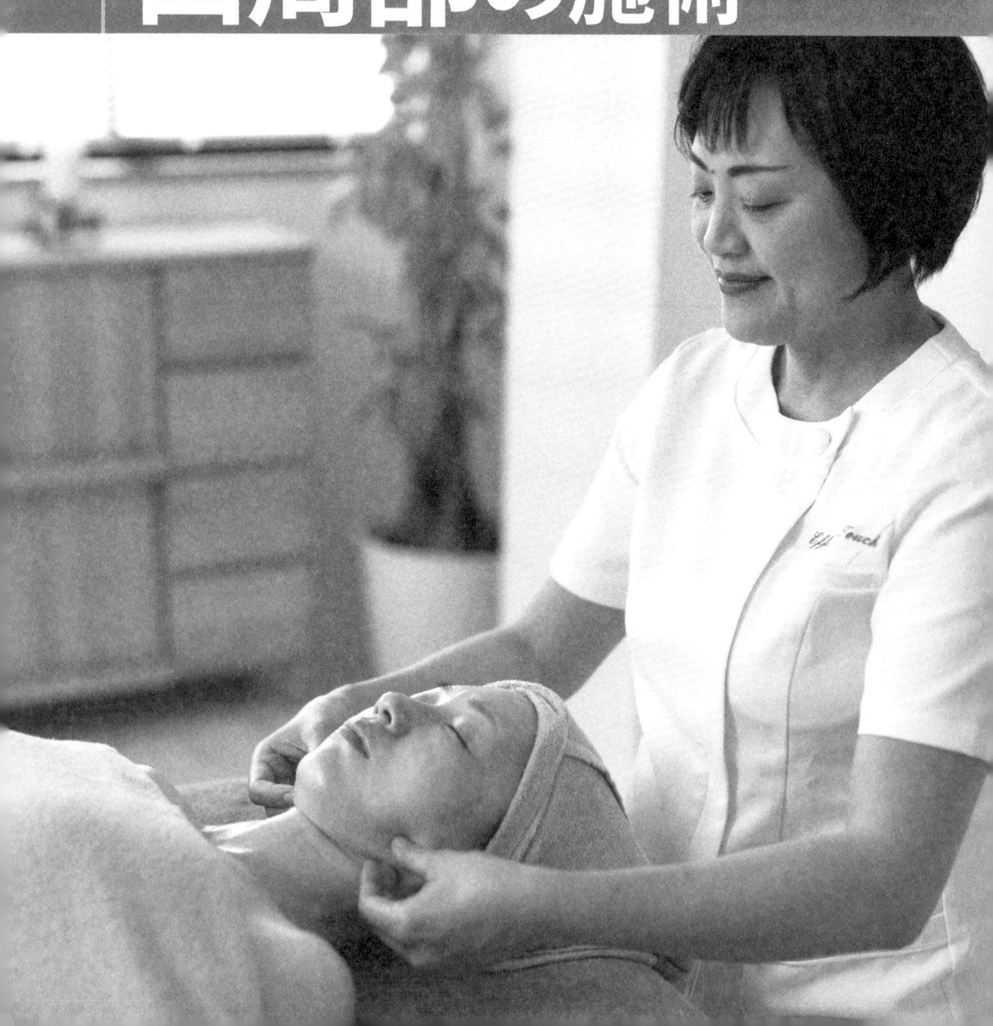

Process
①
顔全体の
エフルラージュ
②
胸鎖乳突筋の
三指（四指）
輪状軽擦
③
広頸筋の
四指軽擦
（行き）
④
広頸筋の
四指軽擦
（帰り）
⑤
フェイスラインの
二指軽擦
⑥
顎舌骨筋と
顎二腹筋の
二指軽擦
⑦
下唇下制筋の
一指または
二指軽擦
⑧
オトガイ筋の
一指または
二指軽擦
⑨
口角下制筋の
二指軽擦
⑩
咬筋の
三指軽擦
⑪
口輪筋の
一指軽擦
⑫
口輪筋の
母指軽擦
※右側を例に解説。

❶ 顔全体のエフルラージュ

顔の凹凸に合わせて、手掌や指腹全体を密着させて行います。

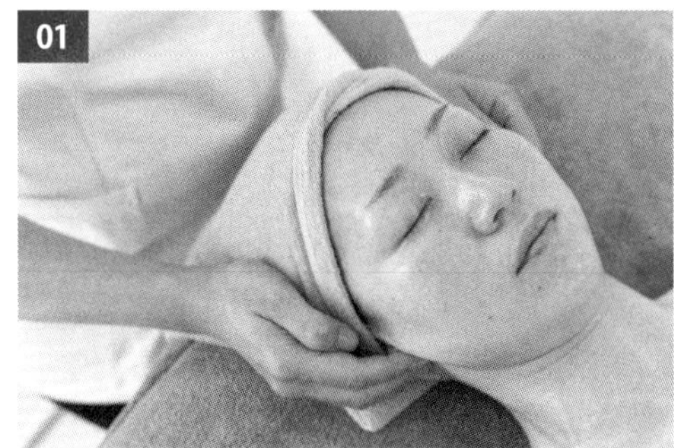

01 両手を乳様突起に置き、始める。

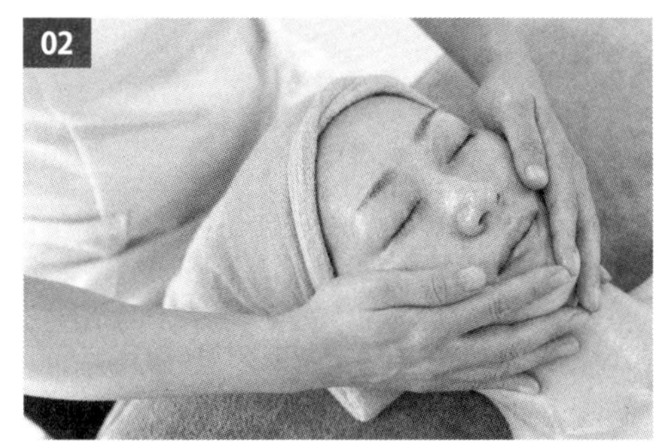

02 示指と中指で下顎骨を挟み顎先から入る。

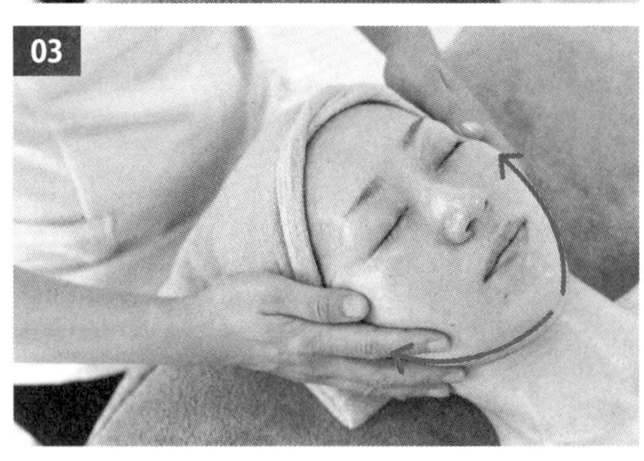

03 両手を下顎骨に沿わせるようにして耳下腺まで移動。

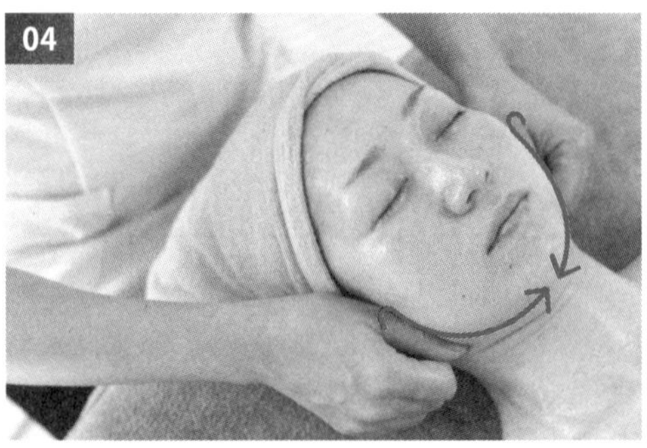

04 母指の背部を耳たぶの辺りに滑らせながら折り返す。

05　顎先まで戻る。

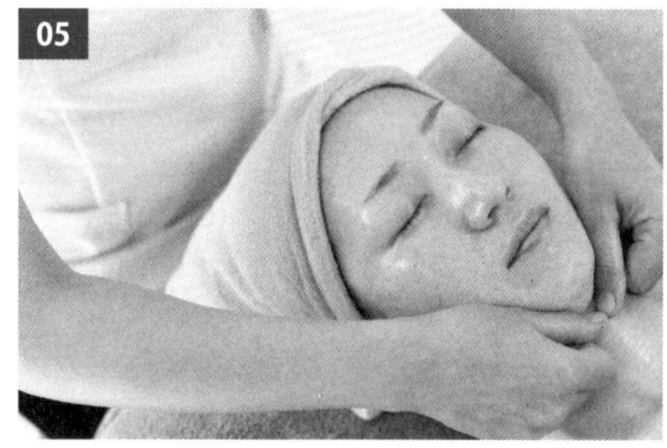

06　四指でほうれい線に沿って小鼻の脇まで移動。

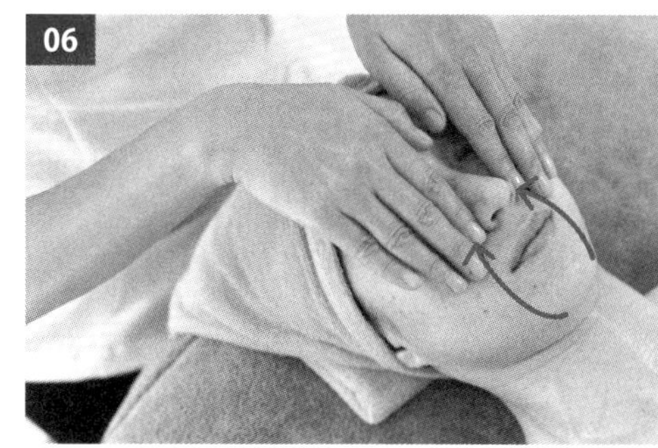

07　頬骨に沿ってエフルラージュ。

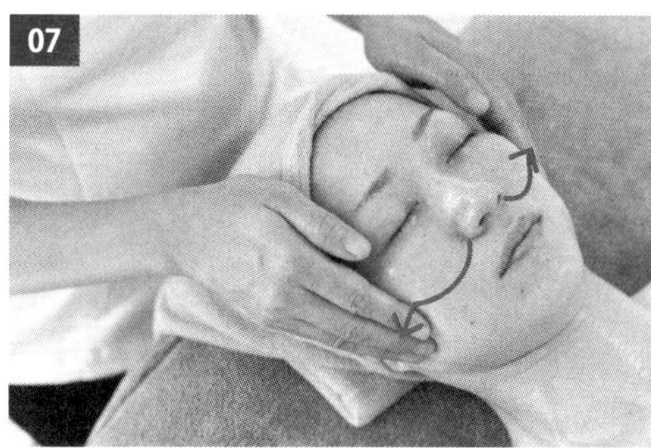

08　頬骨弓の端まで移動。

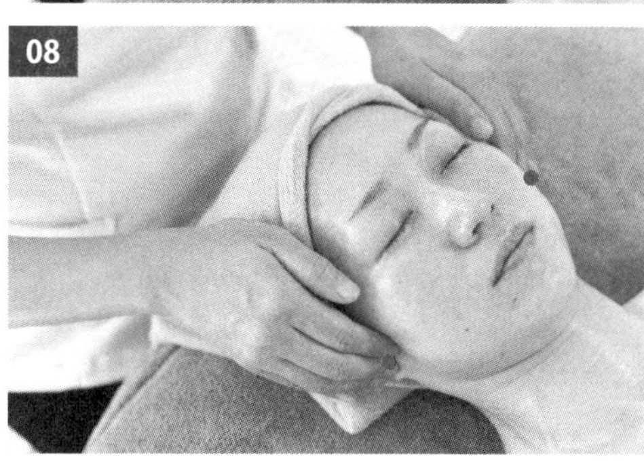

09　母指の背部を耳たぶの辺りに滑らせながら顎先へ。

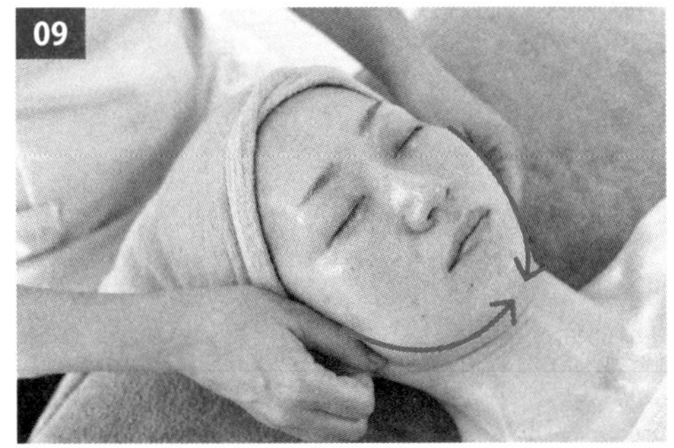

10　顎先まで戻る。

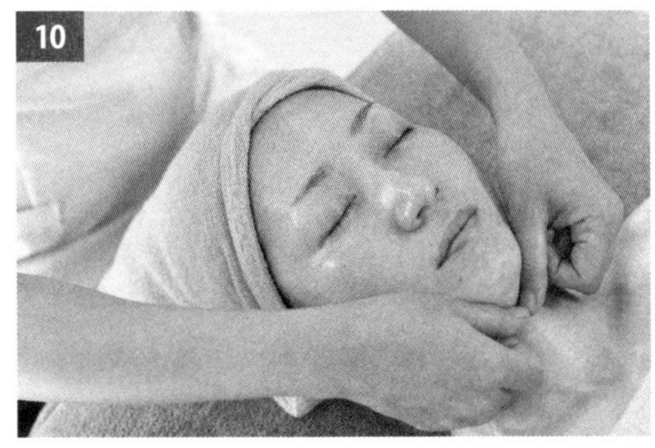

11　四指でほうれい線を通る。

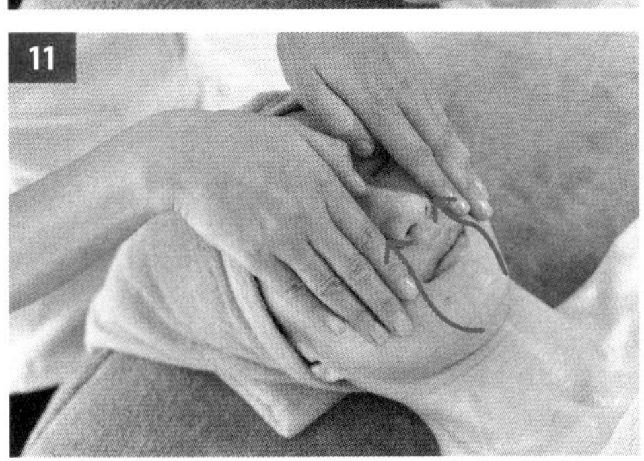

12　鼻の横を通る。

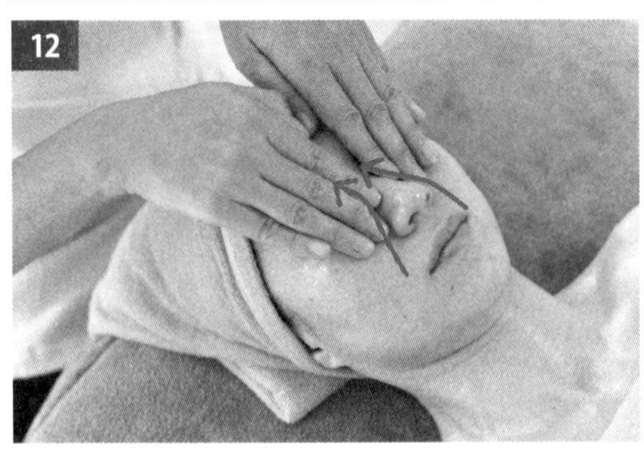

13　目頭のくぼみを通る。

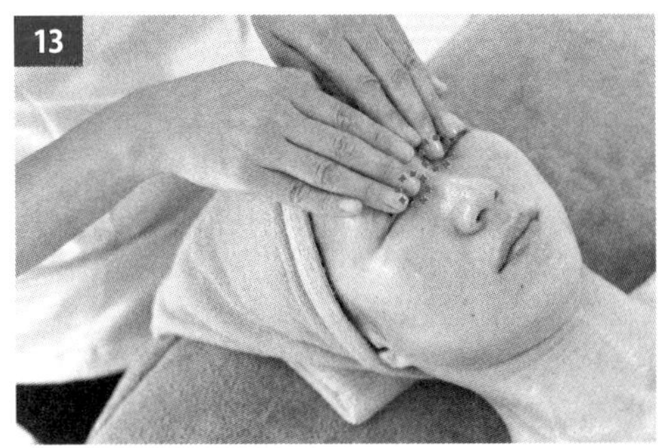

14　額まで移動。

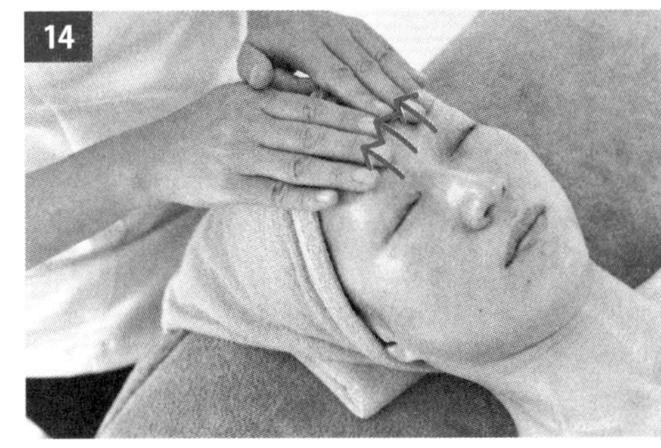

15　両手を左右にこめかみまでスライド。

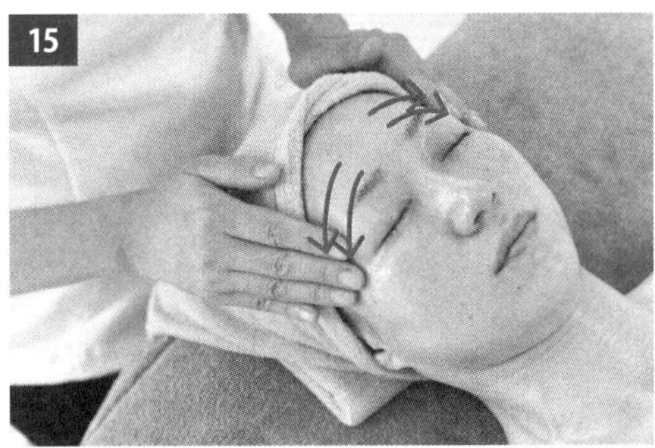

16　こめかみを通る。

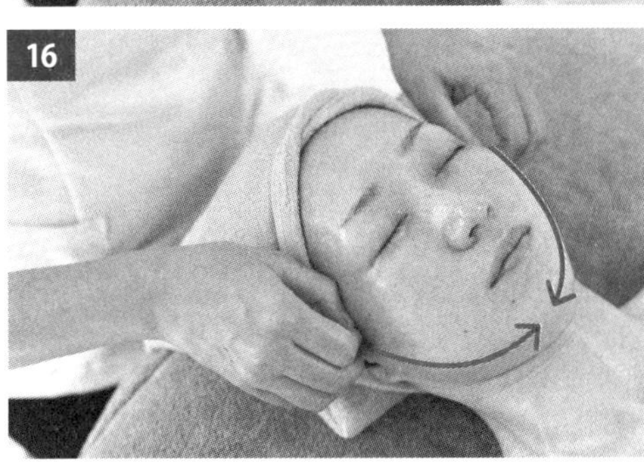

17　　顎先まで戻る。

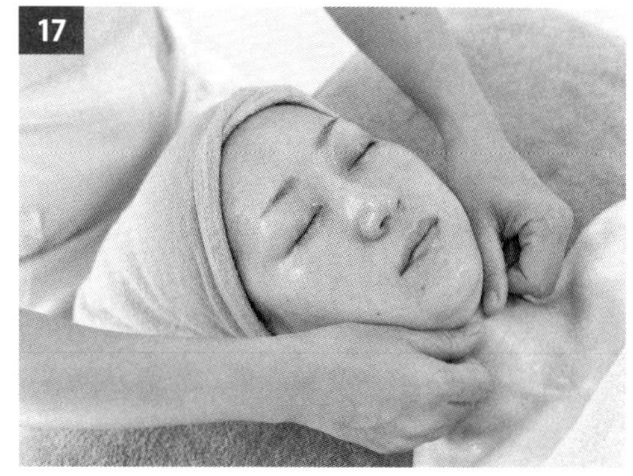

上記の手順 **02 ～ 17** を繰り返す。

❷ 胸鎖乳突筋の三指（四指）輪状軽擦

三指・四指のエフルラージュ

三指（示指、中指、環指）または、四指（示指、中指、環指、小指）の指の腹を接地面として、広く密着しながら軽擦をします。細かい部位の施術に適しています。

デコルテの時は、胸の膨らみによって三指または四指で行うか調整していきます。円の大きさは4～5cm程度でゆっくりと行います。

指に力が入り、指先だけの施術になってしまうとクライアントにくすぐったさや不快感を与えてしまう場合があるため、指の第一から第二関節までが接するように意識しましょう。

18 乳様突起を輪状軽擦。

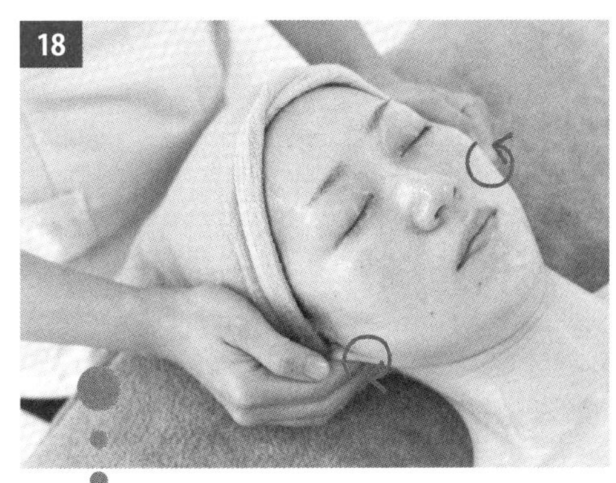

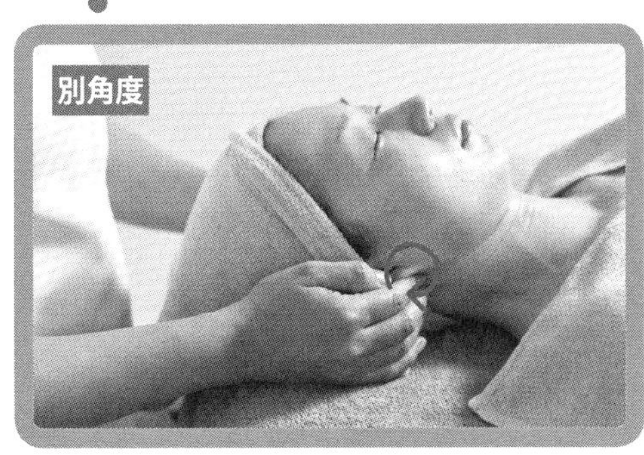

19 胸鎖乳突筋の筋腹の上を鎖骨に向かって輪状軽擦。

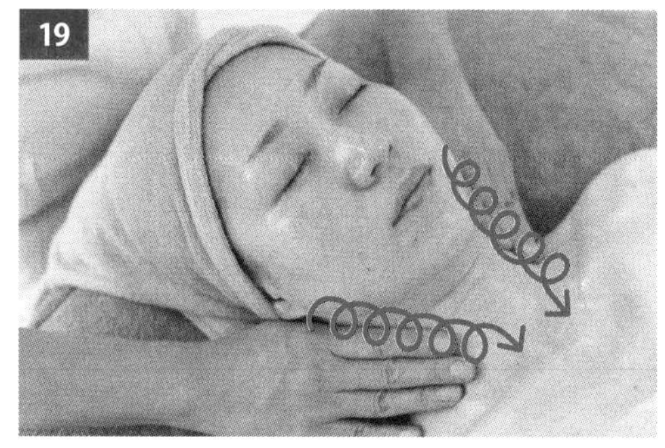

20 鎖骨の内側４～５ｃm辺りを輪状軽擦。

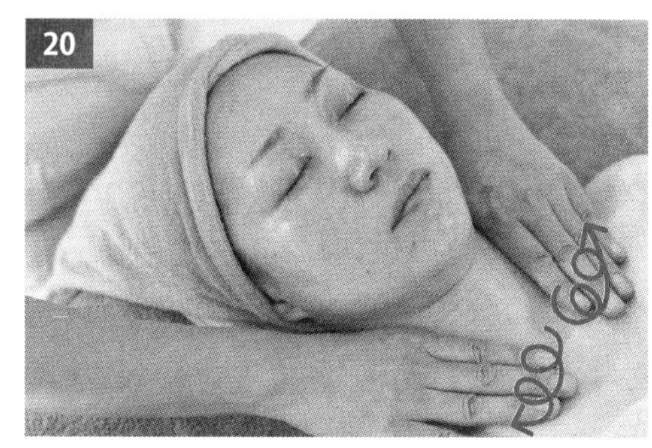

21 鎖骨から胸鎖乳突筋の筋腹の上を通り、真っ直ぐ戻る。

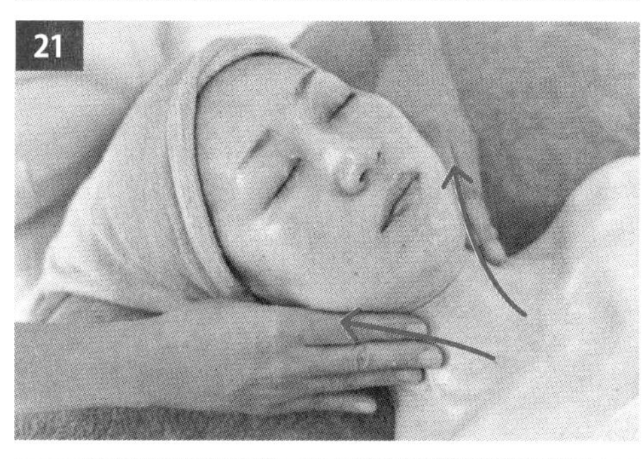

22 乳様突起まで戻る。

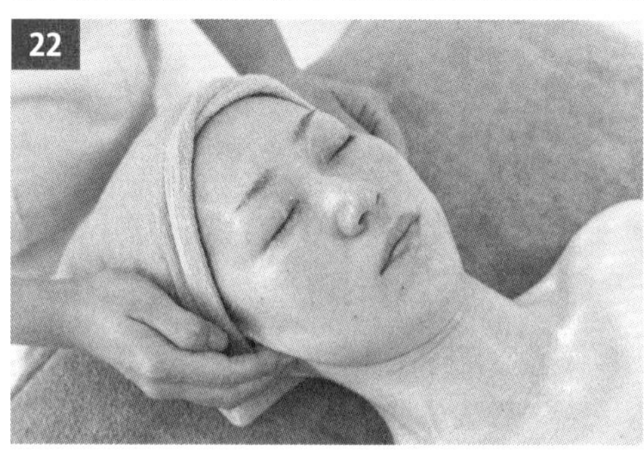

上記の手順 **18**～**22** を繰り返す。

❸ 広頸筋の四指軽擦（行き）

23　立ち上がる。

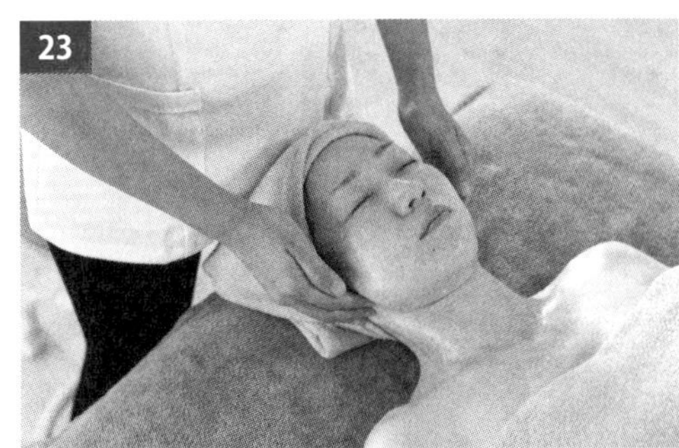

24　右側の肩から始める場合には、左手を乳様突起に当てたまま、右手をクライアントの三角筋の辺りから入れる。

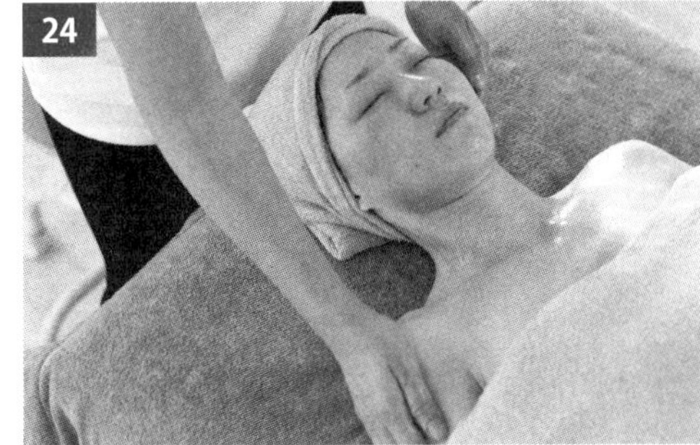

25　右手の手掌の真ん中がクライアントの肩峰を通る。

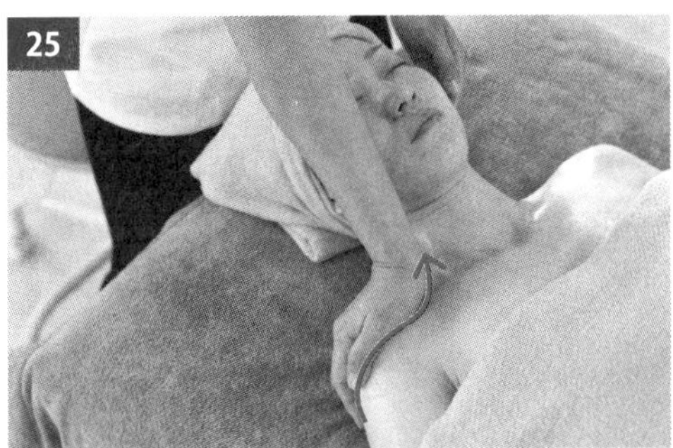

26　肩のラインに沿わせるように四指で首を軽擦。

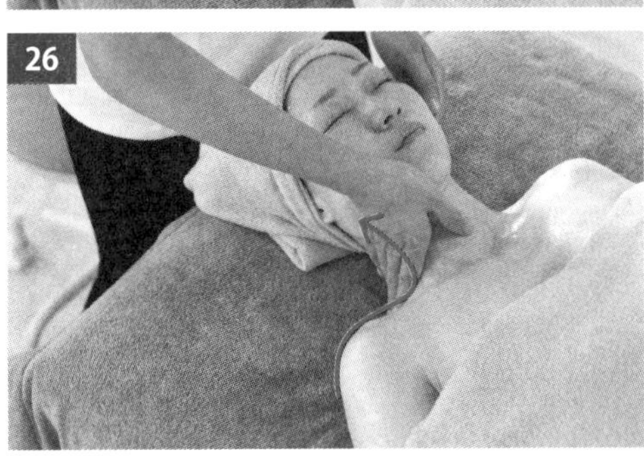

27 頬の辺りまで四指で軽擦。

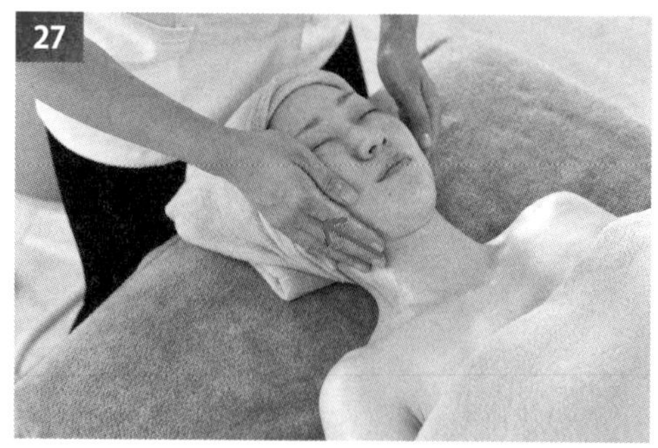

28 右手は頬の上に当てたまま、左手がクライアントの肩峰を通る。

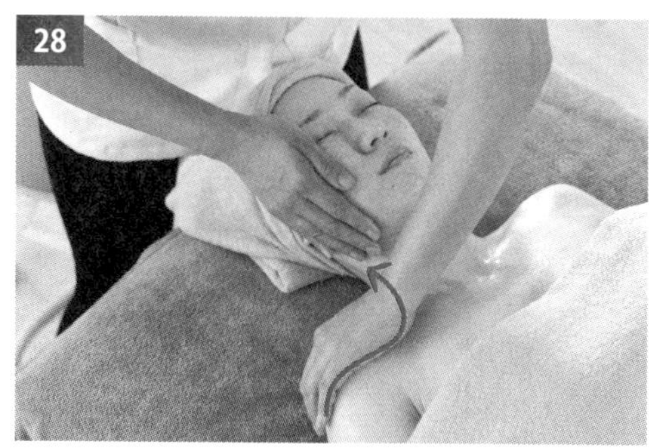

29 右手同様に左手も肩のラインに沿わせるように四指で首を軽擦。

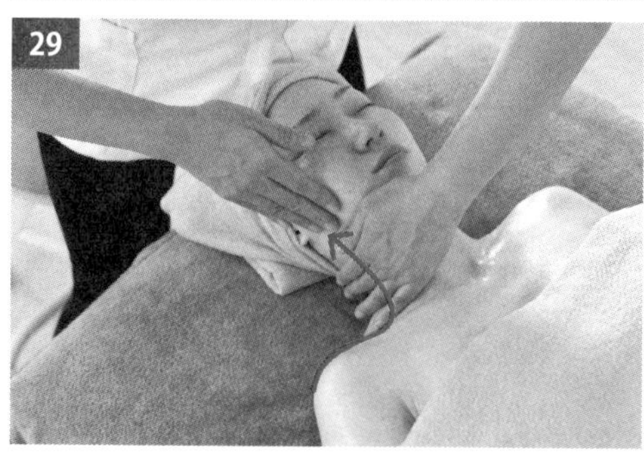

30 右手が離れ、左手で頬の辺りまで四指軽擦。

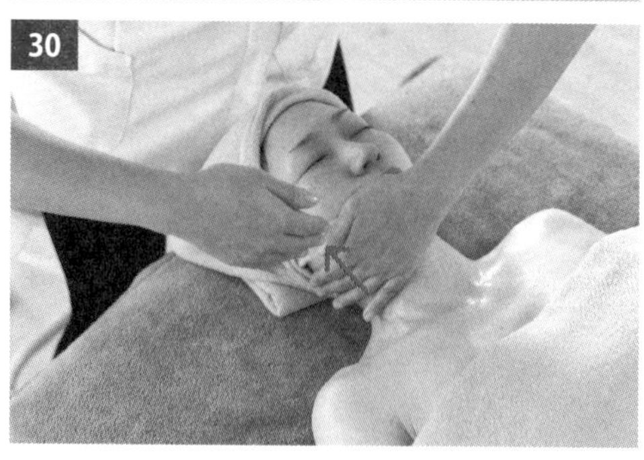

31 左手が頬を離れる前に、右手が鎖骨の外側から入る。

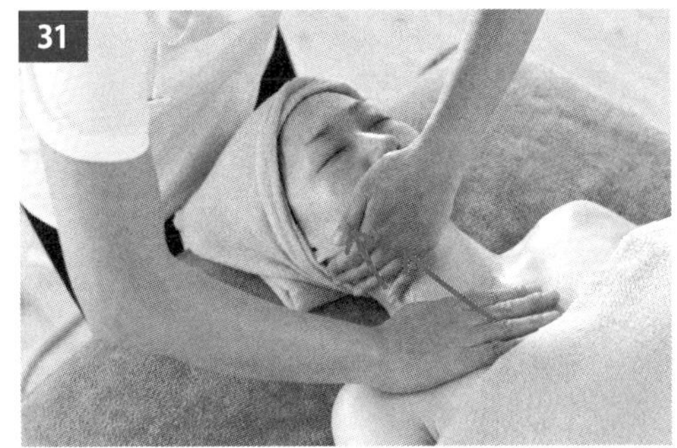

32 右手で首を四指軽擦。

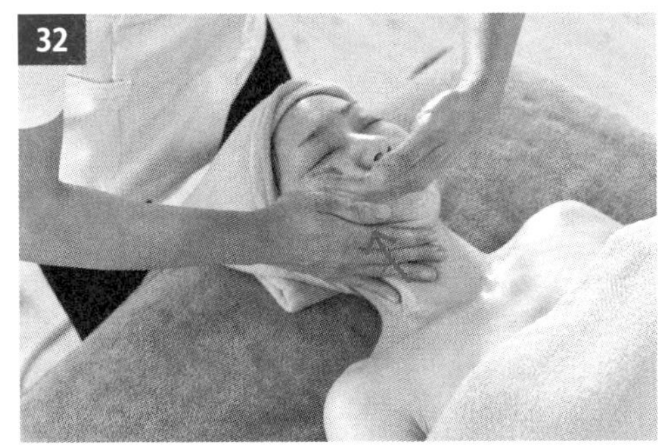

33 右手で頬まで四指軽擦したら、左手が鎖骨の外側から入る。

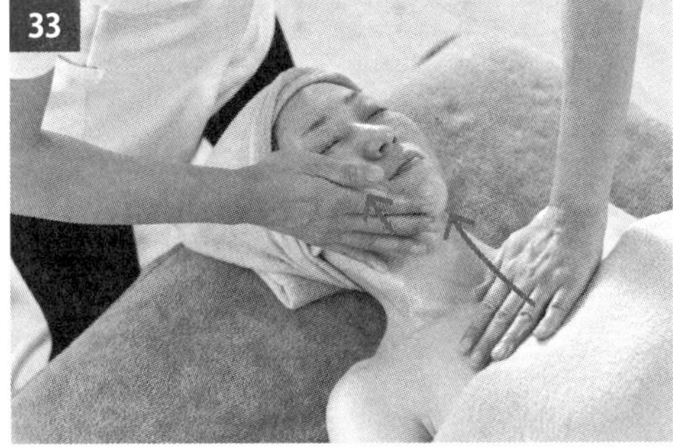

34 左右交互に首中央部分を鎖骨の外側から顎上まで軽擦。

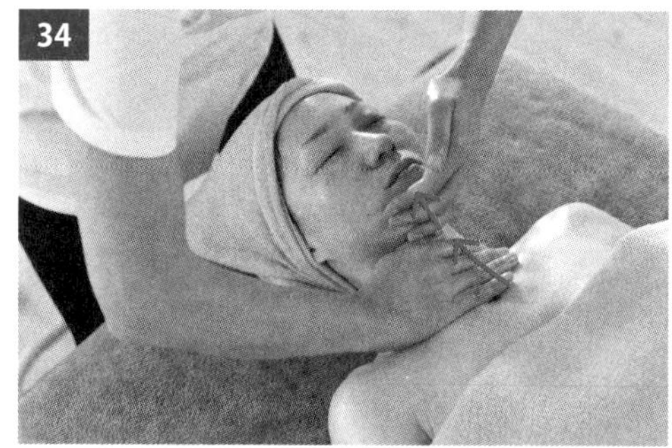

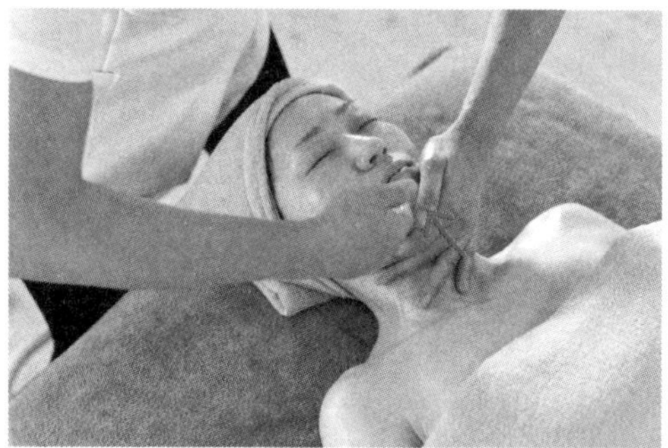

35 首の側面を左右交互に四指軽擦。

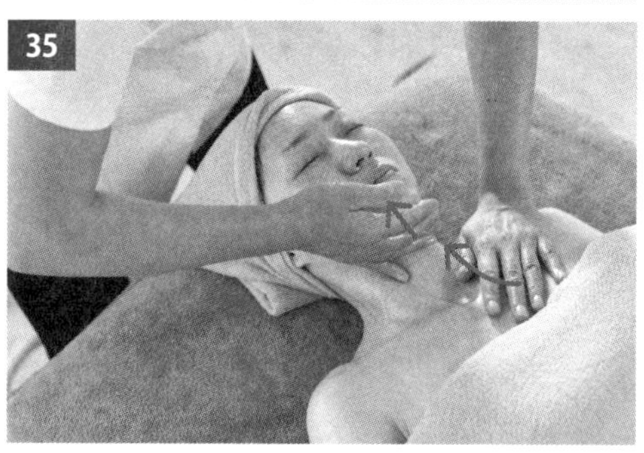

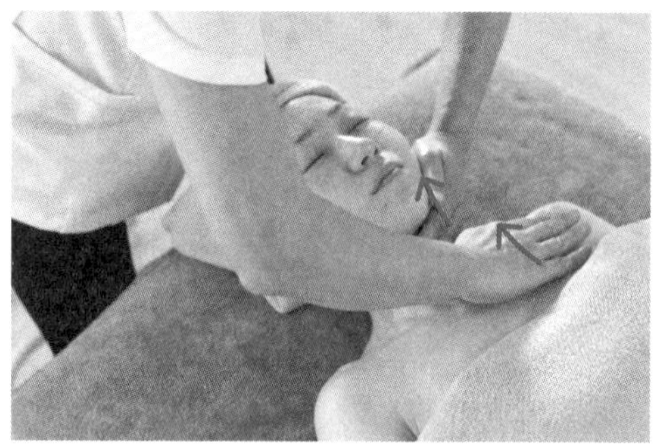

36 左側の肩峰を左右交互に包む。

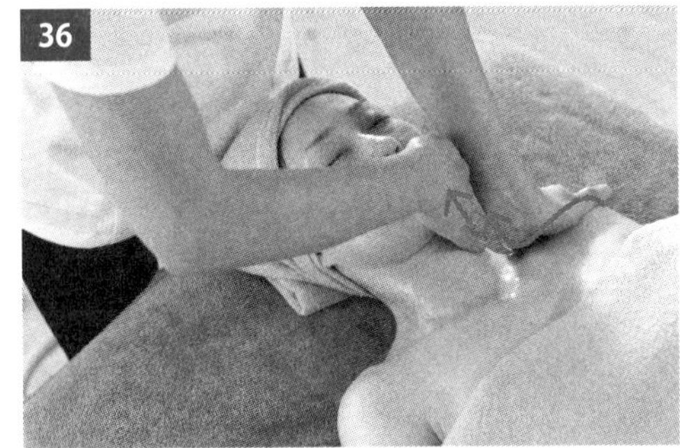

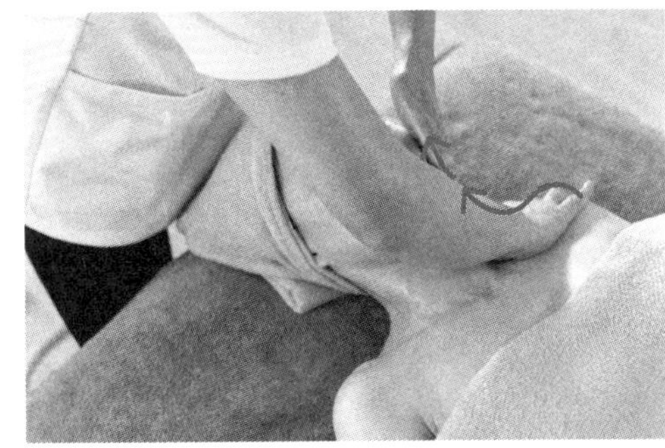

37 左側の頬の辺りまで四指で軽擦。

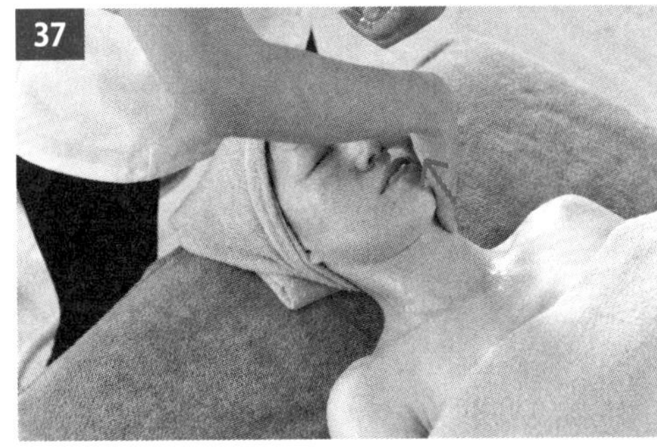

❹ 広頸筋の四指軽擦（帰り）

38 右手の手掌の真ん中がクライアントの肩峰を通る。

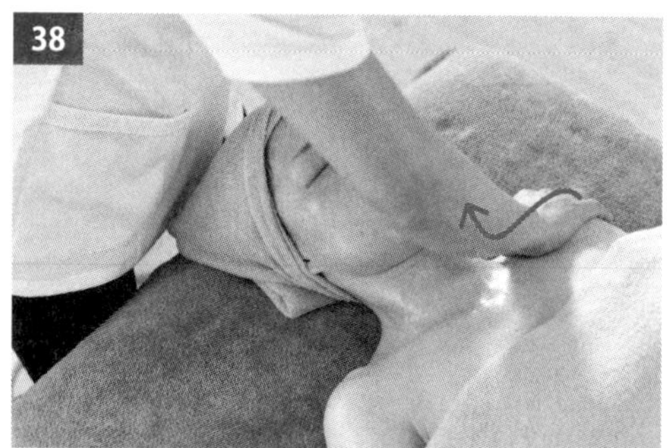

39 右手は首を軽擦しながら、左手は肩峰を軽擦。

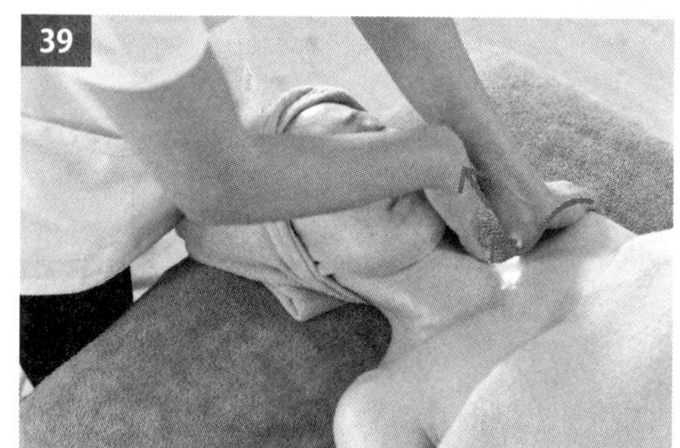

40 「行き」同様に、右手で首側面を四指で軽擦。

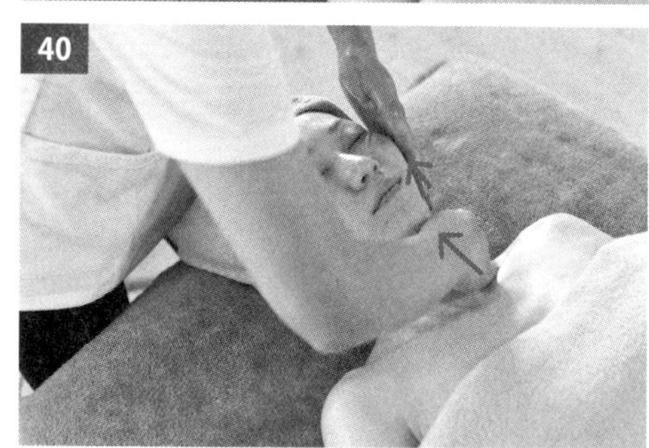

41 右手が頬を離れる前に、左手が鎖骨の外側から入る。

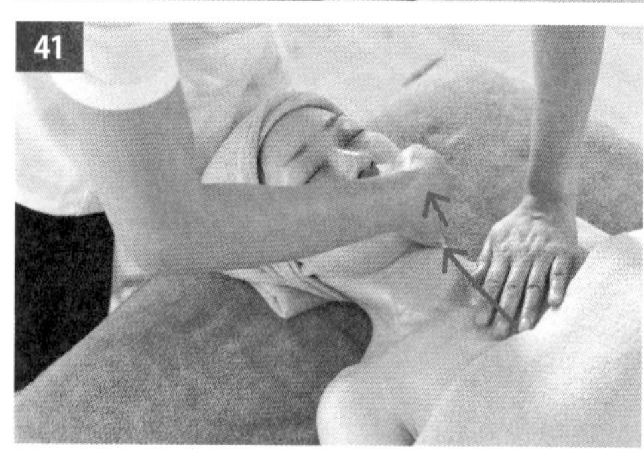

42 左右交互に首中央部分を鎖骨の外側から顎上まで軽擦。

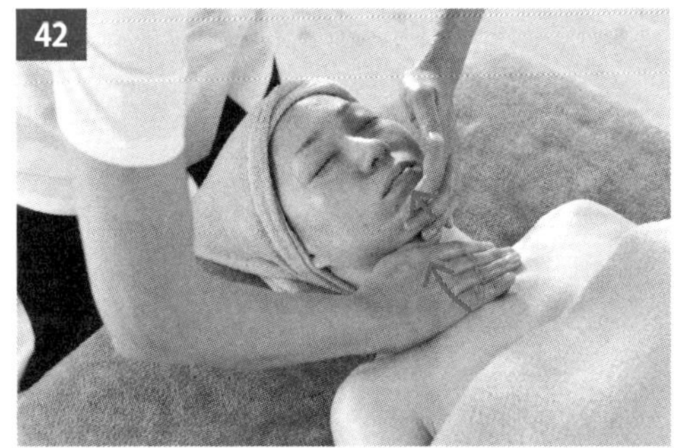

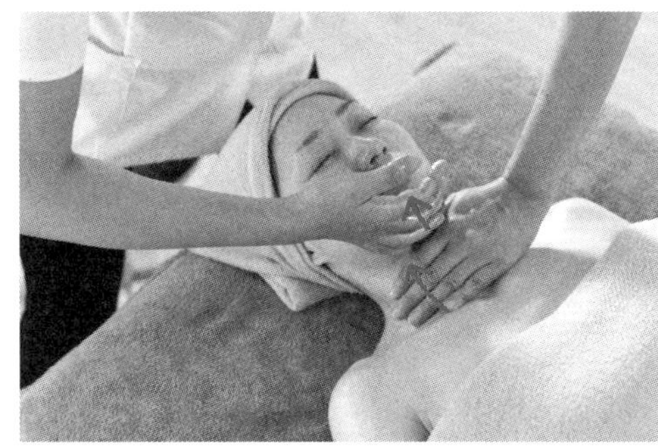

43 首の側面を左右交互に四指軽擦。

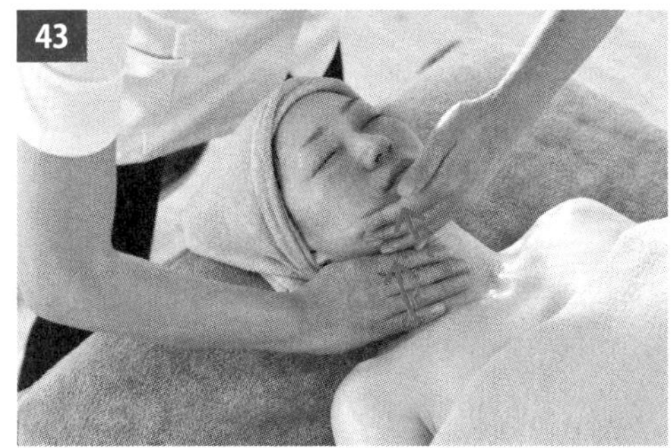

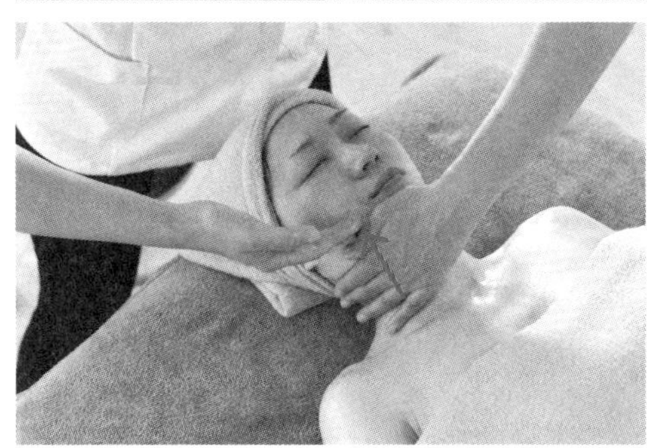

44 右側の肩峰を左右交互に包む。

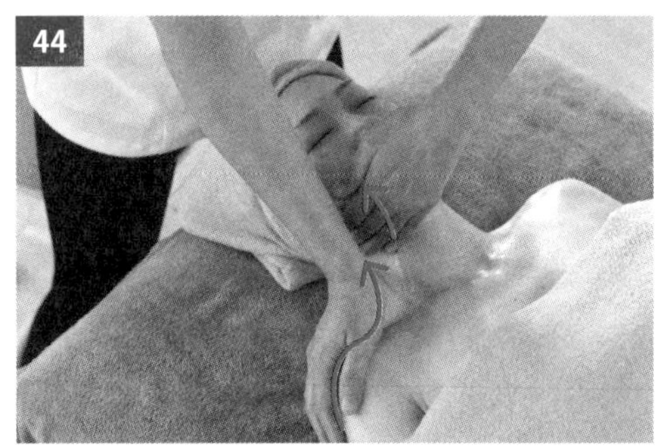

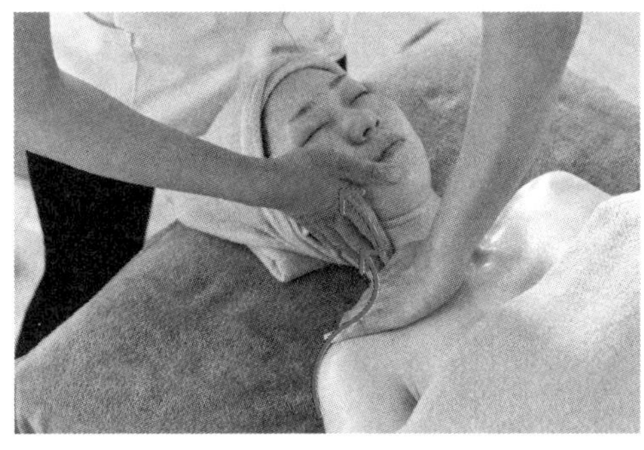

上記の手順**24～44**を繰り返しながら、広頸筋全体を密着させながらエフルラージュを行う。右肩の肩峰から左肩の肩峰まで行ったら、同じラインを戻る。この往復を繰り返す。

広頸筋 のプロフィール

広頸筋は、鎖骨下から顎上まで首の前面を膜状に覆う筋肉です。薄く平らに広がって皮膚につく顔面の表情筋の仲間です。顔面部では下唇下制筋や口角下制筋などに連続し、口角を下に引っ張り、胸部の皮膚を上に引っ張るので、首にしわを作る筋肉と言われています。四指または手掌を使って、広い面を密着させたアプローチをすると良いでしょう。

▶広頸筋（こうけいきん）

【付着】 起始：胸上部の皮膚や胸筋筋膜
停止：顔面下部の皮膚（笑筋、口角下制筋、下唇下制筋へ混入)、下顎骨の下縁

【作用】 首にしわを作る、口角と下唇を引き下げる

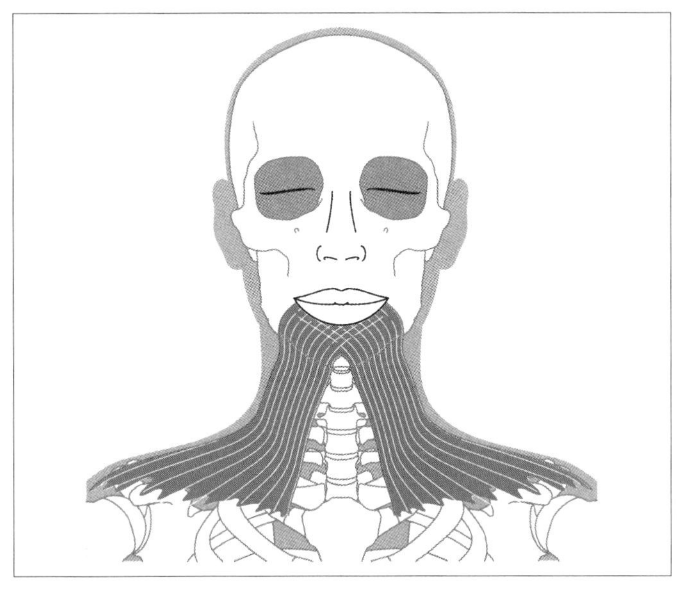

❺ フェイスラインの二指軽擦

母指と示指、または母指と中指で下顎骨を挟み、下顎骨の端から端まで二指を使って軽擦を行います。下顎骨には顎舌骨筋、顎二腹筋、下唇下制筋、オトガイ筋、口角下制筋、咬筋など多くの筋肉が付着しているので、フェイスラインの施術は重要です。

45 スツールに座る。

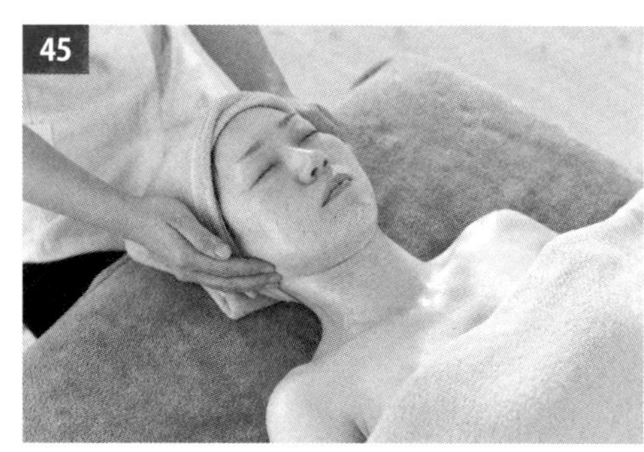

タオルワーク

しばらく顔のみの施術が続くので、デコルテ部分はタオルで覆いましょう。

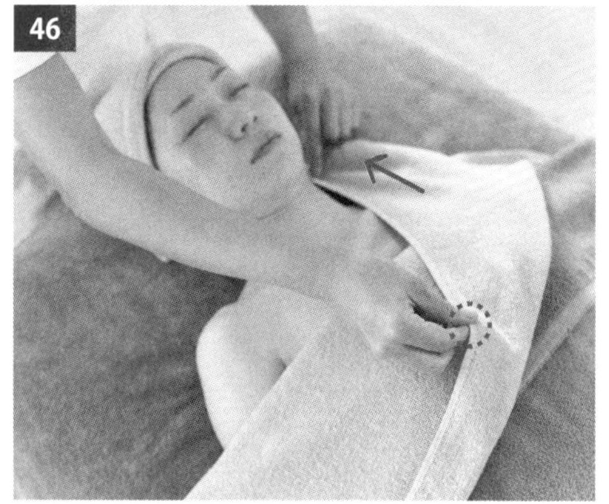

46 胸当てのタオルを閉じる。左手で左のタオルの角を持ち、右手は中央部からズレないようにサポートし、左肩にタオルを三角の形になるように掛ける。

47 右側も同様にして、肩全体を覆う。

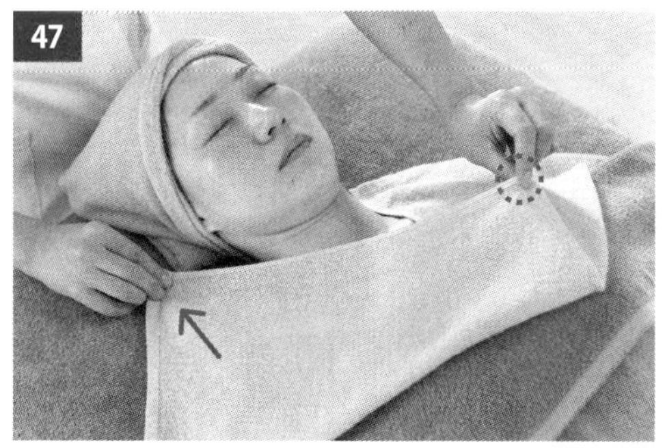

48 両手を乳様突起に当て、施術を始める。

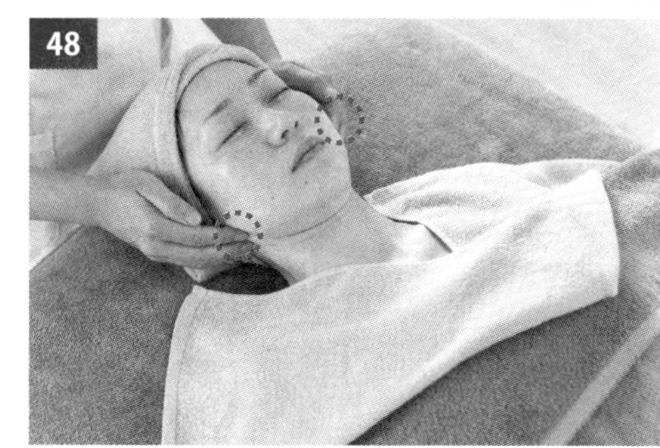

施術

49 両手の母指と、中指または示指で顎先の下顎骨を挟む。

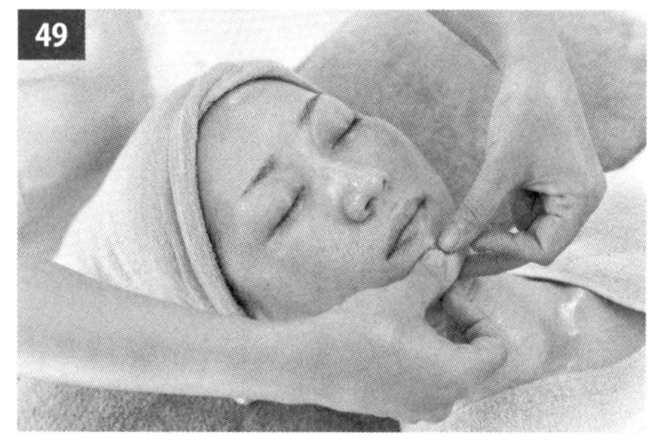

50 挟んだまま両手が左右に分かれる。

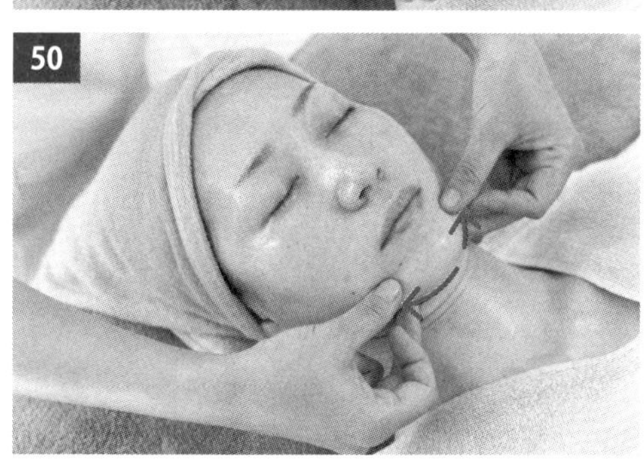

51　下顎角に向かう。

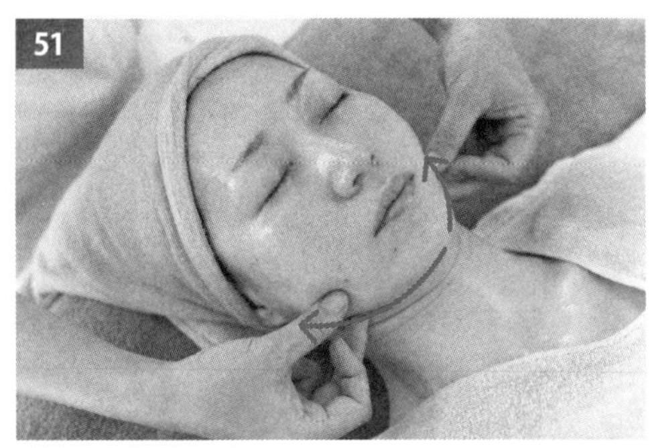

52　下顎角（えら）まで軽擦する。

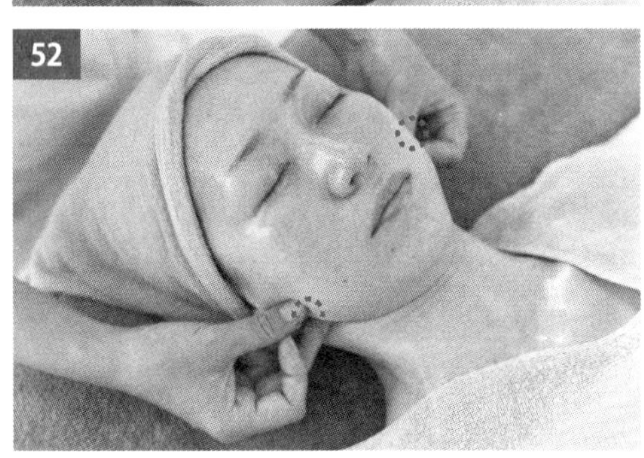

上記の手順 **49** ～ **52** を繰り返す。

❻ 顎舌骨筋と顎二腹筋の二指軽擦

母指と中指または示指で、下顎骨を挟むように軽擦します。下顎骨に沿って行ったり来たりしますが、この時に圧に強弱がつかないように一定のリズムで均一の圧で行います。

53 両手の母指をクライアントの顎先に軽く置く。

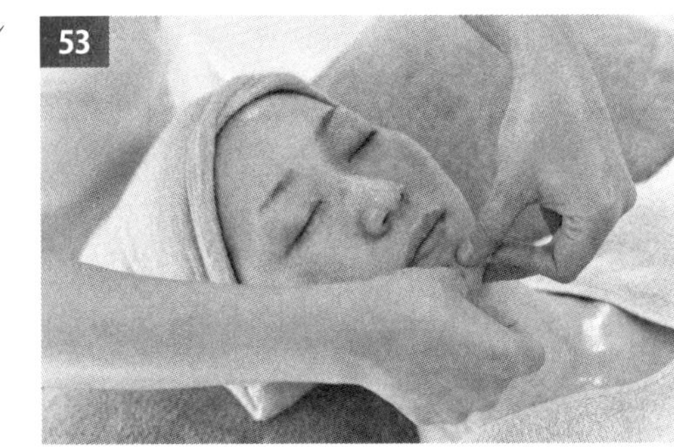

54 中指または示指を顎裏に当てる。

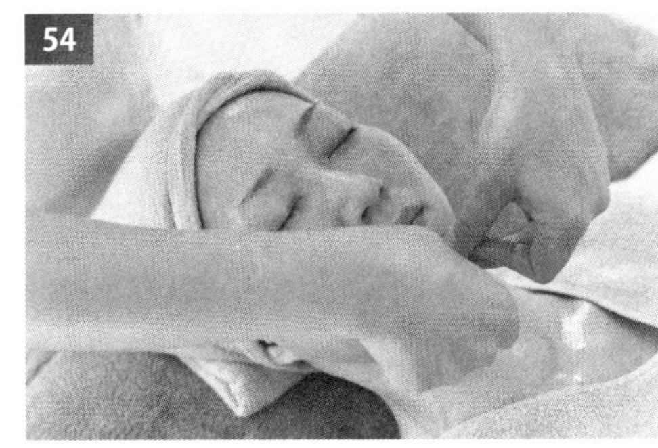

55 中指または示指を顎先から外側にスライドさせる。

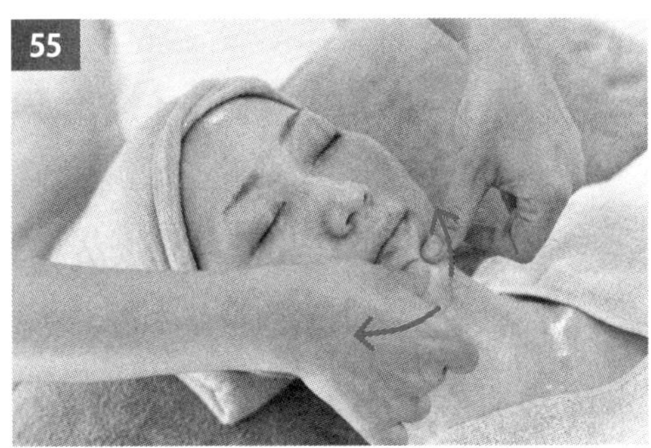

56 外から顎先にスライドさせながら戻る。

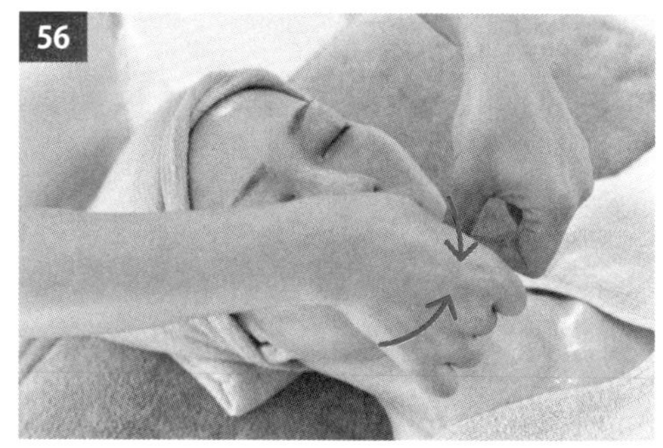

上記の手順 **53** ～ **56** を繰り返す。

別角度

01 両手の母指をクライアントの顎先に軽く置く。

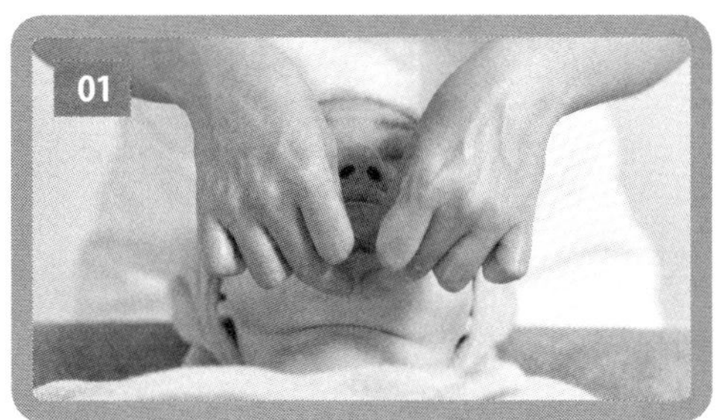

02 中指または示指を顎裏に当てる。

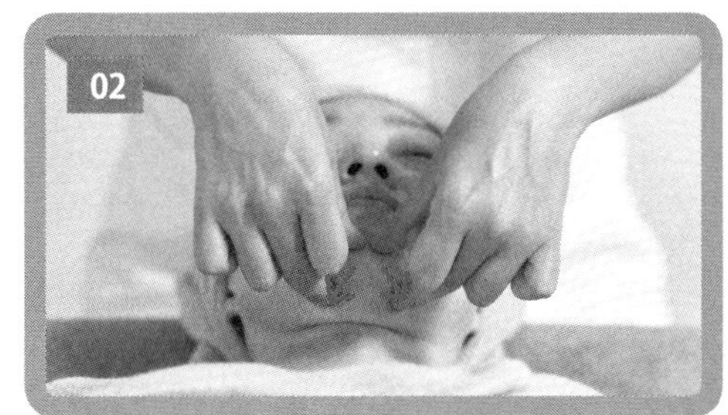

03 中指または示指を顎先から外側にスライドさせる。

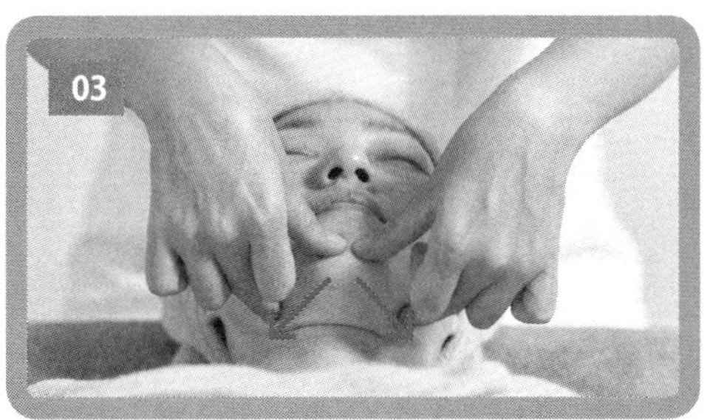

04 外から顎先にスライドさせながら戻る。

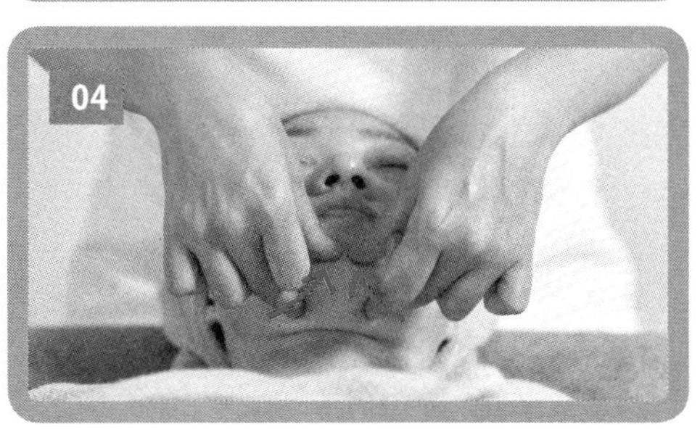

顎舌骨筋のプロフィール

顎舌骨筋は、顎裏を覆うように付着しています。停止部の舌骨体周辺は、強い圧や垂直に圧をかけるとクライアントが息苦しさを感じることがあるので注意しましょう。

▶顎舌骨筋（がくぜっこつきん）

【付着】 起始：下顎骨（下顎体の内面）
停止：舌骨（舌骨体）

【作用】 口腔の下面を作る、舌骨を前上方に引き上げる、舌骨を固定すると下顎骨を引き下げる

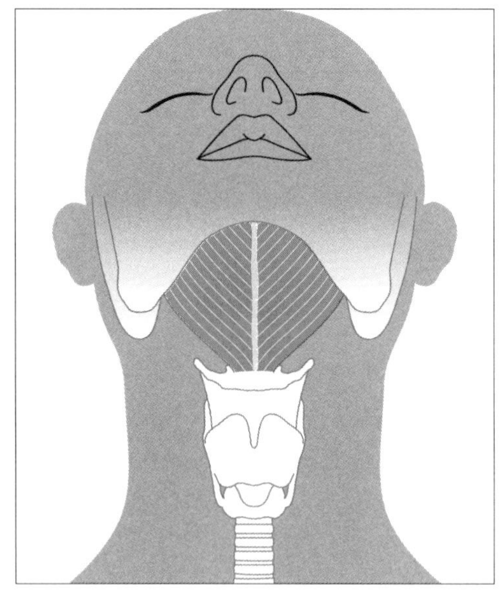

顎二腹筋 のプロフィール

顎二腹筋は、その名の通り２腹の筋肉からなります。１腹（前腹）は下顎骨と舌骨の間に、もう１腹（後腹）は側頭骨の乳様突起と舌骨の間にあり、それぞれの舌骨の付着部に中間腱が挟まります。

▶顎二腹筋（がくにふくきん）

【付着】 起始：前腹は下顎骨（内面）
後腹は側頭骨（乳様突起）
停止：舌骨につながる中間腱

【作用】 下顎を固定すると舌骨を引き上げる、舌骨を固定すると下顎を後下方に引く（あご関節を引っ込めて口を開ける）

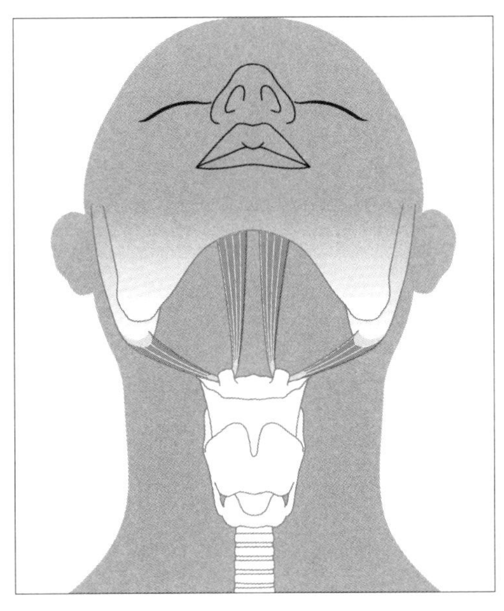

❼ 下唇下制筋の一指または二指軽擦

一指（中指のみ）または二指（中指と環指）を使って、指の関節を柔らかく、しなやかに筋肉に密着させながら行います。

57 両手の一指（中指）または二指（中指と環指）を顎裏に置き、スタート。

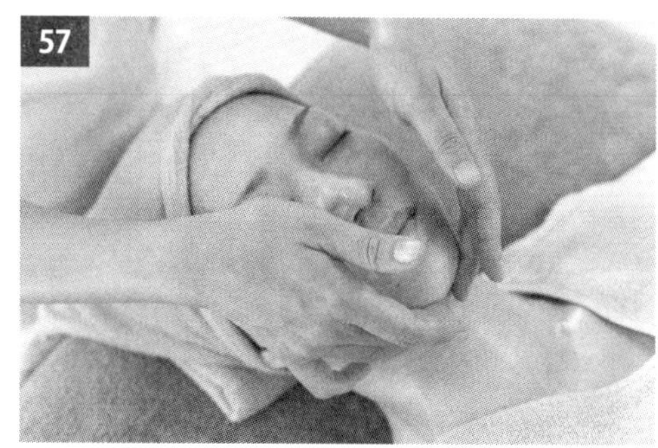

58 顎裏から顎先にスライドし、下唇中央に向かう。

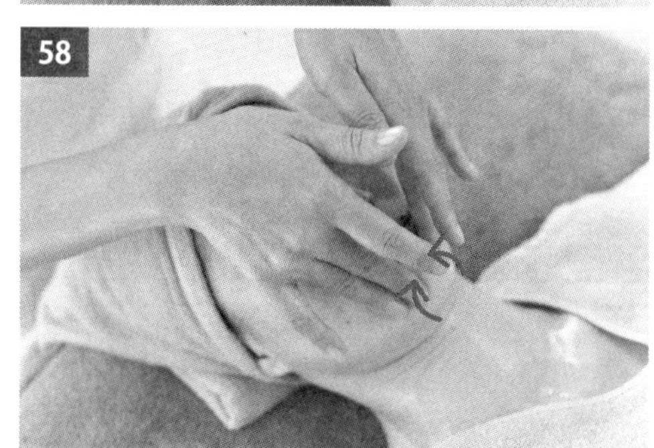

59 下唇中央で抜ける。

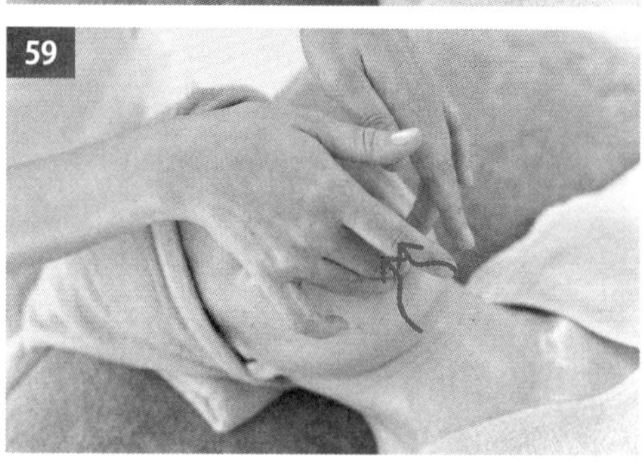

上記の手順**57**～**59**を繰り返す。

❽ オトガイ筋の一指または二指軽擦

下唇下制筋と逆の、セラピスト側から見て「ハの字」の走行がオトガイ筋です。その走行に合わせて軽擦を行います。

60 両手の一指（中指）または二指（中指と環指）を顎裏に置き、スタート。

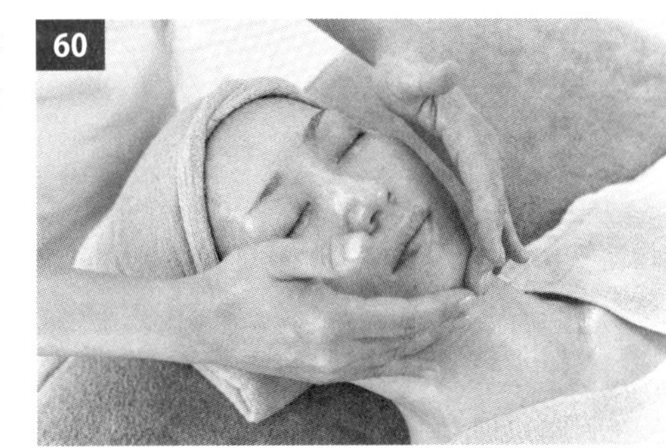

61 顎裏中央部からオトガイの皮膚にスライドして下唇外側に向かう。

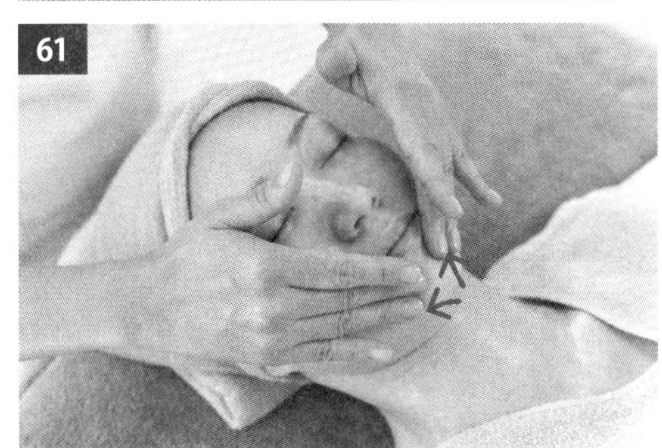

62 口角のやや内側で抜ける。

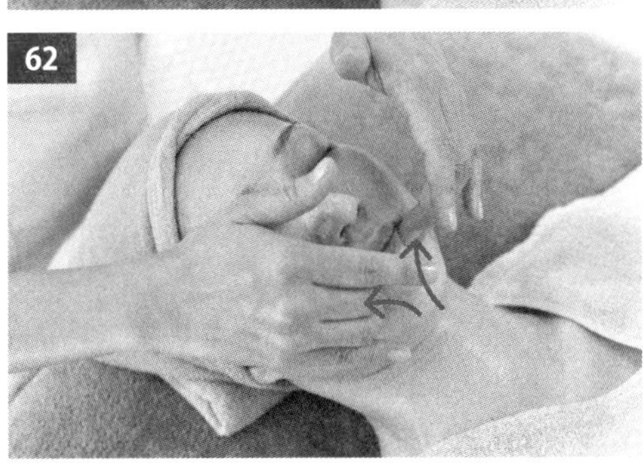

上記の手順 **60** ～ **62** を繰り返す。

下唇下制筋、オトガイ筋、口角下制筋

下唇下制筋は、形状が四角形なので下唇方形筋とも呼ばれます。部分的に広頸筋とつながるため、口角を外下方に引くと広頸筋も同時に収縮します。そのため、口角を下げる時に首にシワがよることがあります。

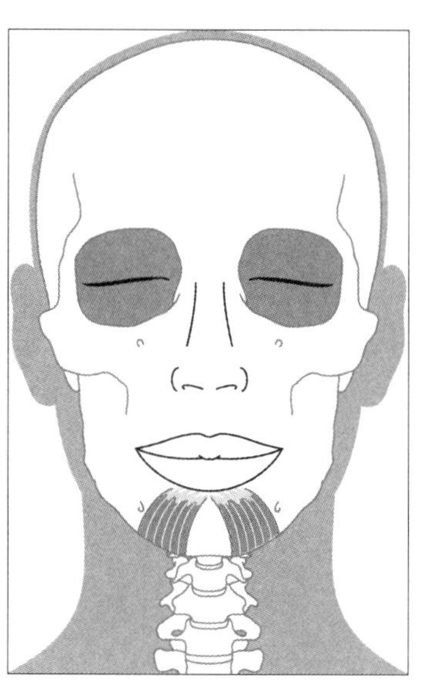

▶下唇下制筋（かしんかせいきん）

【付着】 起始：下顎骨（広頸筋の線維と連続）
停止：下唇の皮膚（口輪筋に混入）

【作用】 下唇を下げ外下方に引く、口角を引き下げる

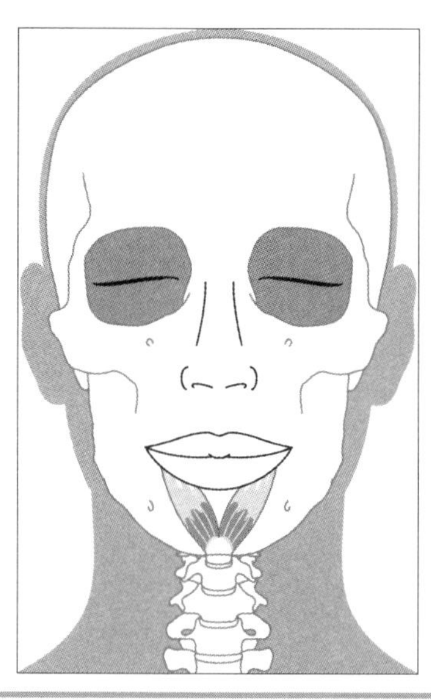

すねたように口をとがらすか、口を閉じて「への字」を作り顎先に力を入れると、梅干しのようにしわしわで丸い筋腹が浮き出てくるのがオトガイ筋です。その周りにできたくぼみで、梅干しを包み込んでいるように見える部分に下唇下制筋があります。下唇下制筋とオトガイ筋は、下顎骨から下唇に向かって、やや斜

のプロフィール

めに付着し、お互いが逆の走行になっています。唇を前方に突き出す時には口輪筋も同時に働きます。

▶オトガイ筋(きん)

【付着】 起始：下顎骨
停止：オトガイの皮膚
【作用】 オトガイの皮膚を引き上げる、下唇を突き出す

口角下制筋は、三角形をしているので、オトガイ三角筋とも呼ばれます。この筋が働くと口角が下がるため、悲しみの筋と呼ばれることがあります。下顎骨に付着している筋群は、下制（引き下げる）の作用があるので、たるみを気にしているクライアントに行うと良い部分です。

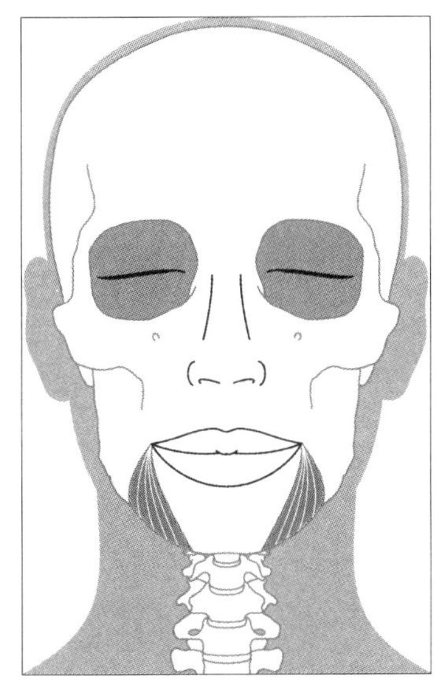

▶口角下制筋(こうかくかせいきん)

【付着】 起始：下顎骨
停止：口角の皮膚（口輪筋に混入）
【作用】 口角や上唇を下方に引く

❾ 口角下制筋の二指軽擦

口を横に開くと、顎裏から口角に向かって溝ができるラインをマリオネットラインと呼びます。そのラインが口角下制の筋肉の走行です。マリオネットラインに沿って二指（中指と環指）で軽擦を行います。

63 両手の二指（中指と環指）を顎裏に置き、スタート。

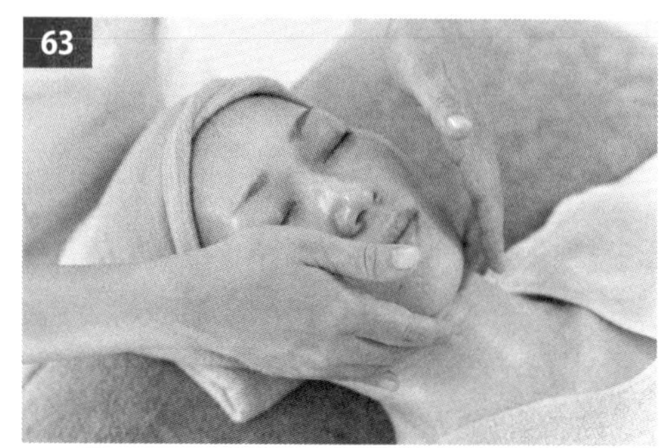
63

64 顎裏から口角に向かってマリオネットライン上をスライド。

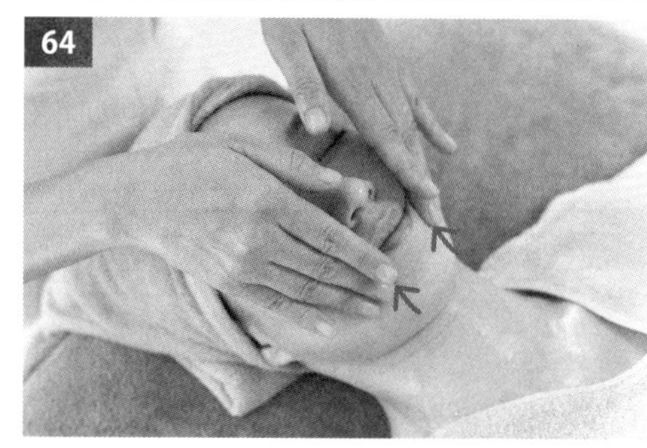
64

65 口角で抜ける。

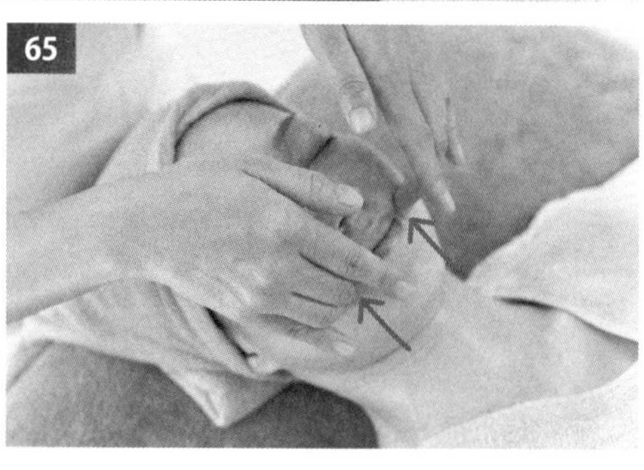
65

上記の手順 **63** ～ **65** を繰り返す。

⑩ 咬筋の三指軽擦

三指（示指、中指、環指）を使って指先にならないように、指の腹ができるだけ多く皮膚に密着するように行います。両手交互に使ってアプローチします。

66 右手の三指（示指、中指、環指）を、右側の顎裏に置き、スタート。

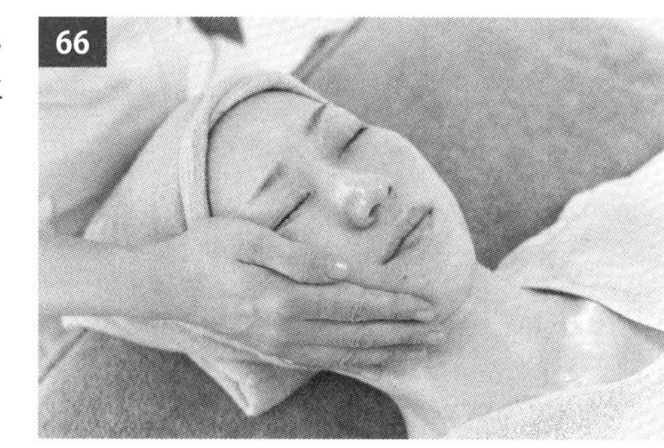

67 顎裏から頬骨弓に向かってスライドさせ、こめかみで抜ける。

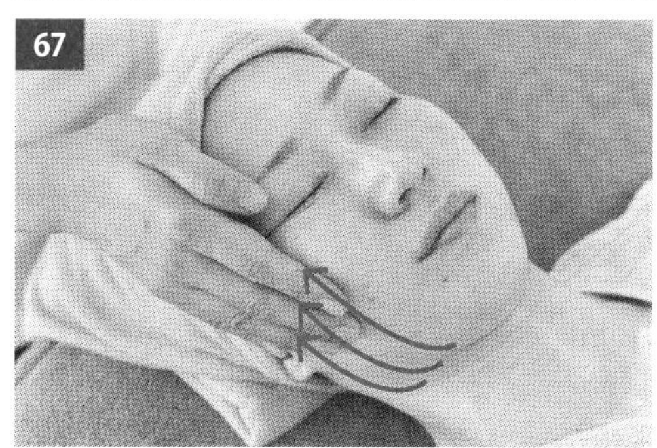

68 右手が抜け切る前に、左手を入れる。

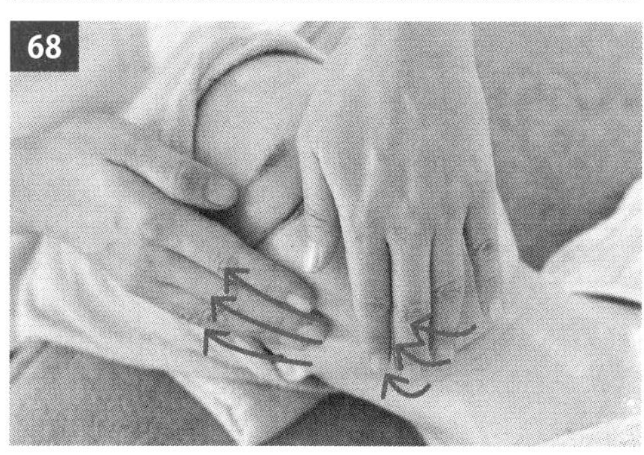

69 左手も三指（示指、中指、環指）を顎裏に置く。

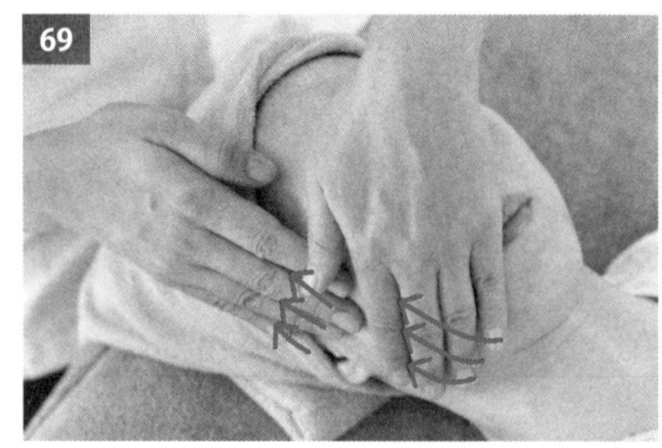

70 右手と同様に、左手も頬骨弓に向かってスライドさせ、こめかみで抜ける。

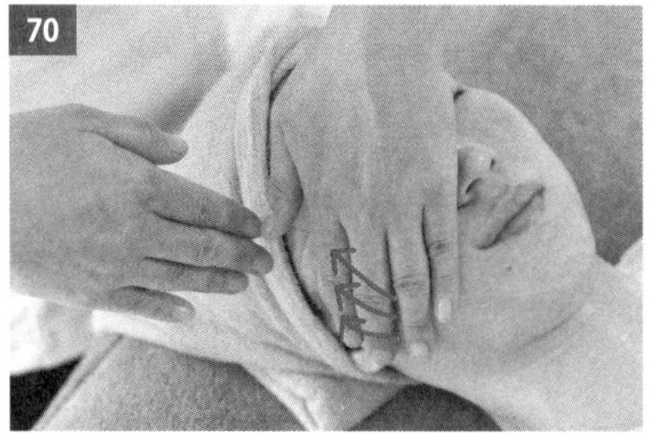

上記の手順 **66** ～ **70** を繰り返す。
反対の半顔も同様に繰り返す。

咬筋のプロフィール

咬筋は、顔の中では大きな筋肉の一つ。強力な咀嚼筋で、筋肉の厚みもあります。長い年月、片側だけで噛み続けたり、歯ぎしりをしたりしていると、そちら側の咬筋が厚みを増して左右の筋肉のボリュームが異なります。頬骨弓周辺は靭帯となり付着しているため筋肉の硬さを感じることができるので、この部分は、揉捏法や強擦などやや強めに行っても良いでしょう。

▶咬筋（こうきん）

【付着】 起始：頬骨弓
停止：下顎骨

【作用】 下顎骨を引き上げて口を閉じ、歯を噛み合わせる、咀嚼運動を行う（咀嚼筋）

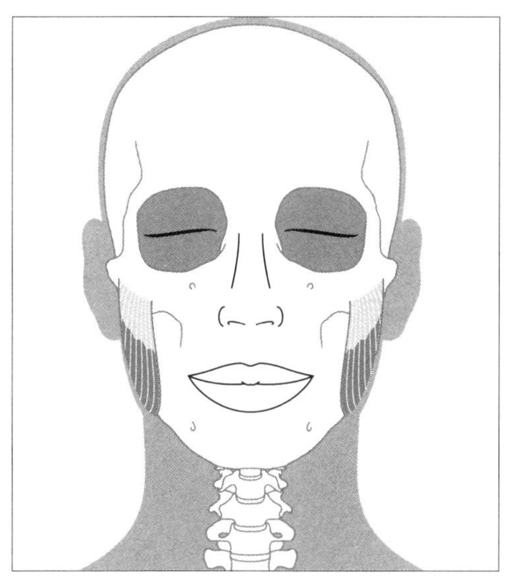

⑪ 口輪筋の一指軽擦

両手の中指を交互に使って、上唇と下唇の縁ギリギリのラインを通りながら行います。「唇の右下」「唇の右上」「唇の左下」「唇の左上」と部位を分けて口輪筋を1周します。

<唇の右下>

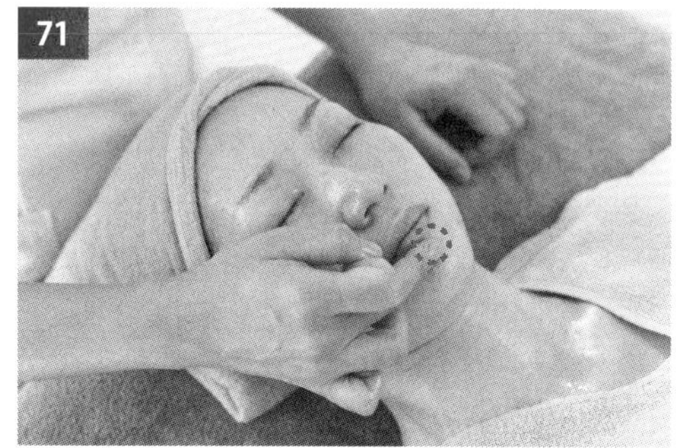

71 右手の一指（中指）を、右側の下唇中央に置きスタート。下唇中央から口角に向かってスライドさせる。

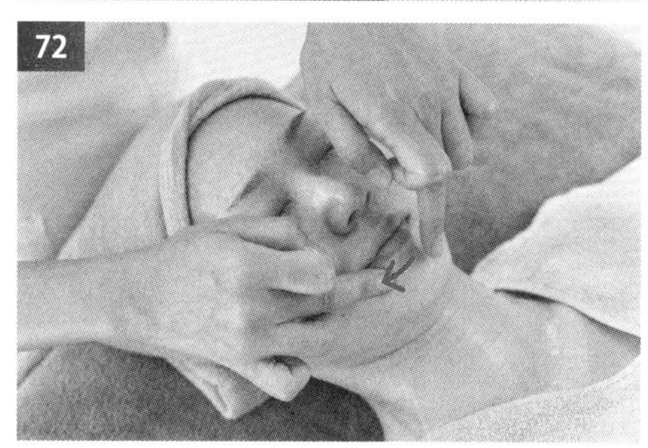

72 右手が抜けると同時に、左手を入れる。

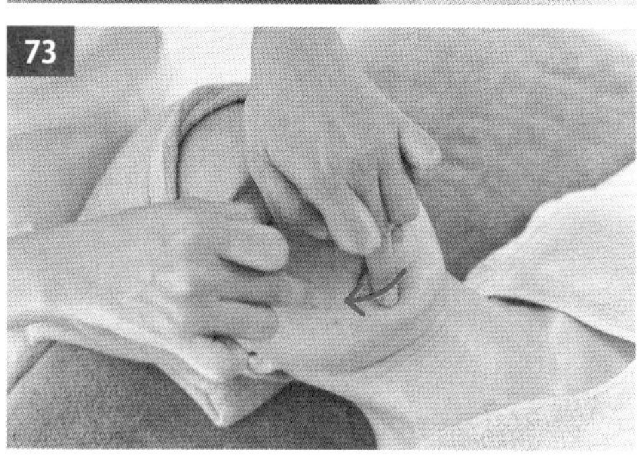

73 左手も同様に、下唇中央から口角に抜ける。

上記の手順 **71** ～ **73** を繰り返す

別角度

01　右手の一指（中指）を、右側の下唇中央に置きスタート。下唇中央から口角に向かってスライドさせる。

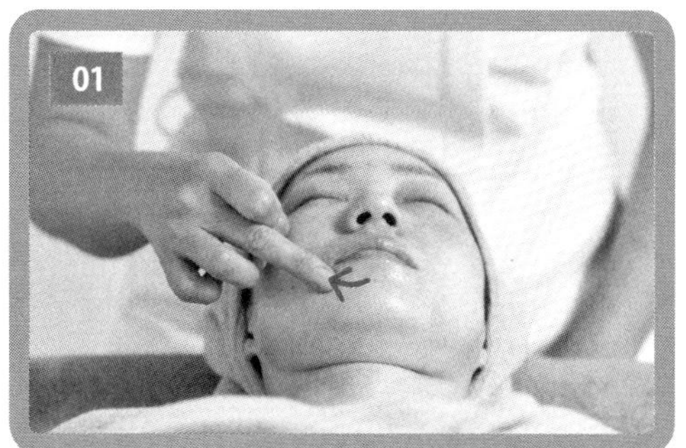

02　右手が抜けると同時に、左手を入れる。

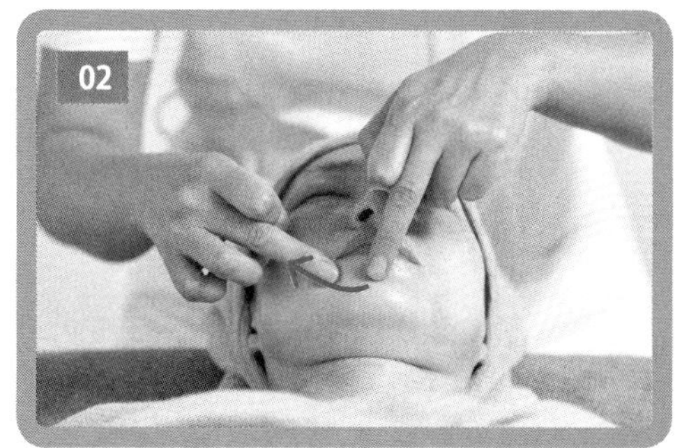

03　左手も同様に、下唇中央から口角に抜ける。

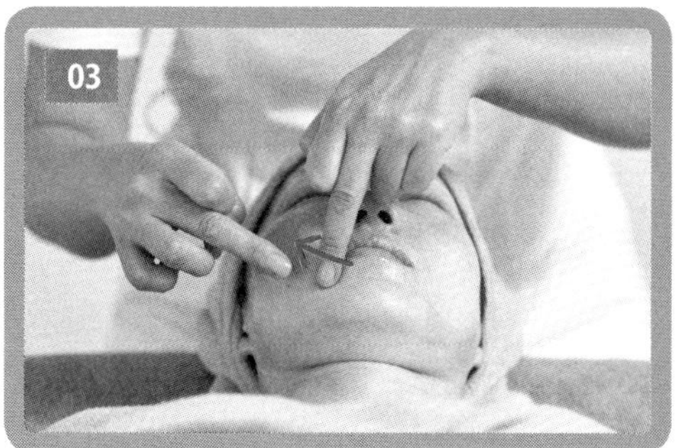

<唇の右上>

74 73番の手順から右上唇に方向転換する。右手の一指（中指）を離さずに右側の口角から上唇に向かう。

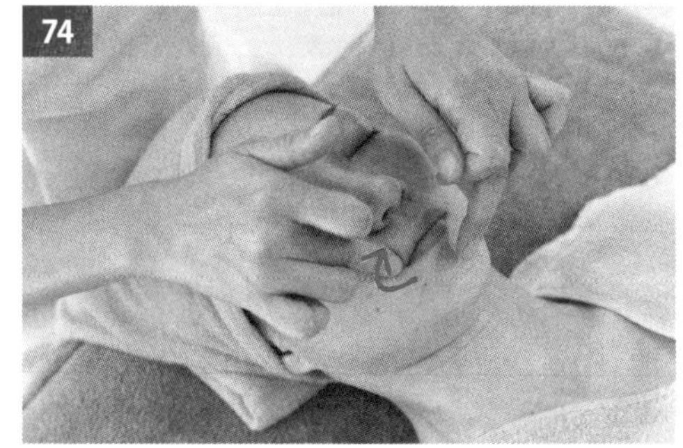

75 右手の一指（中指）を、右側の上唇の口角から中央に向かってスライドさせる。

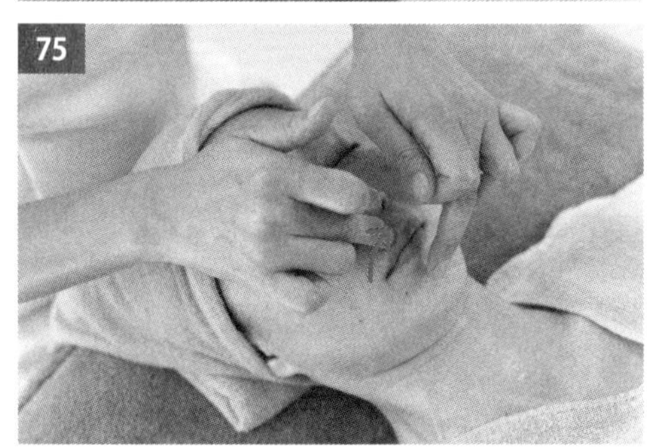

76 右手が上唇中央で抜けると同時に、左手を入れる。

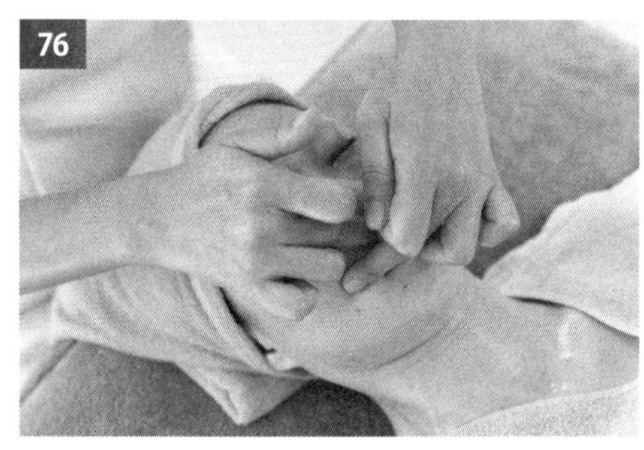

77 左手も同様に、上唇口角から中央に抜ける。

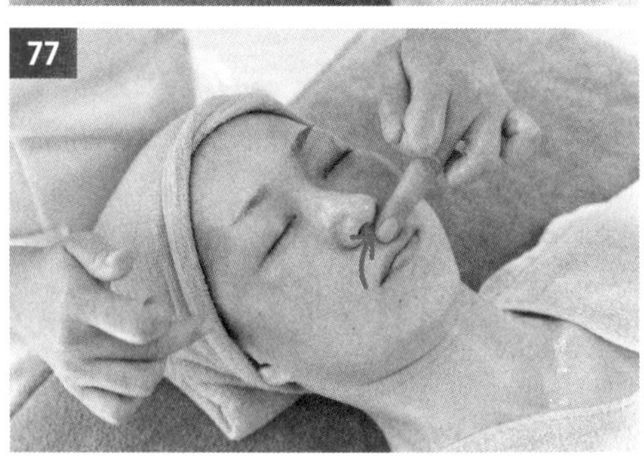

上記の手順74～77を繰り返す。

別角度

01 73番の手順から右上唇に方向転換する。左手の一指（中指）を離さずに右側の口角から上唇に向かう。

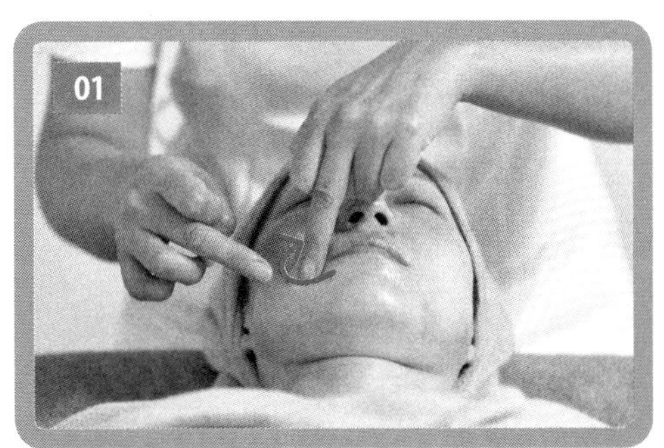

02 左手の一指（中指）を、右側の上唇の口角から中央に向かってスライドさせる。

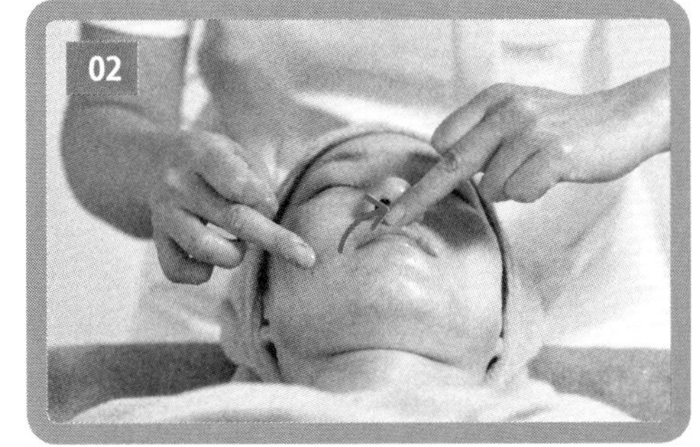

03 左手が上唇中央で抜けると同時に、右手を入れる。

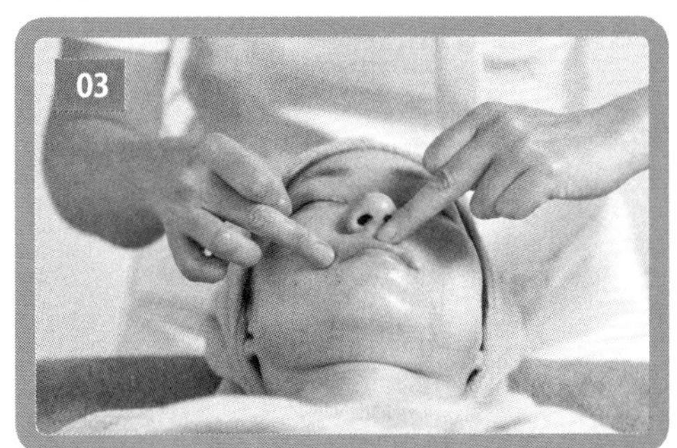

04 右手も同様に、上唇口角から中央に抜ける。

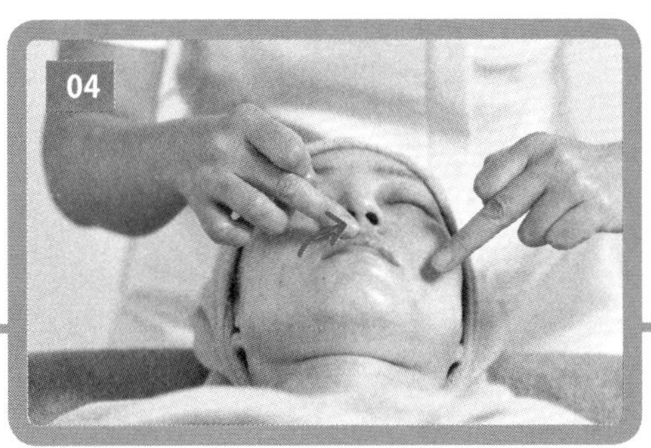

<唇の左下>

78 **77** 番の手順から左下唇に移動する。左手の一指（中指）を、左の下唇中央に置きスタート。

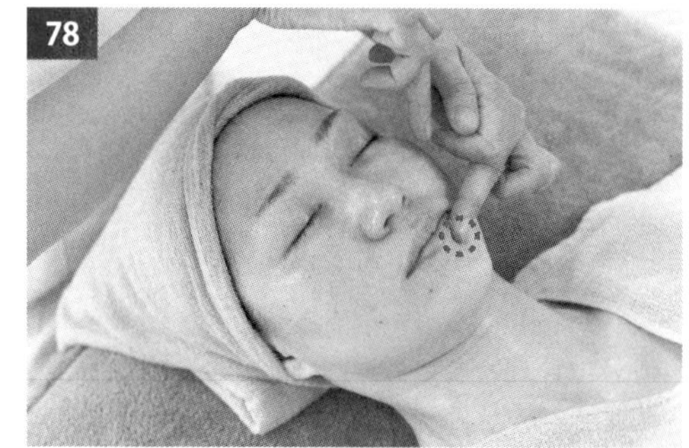

79 下唇中央から口角に向かってスライドさせる。

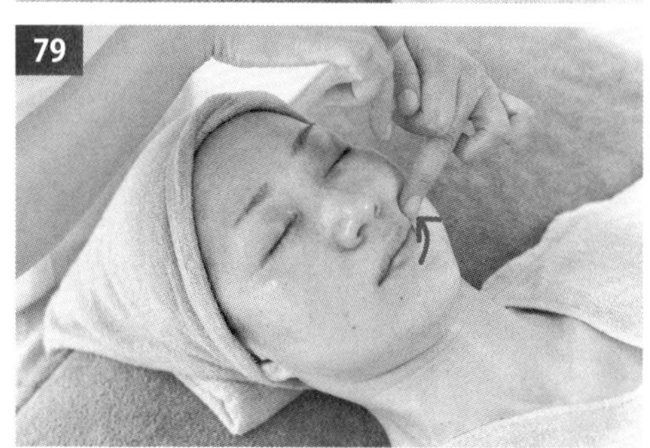

80 左手が抜けると同時に、右手を入れる。

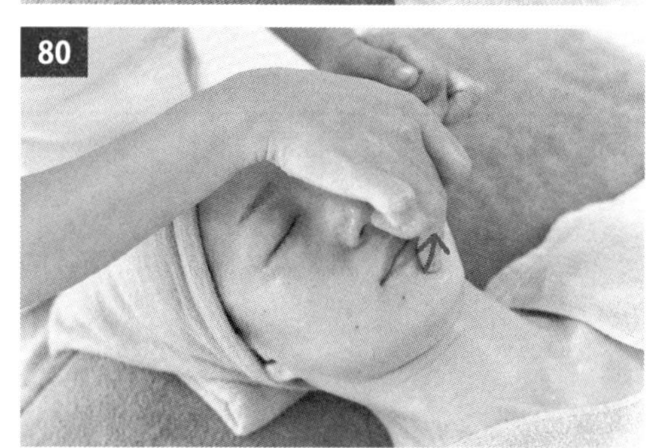

81 右手も同様に、下唇中央から口角に抜ける。

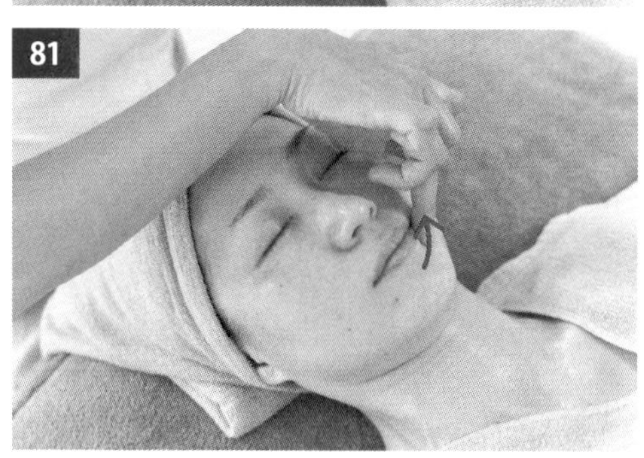

上記の手順 **78** ～ **81** を繰り返す。

別角度

01 77番の手順から左下唇に移動する。右手の一指（中指）を、左の下唇中央に置きスタート。

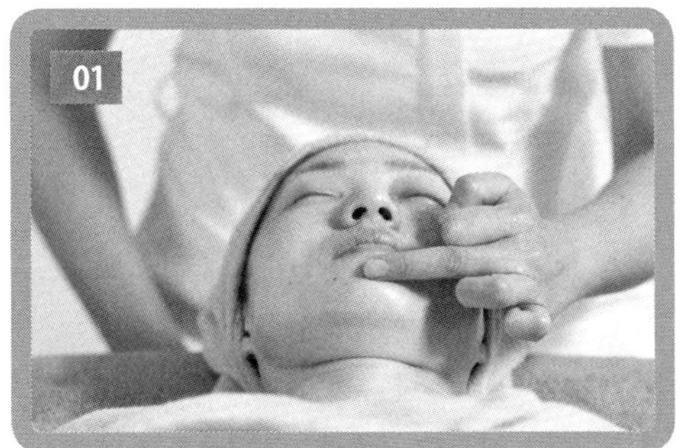

02 下唇中央から口角に向かってスライドさせる。

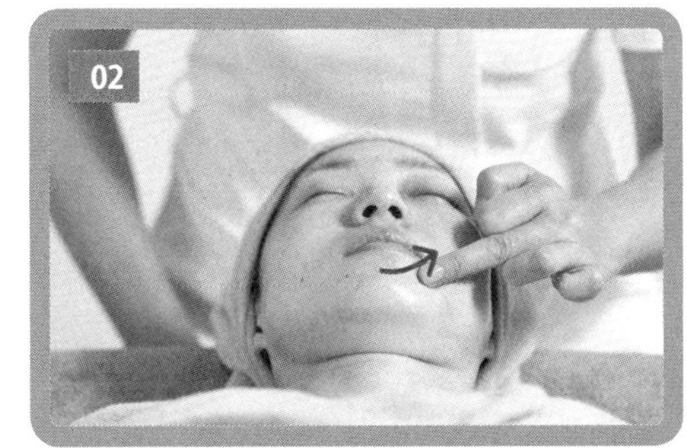

03 左手が抜けると同時に、右手を入れる。

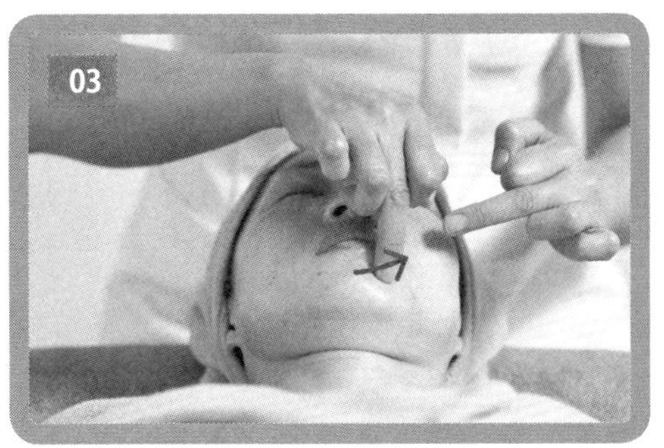

04 右手も同様に、下唇中央から口角に抜ける。

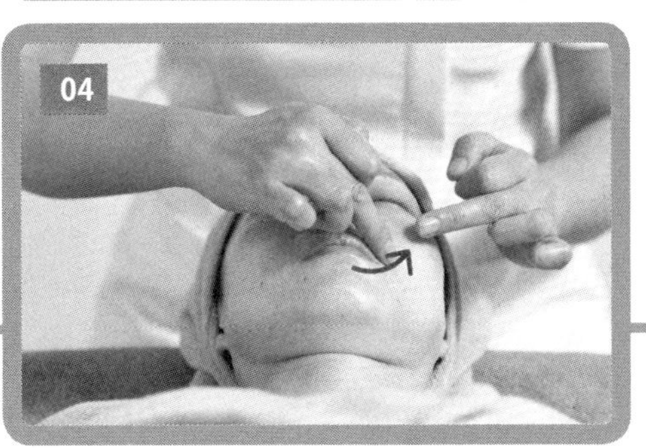

<唇の左上>

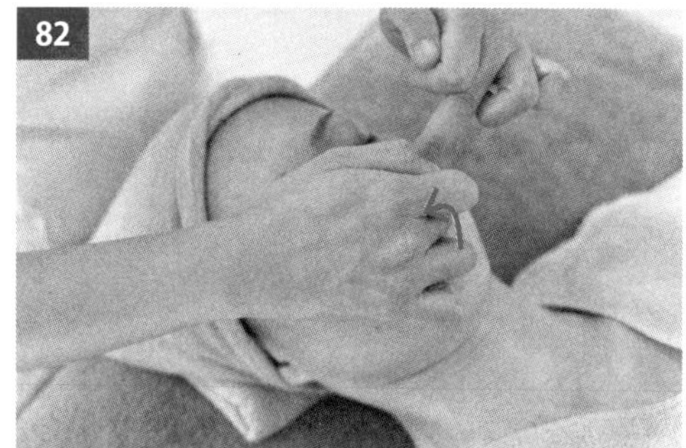

82 **81** 番の手順から左上唇に方向転換する。右手の一指（中指）を離さずに左側の口角から上唇に向かう。

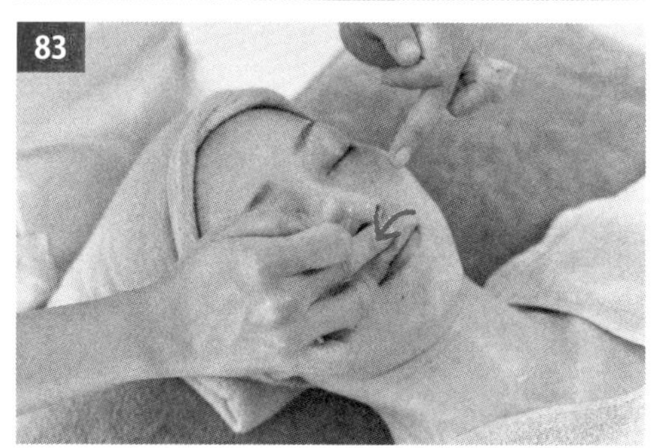

83 右手の一指（中指）を、左側の上唇の口角から中央に向かってスライドさせる。

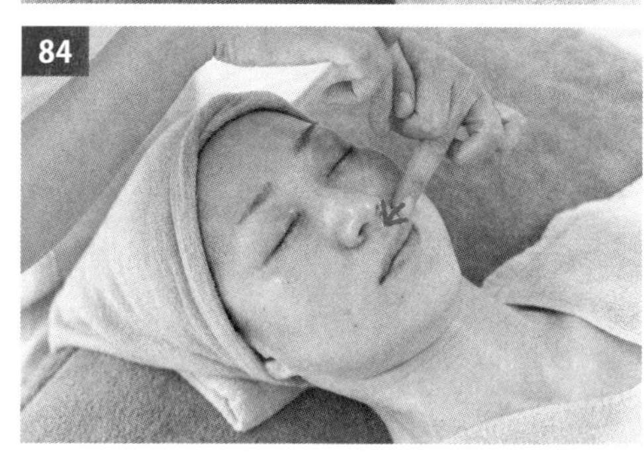

84 右手が上唇中央で抜けると同時に、左手を入れる。

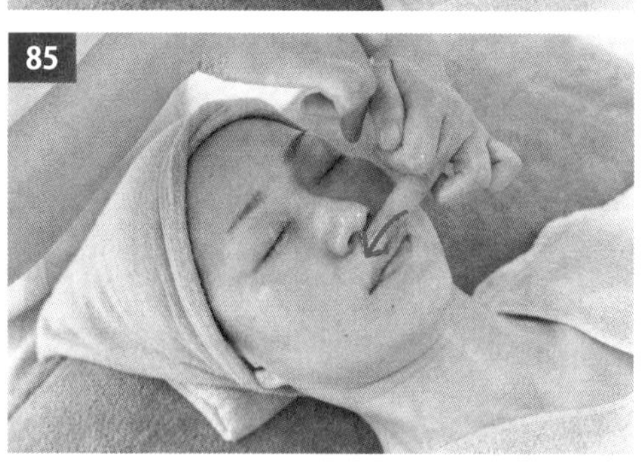

85 左手も同様に、上唇口角から中央に抜ける。

上記の手順 **82** ～ **85** を繰り返す。

別角度

01　81番の手順から左上唇に方向転換する。右手の一指（中指）を離さずに左側の口角から上唇に向かう。

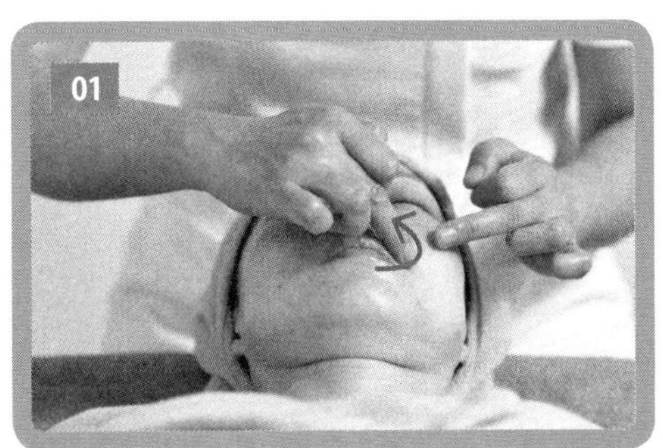

02　右手の一指（中指）を、左側の上唇の口角から中央に向かってスライドさせる。

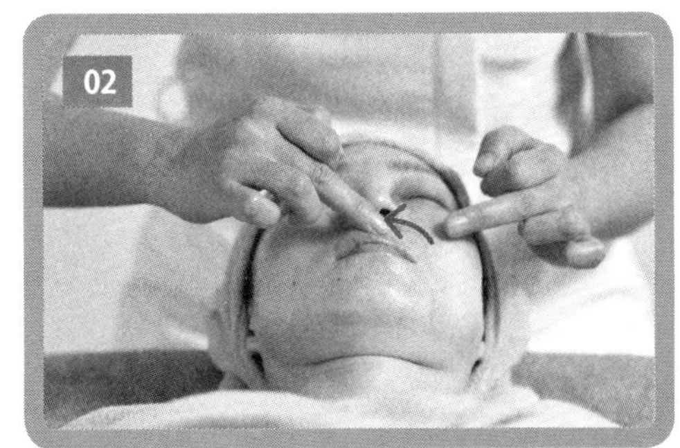

03　右手が上唇中央で抜けると同時に、左手を入れる。

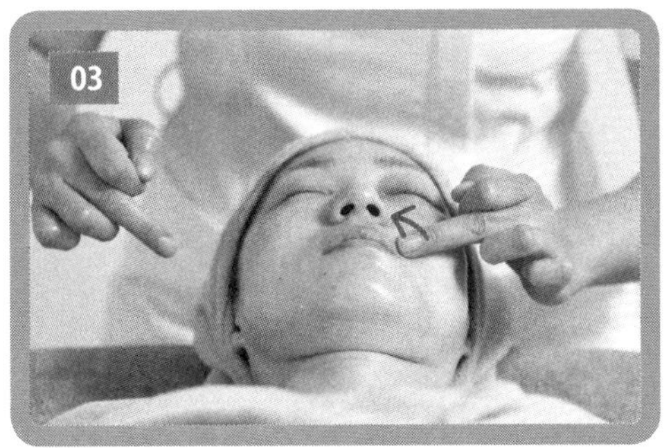

04　左手も同様に、上唇口角から中央に抜ける。

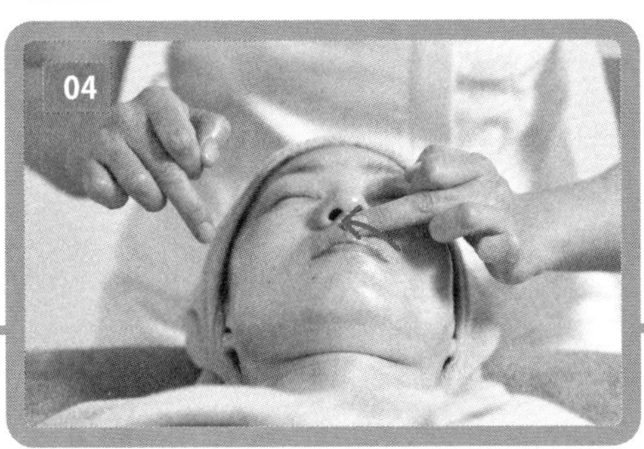

⑫ 口輪筋の母指軽擦

両手の四指は下顎にサポートし、両母指の指腹を使って口輪筋を1周します。

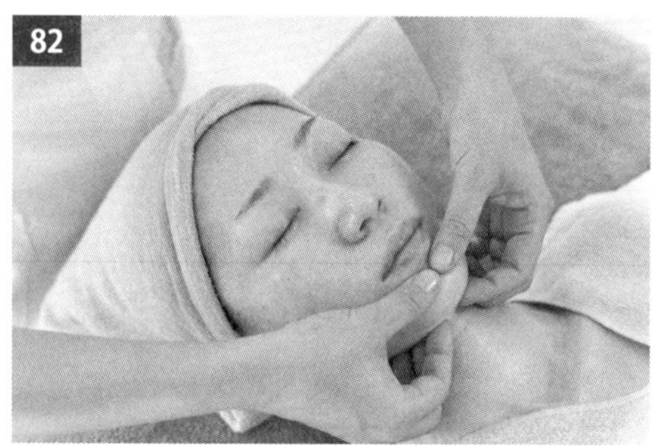

82 両手の四指は下顎に置き、両手の母指は顎先に置いてスタート。

83 両母指を口角の方向にスライド。

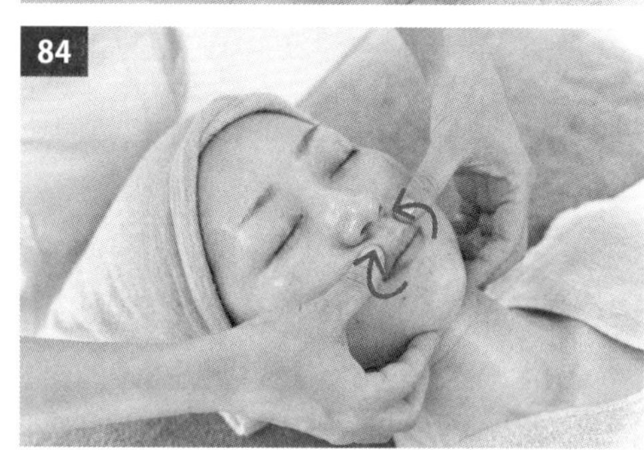

84 口角から上顎にスライド。

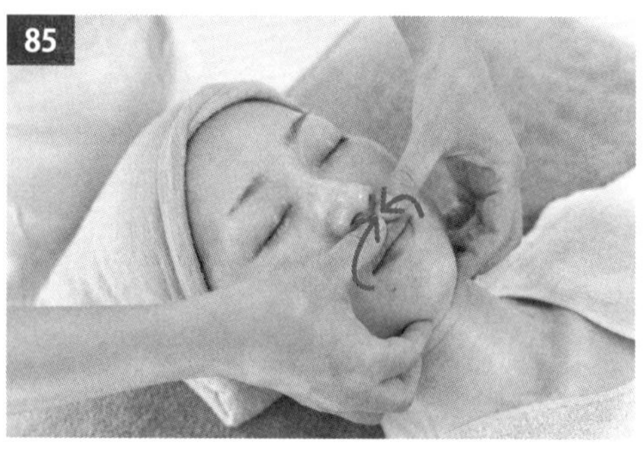

85 鼻下までスライド。

上記の手順 **82** ～ **85** を繰り返す。

口輪筋 のプロフィール

口輪筋も、顔の中では大きな面積を占める筋肉です。見かけは輪状ですが、口角下制筋や下唇下制筋など唇や口角を下げる筋群と、上唇挙筋や大頬骨筋など唇や口角を上げる筋群と、横から口角へ行く頬筋が、上下両側から混ざり合ってできている筋で、様々な口の形を作ることができます。口周囲の多くの筋肉に影響を与えるので、常に緩めておきたい筋肉です。

▶口輪筋（こうりんきん）

【付着】 起始と停止：口唇周囲の皮膚（頬筋や口角下制筋や下唇下制筋などと混じる）

【作用】 口を閉じる、唇を前方向に突き出す

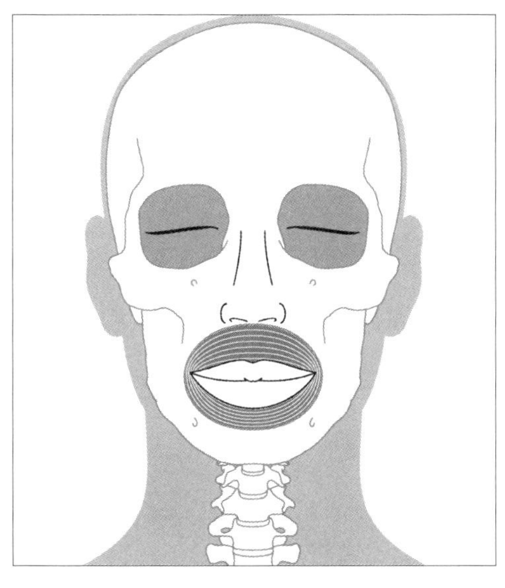

第4章

頬、鼻周辺の施術

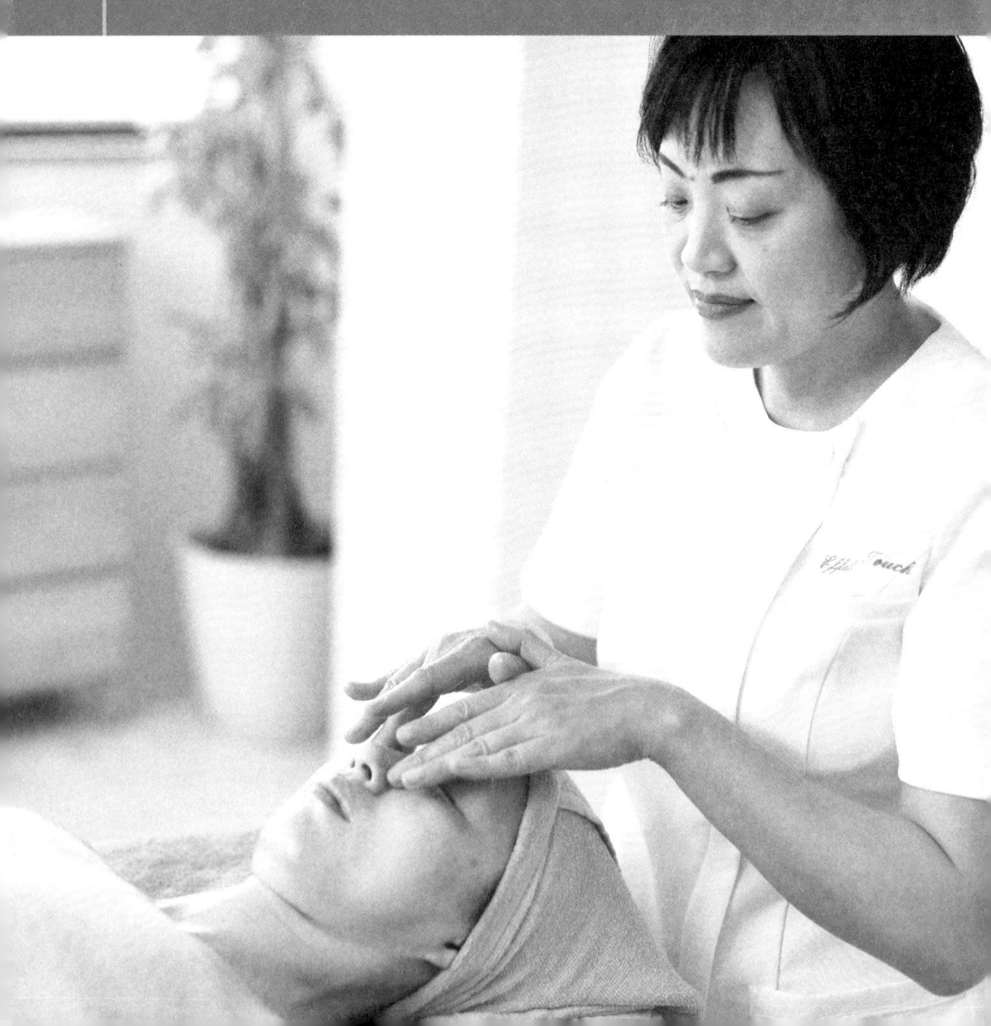

Process

❶ 大頬骨筋と頬筋の二指軽擦

※右側を例に解説。

❷ 小頬骨筋の二指軽擦

※上記の❶〜❷をセットにして、左側も同様に行う。

❸ 上唇挙筋と口角挙筋の一指軽擦

❹ 上唇鼻翼挙筋の一指軽擦

❺ 鼻筋の二指軽擦

❻ 鼻根筋の二指または三指軽擦

❼ 上顎骨前頭突起のエイトハンドストローク

❶ 大頬骨筋と頬筋の二指軽擦

二指（中指と環指）を使って、指の関節を柔らかく、しなやかに筋肉に密着させながら行います。両手交互に使ってアプローチします。

01 右手の二指（中指､環指）を、右側の口角に置きスタート。

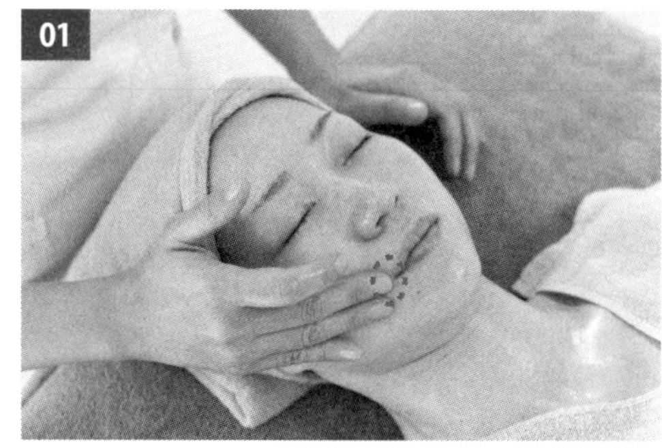

02 口角から頬骨弓に向かってスライドさせる。

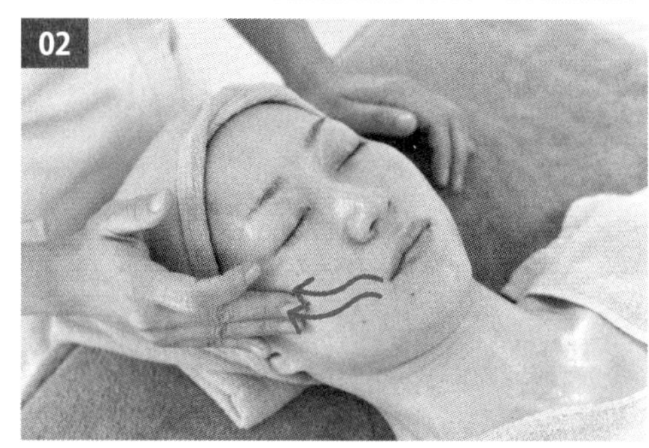

03 右手が抜け切る前に、左手を入れる。

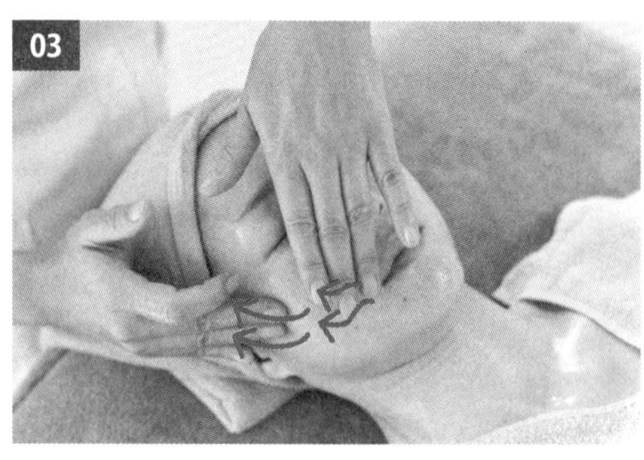

04　左手も二指（中指､環指）を口角からスタートさせる。

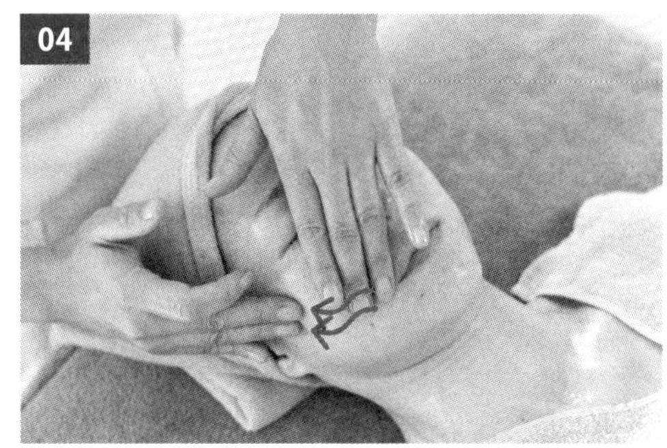

05　右手と同様に、左手も頬骨弓に向かってスライドさせ、抜け切る前に右手が入る。

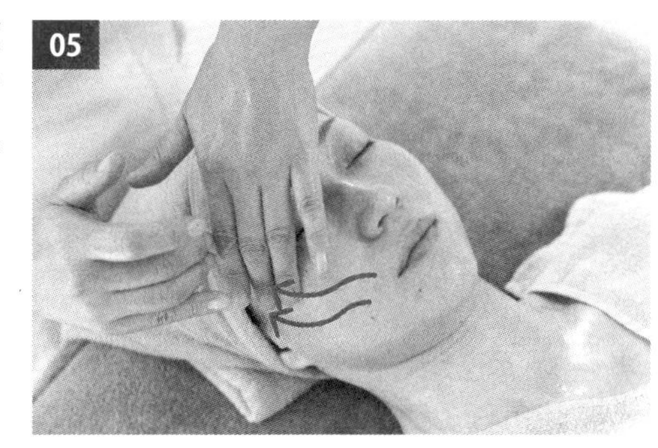

上記の手順 **01** ～ **05** を繰り返す。

❷ 小頬骨筋の二指軽擦

06　右手の二指（中指、環指）を、右側の口角よりやや内側の上唇に置き、スタート。

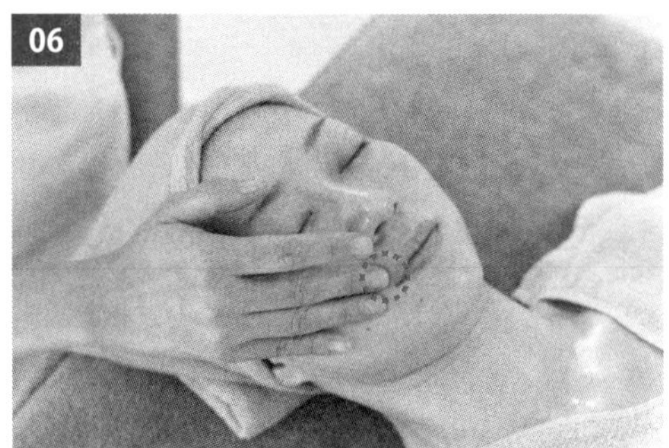

07　上唇から上顎骨に向かってスライドさせる。

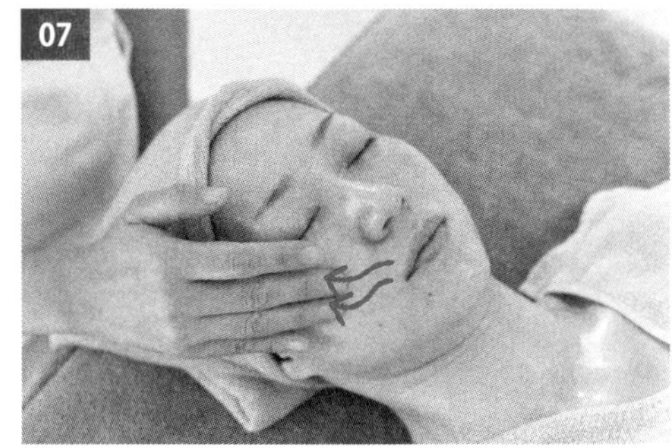

08　右手が抜け切る前に、左手を入れる。

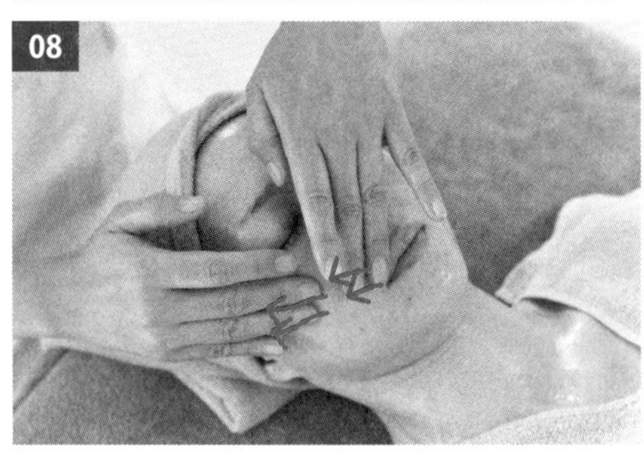

09　左手も二指（中指､環指）を口角よりやや内側の上唇からスタートさせる。

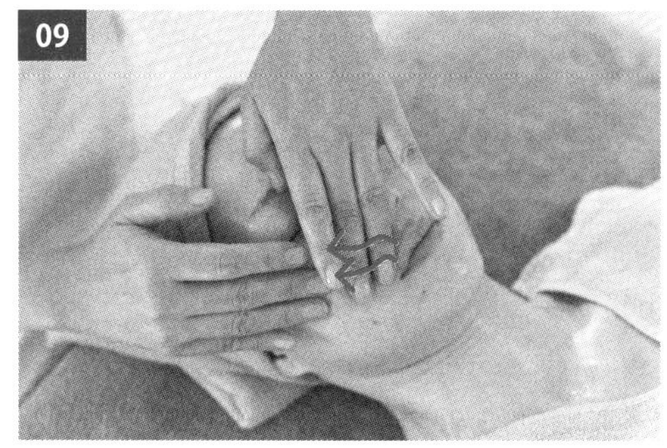

10　右手と同様に、左手も上顎骨に向かってスライドさせ、抜け切る前に右手が入る。

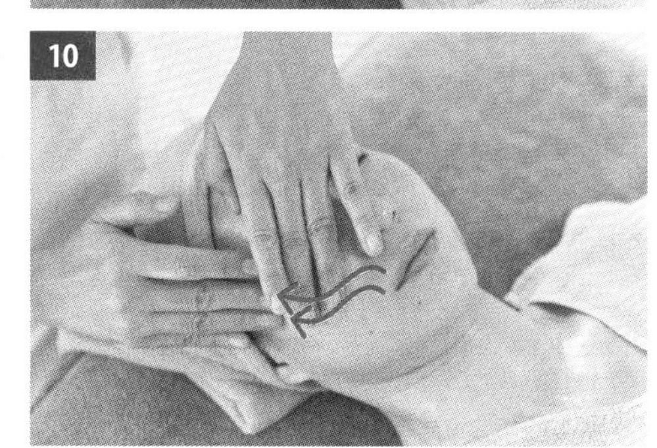

上記の手順 **06** ～ **10** を繰り返す。
反対の半顔も、大頬骨筋と小頬骨筋をセットにして同様に行う。

❸ 上唇挙筋と口角挙筋の一指軽擦

一指（示指または中指）で行います。指を立てて指先だけの施術にならないように、指の腹の面を広く使って行います。両手同時にアプローチします。

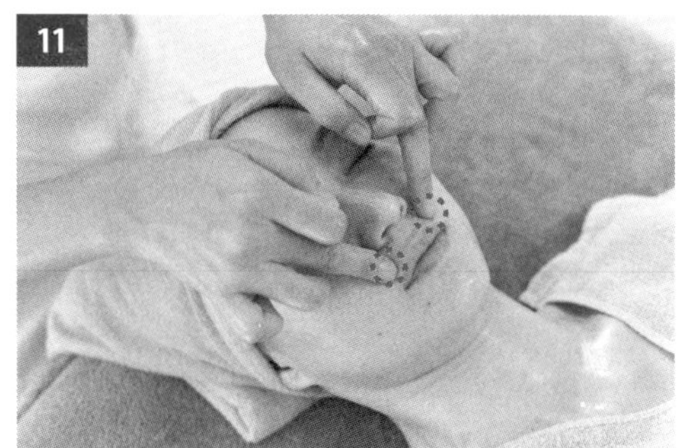

11　一指（示指または中指）を、小頬骨筋の停止部よりやや内側の上唇に置き、スタート。

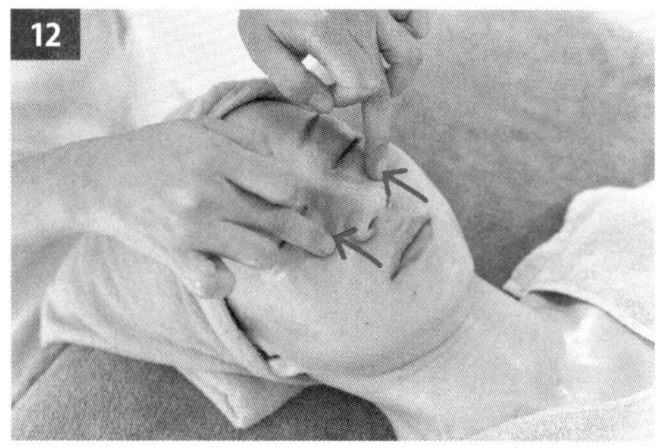

12　上唇から眼窩下孔（上顎骨の穴）に向かって両手同時にスライドさせる。

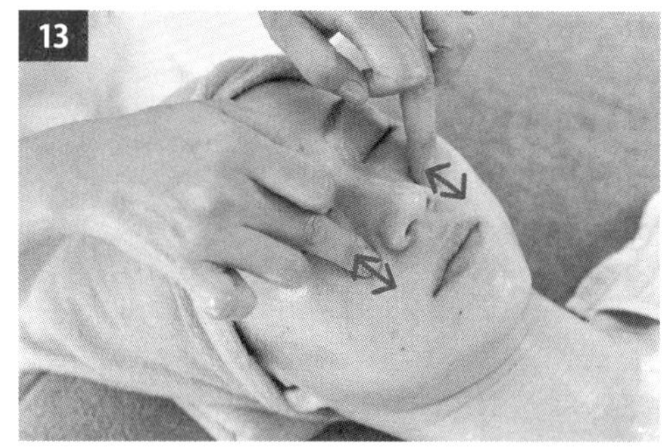

13　眼窩下孔部に硬さを感じた場合には、その部分だけ上下に細かく擦り合わせるように軽擦したり、輪状軽擦すると良い。

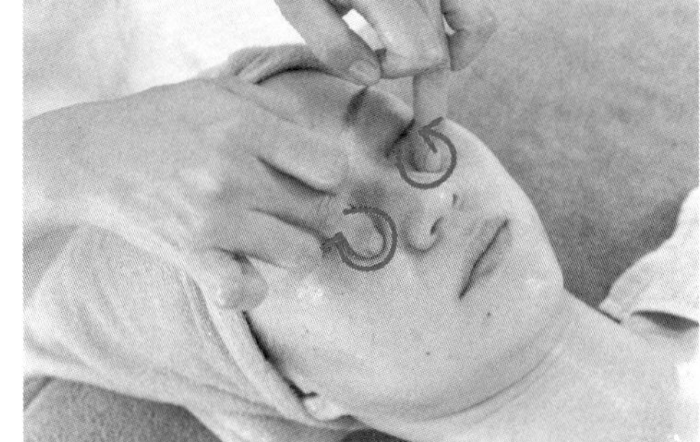

上記の手順 **11** 〜 **13** を繰り返す。

頬筋のプロフィール

頬筋は咬筋と口輪筋の間で頬を横切って走行しています。頬を平たくし、息などを口から吹き出す時に働くだけでなく、食べ物を噛む時に頬を歯列に押し付けて食物を口腔内部に押し戻し、咀嚼を助けている筋肉です。

▶頬筋（きょうきん）

【付着】 起始：上顎骨と下顎骨の後部（歯槽突起）、翼突下顎縫線

停止：口角（口輪筋の深層）

【作用】 頬を歯列に押し付ける、息を吐く

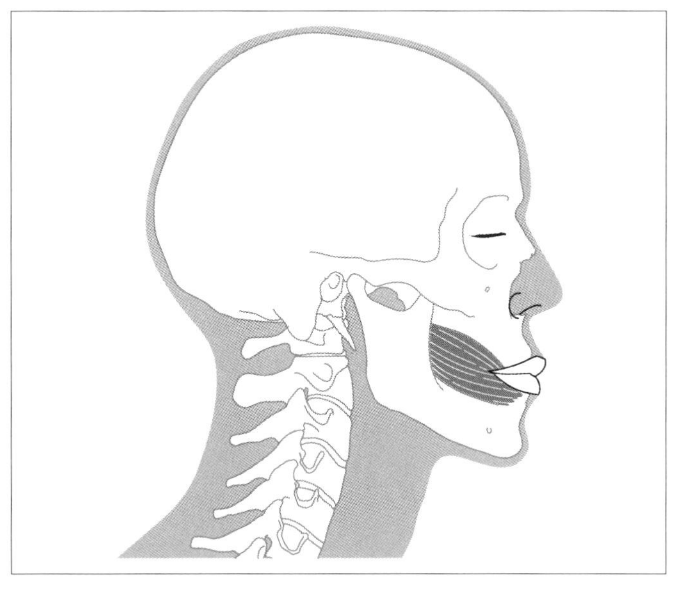

大頬骨筋と小頬骨筋、上唇挙筋

▶大頬骨筋（だいきょうこつきん）

【付着】 起始：頬骨（頬骨弓）
停止：口角と上唇の皮膚（口輪筋に混じる）
【作用】 口角を上外側に引く

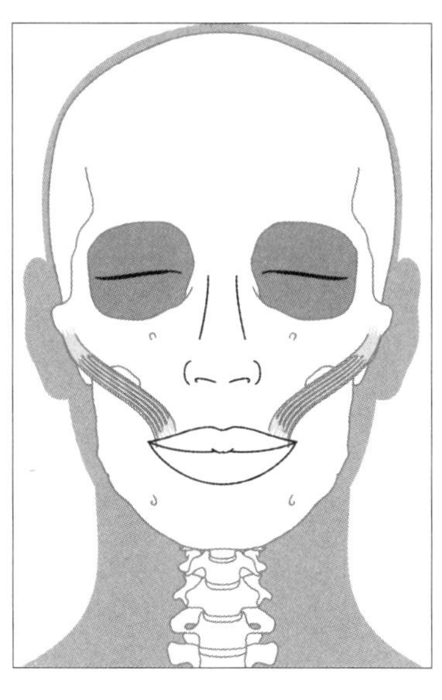

▶小頬骨筋（しょうきょうこつきん）

【付着】 起始:頬骨外面(大頬骨筋起始のすぐ内側)
停止：上唇（鼻唇溝）の皮膚
【作用】 上唇を上外側に引く、鼻唇溝を深くする

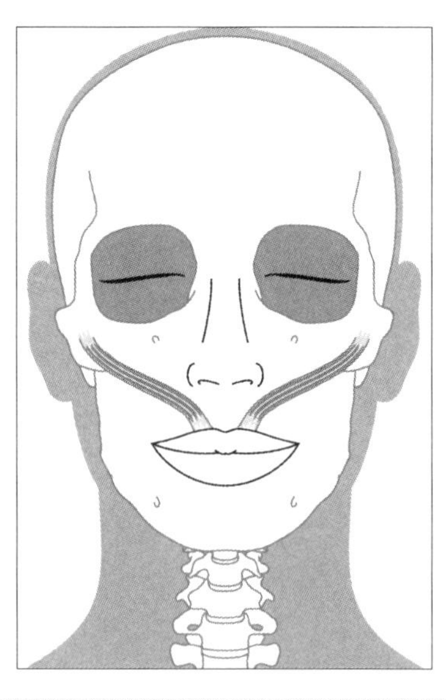

のプロフィール

大頬骨筋、小頬骨筋、上唇挙筋は、上唇から上顎骨にかけて付着し、頬部をほぼ縦方向に走行しています。大頬骨筋が一番外側、小頬骨筋がそのやや内側、上唇挙筋がさらに内側に、三つの筋が並びます。小頬骨筋は、大頬骨筋のすぐ内側に接して起始し、眼窩の下縁まで眼輪筋に密着しながら走行した後に下り、上唇挙筋とともに上唇の皮膚に至ります。この位置関係を意識しながらアプローチすると良いでしょう。また頬骨の丸みに合わせるように指の関節を柔らかくしなやかに使って密着度を高めましょう。

頬や鼻周辺の筋群は、挙上（持ち上げる）の作用があるので、たるみを気にしているクライアントに行うと良い部分です。

▶上唇挙筋（じょうしんきょきん）

【付着】 起始：上顎骨（眼窩下縁）
停止：上唇と鼻翼の皮膚

【作用】 上唇と鼻翼を引き上げる、鼻唇溝を深くする

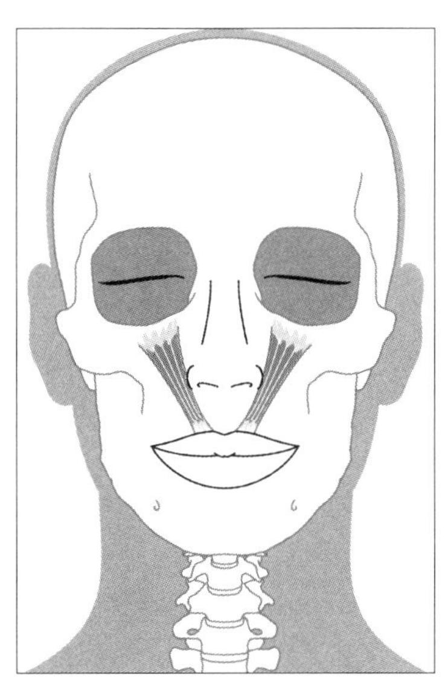

口角挙筋 のプロフィール

上顎骨の犬歯の上方辺りから起始しているので、犬歯筋とも言われています。停止部は、口角の皮膚と口輪筋に交じって付着しています。施術では、上唇挙筋や上唇鼻翼挙筋を行う時に同時にアプローチできます。挙筋群は、ほうれい線を気にするクライアントの施術に役立ちますので、何度も繰り返し行うと良いでしょう。

▶口角挙筋（こうかくきょきん）

【付着】 起始：上顎骨（犬歯窩、眼窩下孔）
　　　　停止：口角の皮膚、口輪筋に混入
【作用】 口角を上方に引く

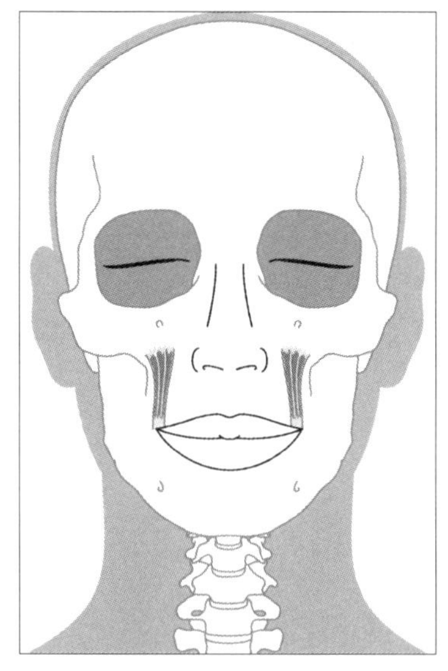

❹ 上唇鼻翼挙筋の一指軽擦

一指（中指）で行い、両手同時にアプローチします。

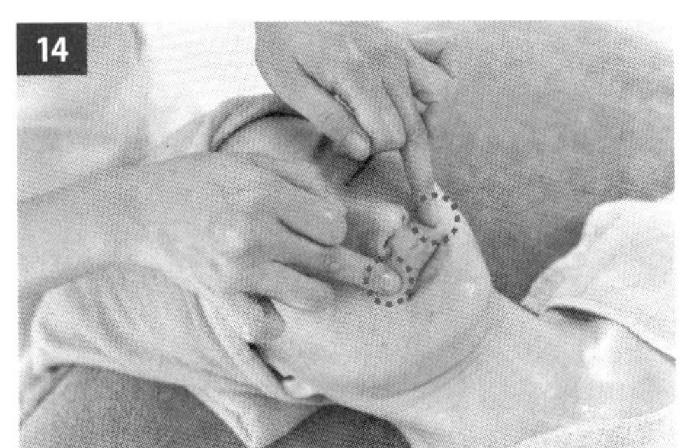

14 一指（中指）を、上唇挙筋の停止部よりやや内側の上唇に置き、スタート。

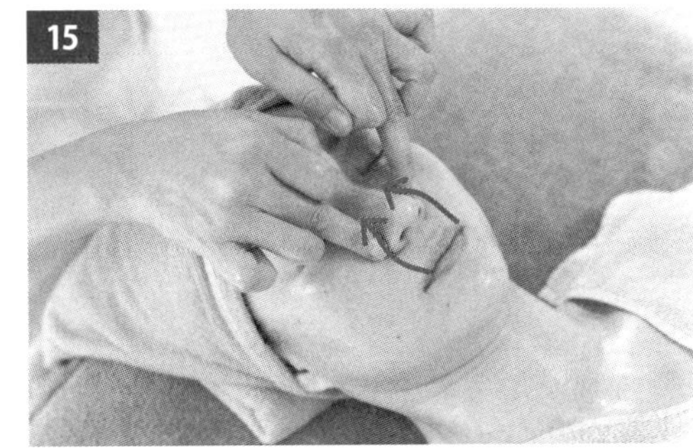

15 上唇から小鼻の脇(鼻翼)を通り、額方向に両手同時にスライドさせる。

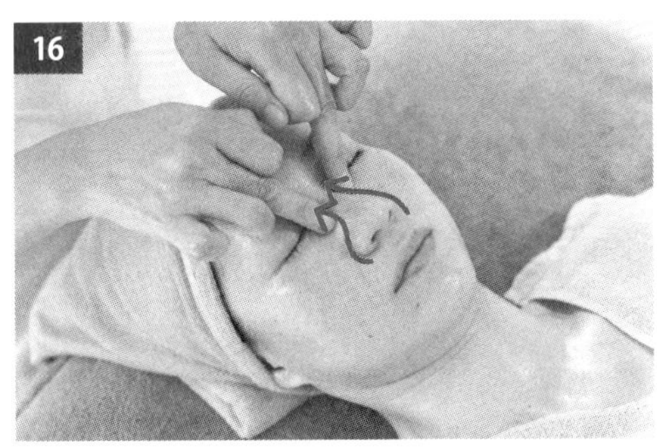

16 鼻の側面を通る。

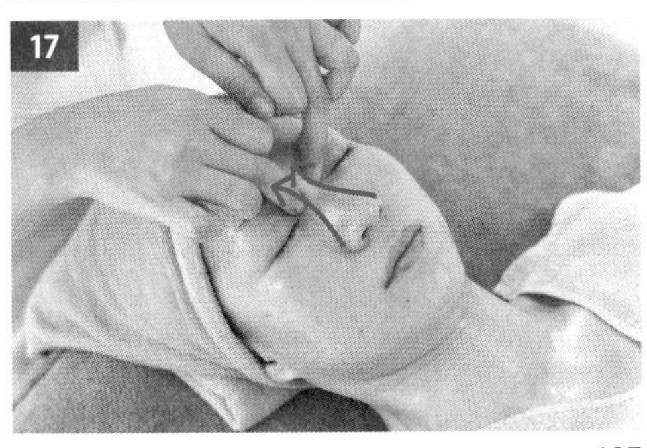

17 上顎骨前頭突起を通り抜ける。

上記の手順 **14** ～ **17** を繰り返す。

❺ 鼻筋の二指軽擦

二指（中指、環指）で行い両手同時にアプローチします。

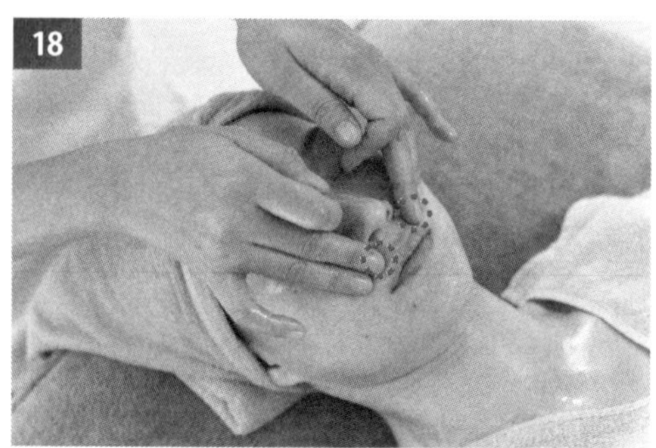

18　二指（中指と環指）を、上顎骨の犬歯辺りに置きスタート。

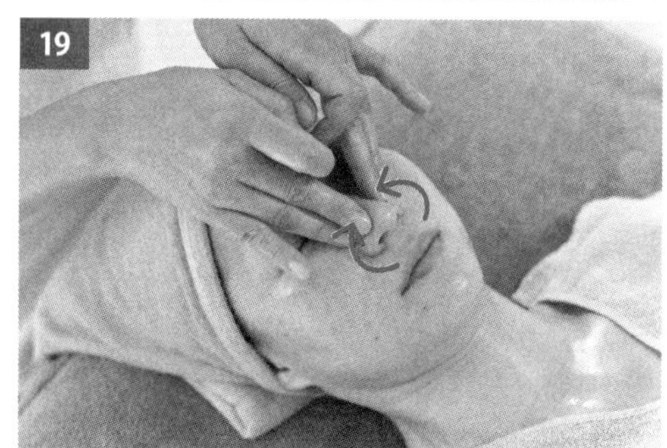

19　小鼻（鼻翼）を包み込むように両手同時にアプローチする。

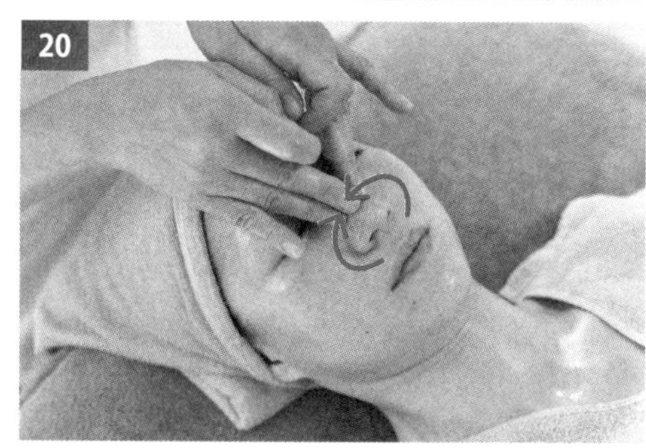

20　鼻の側面から鼻背部にスライド。

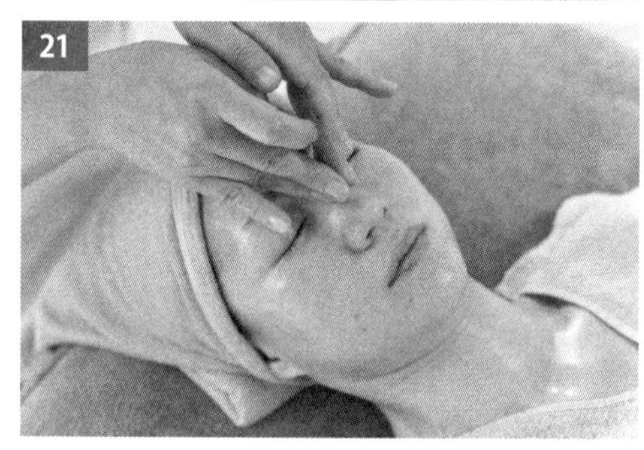

21　両手を鼻背で合わさるようにして抜ける。

上記の手順 **18** ～ **21** を繰り返す。

❻ 鼻根筋の二指または三指軽擦

二指（中指と環指）または三指（示指、中指、環指）で両手を交互に使ってアプローチします。

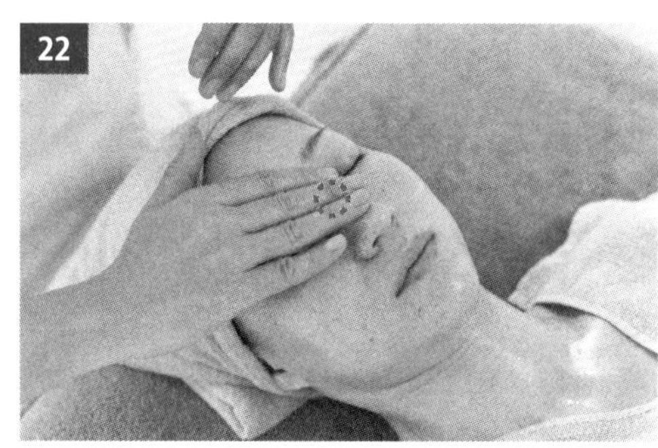

22 右手の二指(中指と環指)または三指（示指、中指、環指）を、鼻背部に置きスタート。

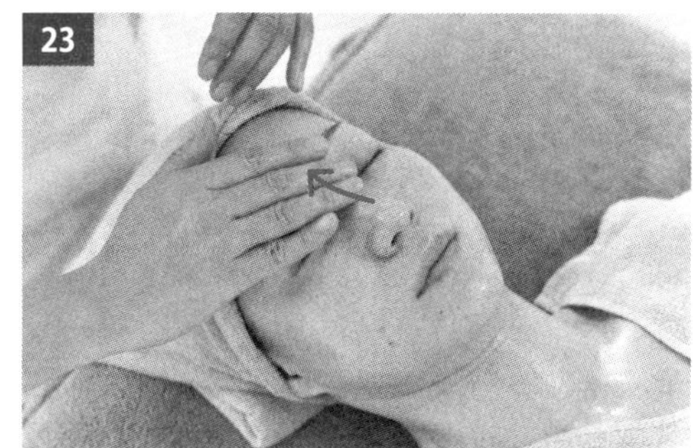

23 鼻背部から鼻根部にスライド。

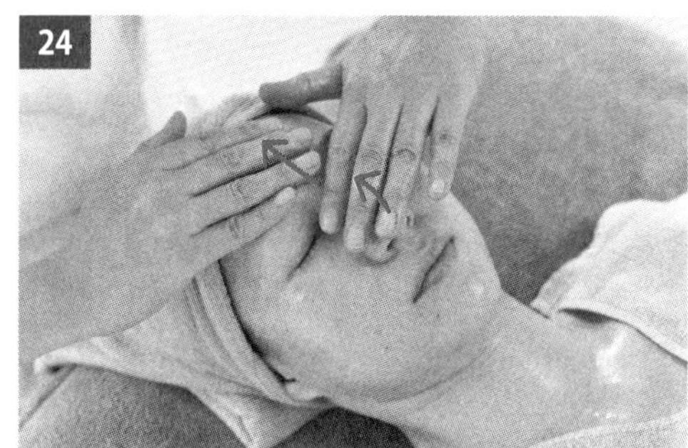

24 額中央で右手が抜けると同時に、左手を入れる。

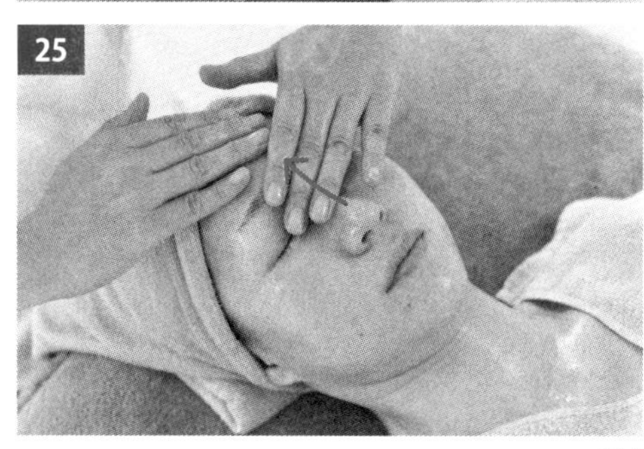

25 左手も同様に、鼻背部からスタート。

26　鼻背部から鼻根部にスライド。

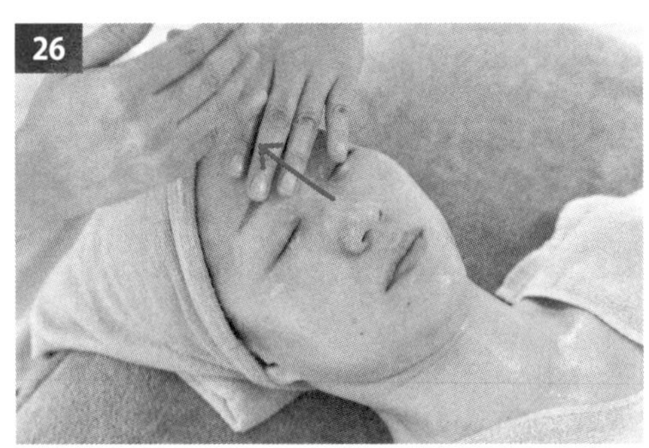

27　額中央で左手が抜けると同時に右手が入る。

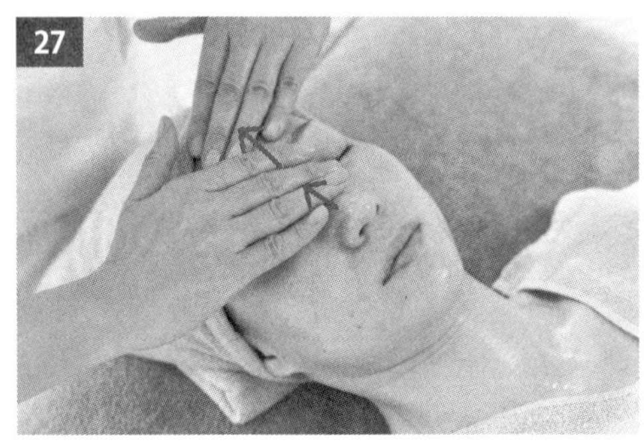

上記の手順 **22 ～ 27** を繰り返す。

⑦ 上顎骨前頭突起のエイトハンドストローク

一指（中指）で上顎骨前頭突起のくぼみ（目頭の辺り）の部分に沿わせるようにして、「８の字」を描くように両手同時に行います。

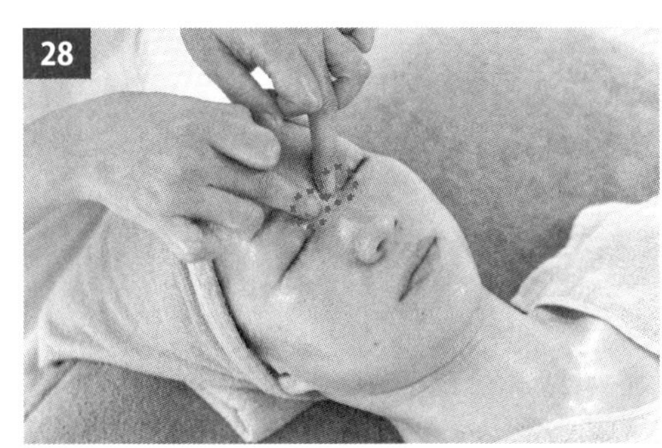

28　一指（中指）を上顎骨前頭突起のくぼみの部分に置き、スタート。

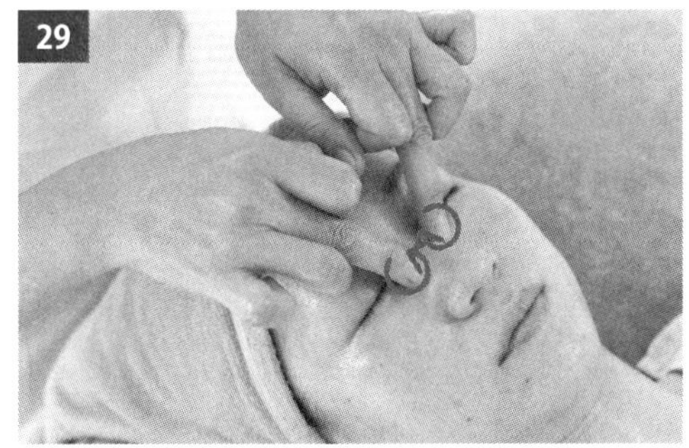

29　８の字の下の円を描くように、鼻根部に両手を当てたまま同時に軽擦。

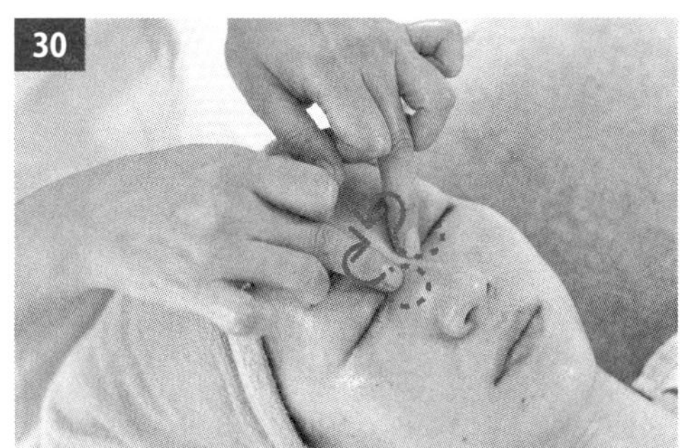

30　８の字の交点（中央）が上顎骨前頭突起の部分になるようにアプローチ。

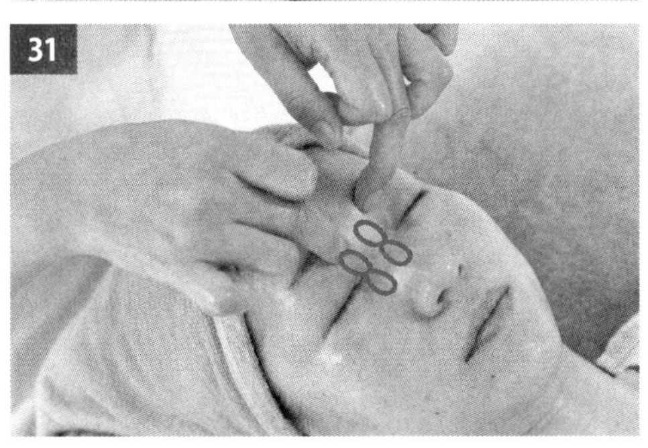

31　８の字の上の円を描くように軽擦。

上記の手順 **28** ～ **31** を繰り返す。

上唇鼻翼挙筋、鼻筋、鼻根筋

上唇鼻翼筋は、下方で上唇挙筋と合わさって一つの筋となります。さらに、上唇で上唇挙筋が小頬骨筋と混じることから、上唇部では、これら三つの筋を上唇部分の皮膚を引き上げる筋として、一緒に扱うこともできます。

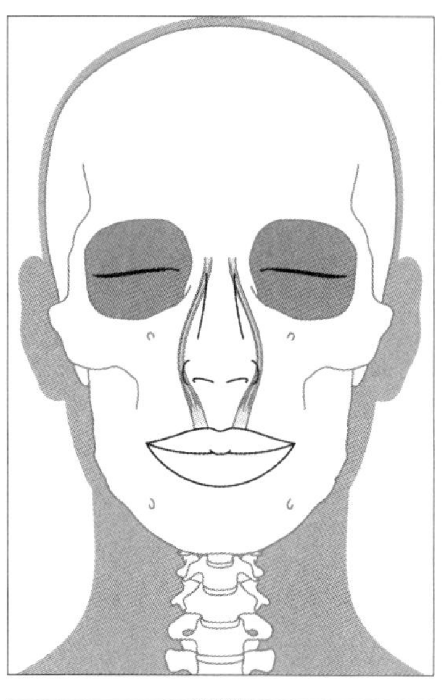

▶上唇鼻翼挙筋（じょうしんびよくきょきん）

【付着】　起始：上顎骨（上顎骨前頭突起）
　　　　停止：上唇と鼻翼の皮膚（上唇挙筋と癒合）

【作用】　上唇と鼻翼を引き上げる、鼻唇溝を深くする

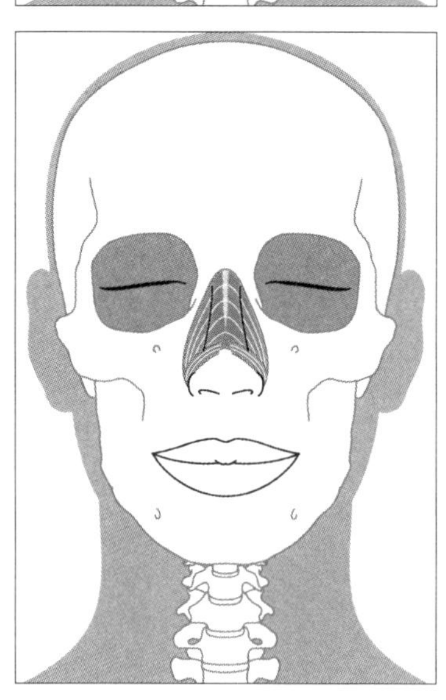

上記の上唇鼻翼挙筋とこの鼻筋の鼻翼部は、鼻孔を広げる働きがあります。鼻づまりや鼻の通りが悪いクライアントには、この二つの筋肉をリリースすると良いでしょう。

のプロフィール

▶鼻筋（びきん）

【付着】 起始：上顎骨（犬歯の歯槽隆起）
停止：鼻背の皮膚（鼻背部）、外鼻孔後縁の皮膚（鼻翼部）

【作用】 鼻孔を広げたり（鼻翼部：鼻の穴の部分）、鼻孔を圧迫（鼻背部：鼻すじの部分）する

鼻根筋は、鼻根部に横じわを作る筋肉で、しかめっ面で眉間に力が入っている状態が長く続くと鼻根筋が短縮して深い消えないしわを作ってしまいます。鼻根部から額にかけて走行している筋肉なので、鼻根部だけでなく前頭部まで密着してストロークを行いましょう。

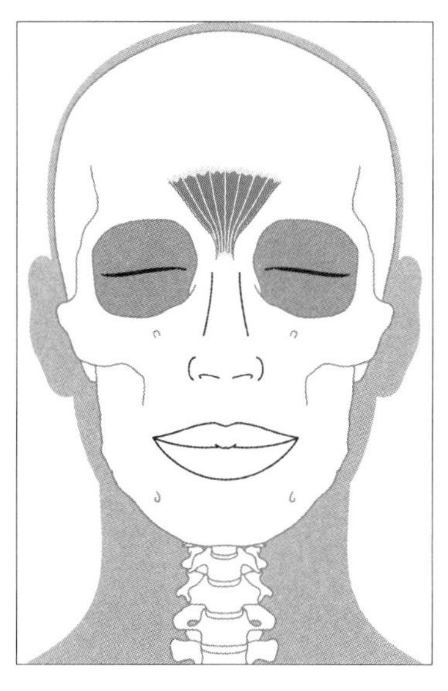

▶鼻根筋（びこんきん）

【付着】 起始：鼻背、鼻根の皮膚
停止：前頭部の皮膚（眉間）

【作用】 鼻根部に横じわを作る

第5章

目、額周辺の施術

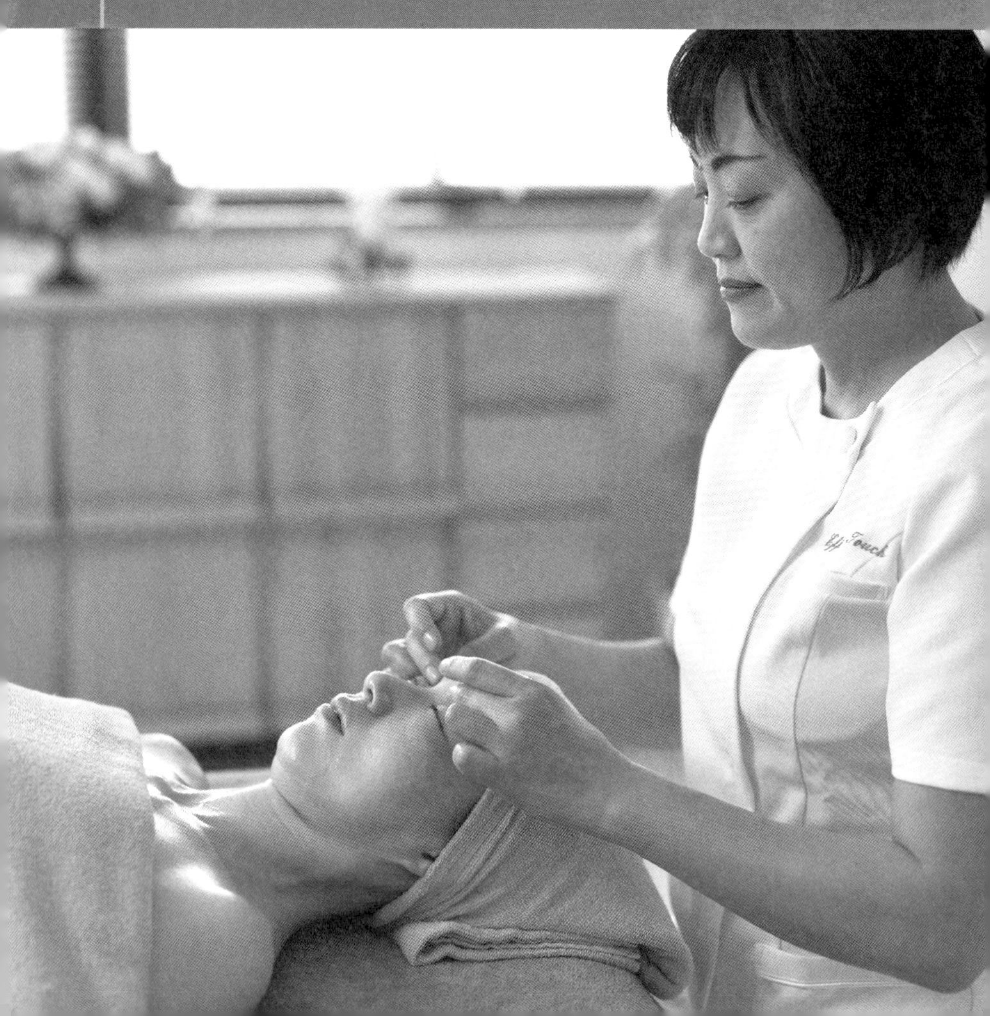

Process

❶ 眼輪筋のエイトハンドストローク

❷ 眼輪筋の二指軽擦

❸ 眼輪筋の二指軽擦（眉を挟む）

❹ 側頭筋の三指軽擦

❺ 皺眉筋の一指軽擦

❻ 前頭筋の四指軽擦

※右から左を例に解説。
左から右も同様に行う。

❼ 顔全体のエフルラージュ

❶ 眼輪筋のエイトハンドストローク

利き手を下にして重ねダブルハンドにし、一指（中指）で左右の眼輪筋を「8の字」を描くように行います。目の周りを「小さな円」「中くらいの円」「大きな円」の三つの円を描いていきます。

〈1円目〉

01 利き手の一指（中指）を下にして、その上に反対の手の中指を重ねてダブルハンドにして眉間の辺りに置き、スタート。

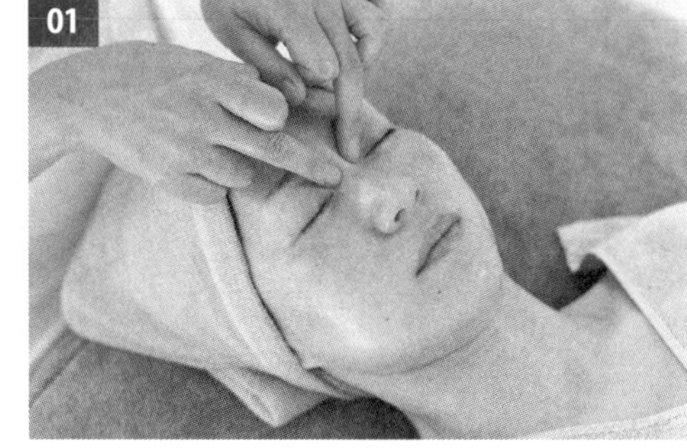

02 1円目は小さな円を描きます。右の目を1周するように眼窩骨に沿って目の下にスライド。

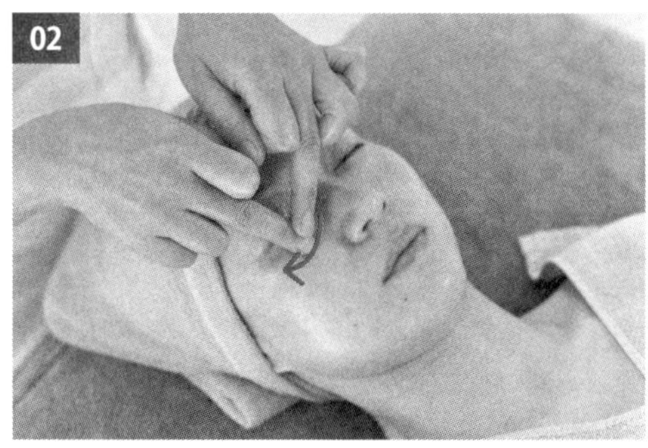

03 眼窩骨に沿って目尻にスライド。

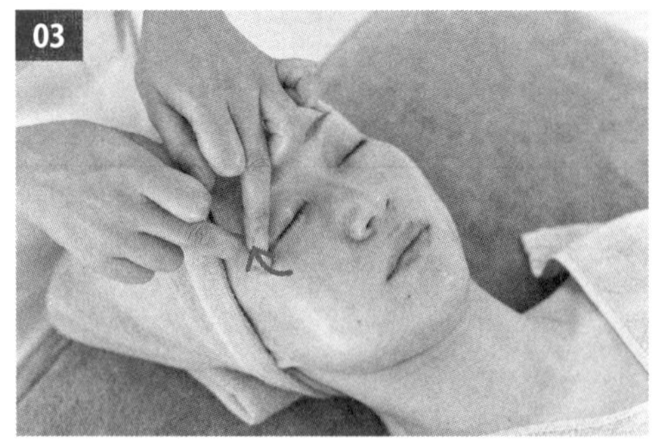

04 眼窩骨に沿って目の上にスライド。

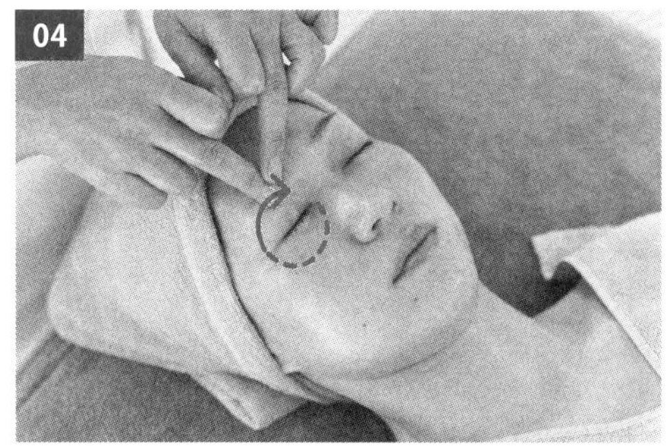

05 反対の目（左の目）に移動し、眼窩骨に沿って目の上にスライド。

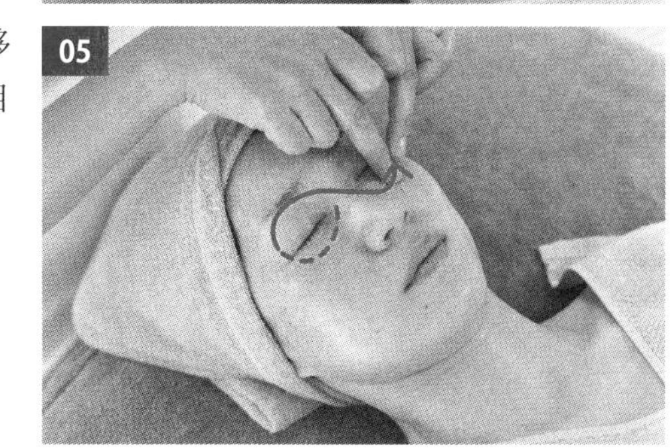

06 眼窩骨に沿って目尻にスライド。

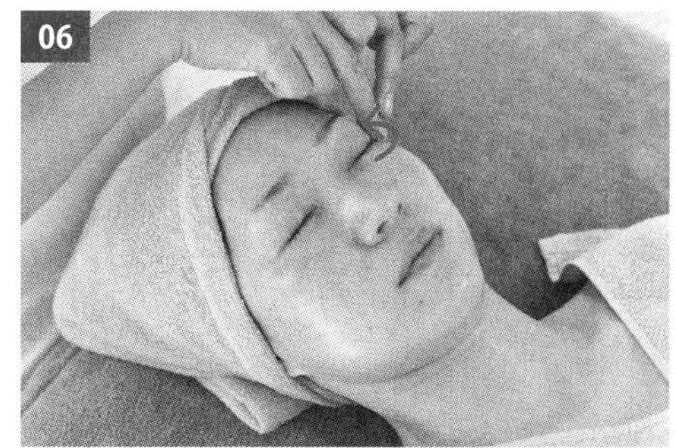

07 眼窩骨に沿って目の上にスライド。

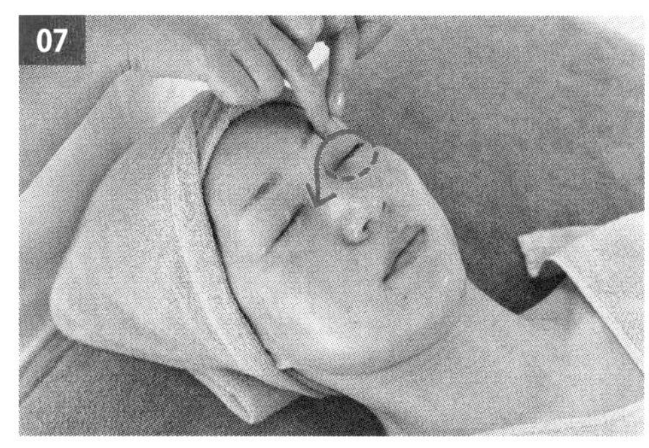

〈2円目〉

08　2円目は中くらいの円を描く。右の目を、1円目よりも大きく描く。

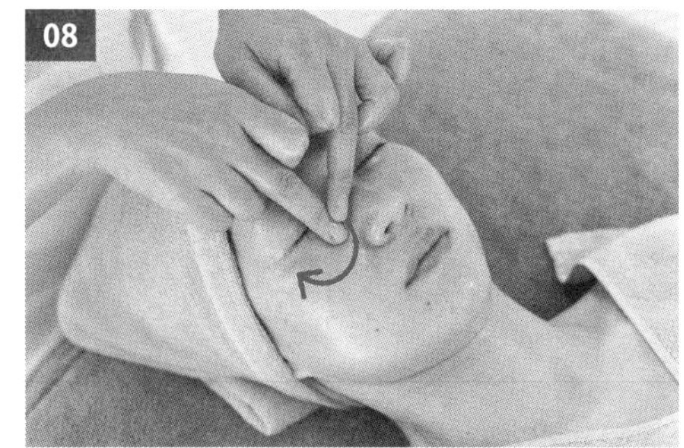

09　目尻も1円目よりも大きく描く。

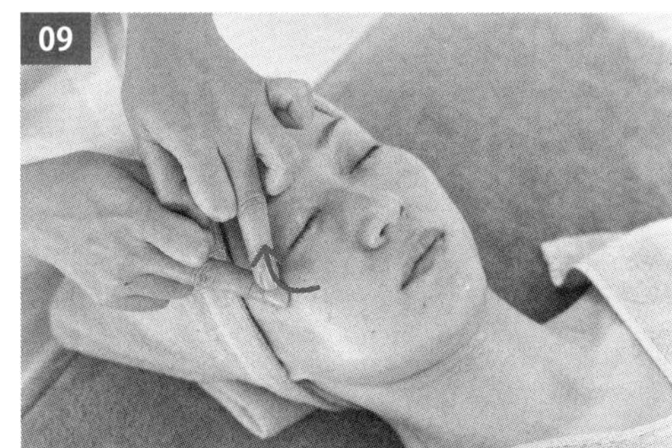

10　目の上も1円目よりも大きく描く。

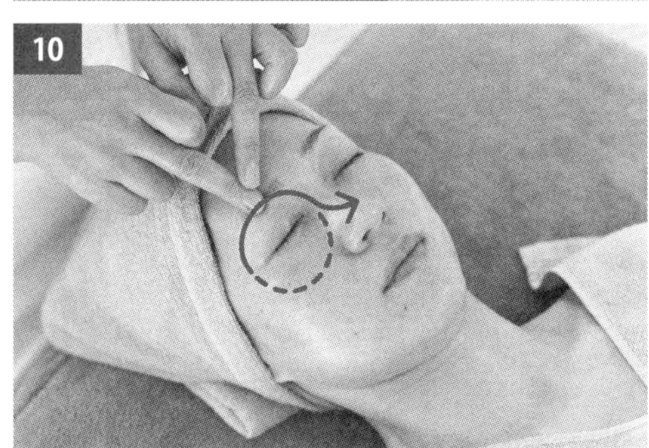

11　反対の目（左の目）に移動し、1円目より大きく描く。

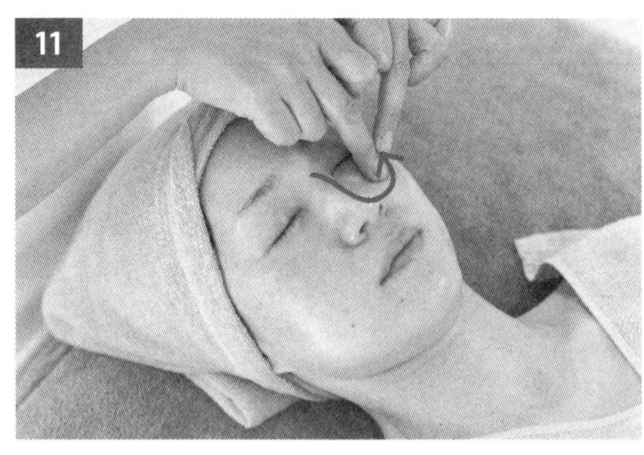

12　目尻側も１円目よりも大きく描く。

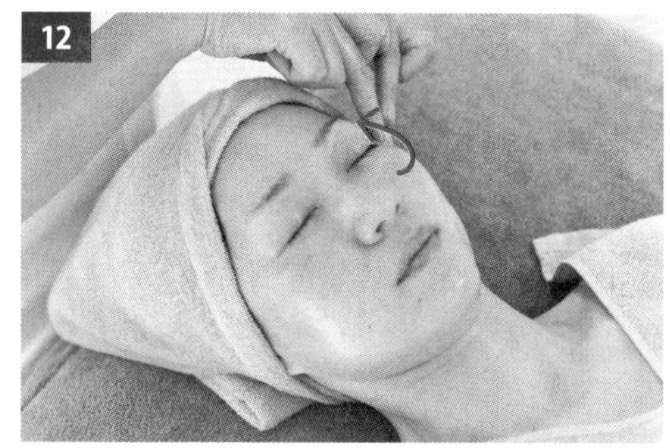

13　目の上も１円目よりも大きく、眉に沿ってスライド。

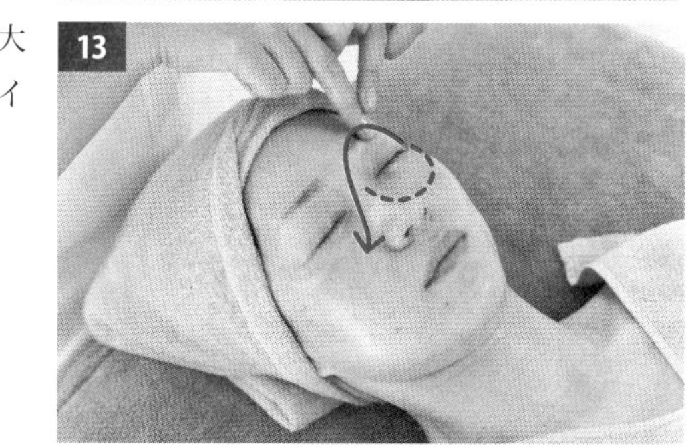

〈3円目〉

14　３円目はさらに大きな円を描く。頬骨に沿ってスライド。

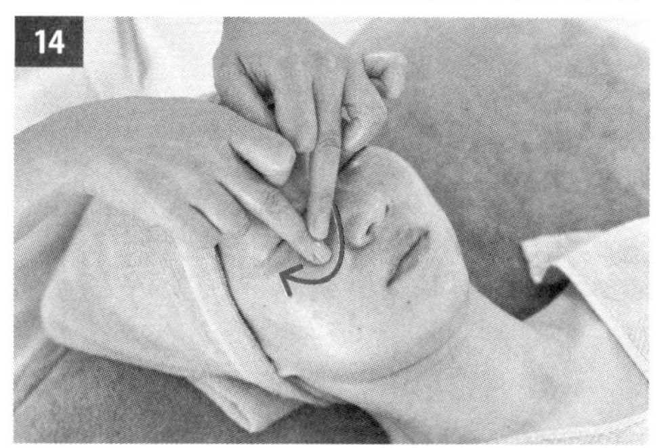

15　目尻側も２円目よりも大きく描く。

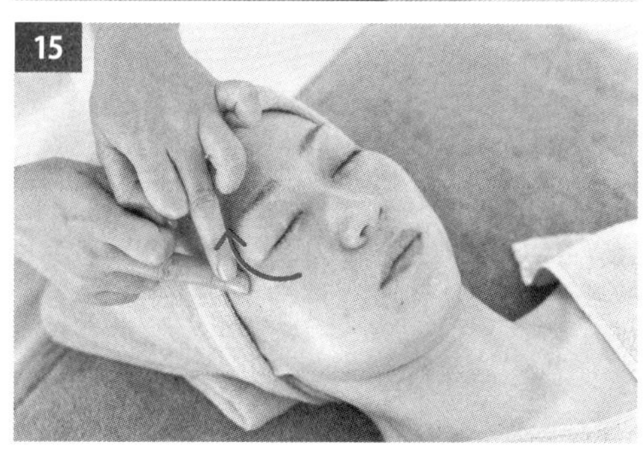

16 目の上も２円目よりも大きく、眉の上に沿ってスライド。

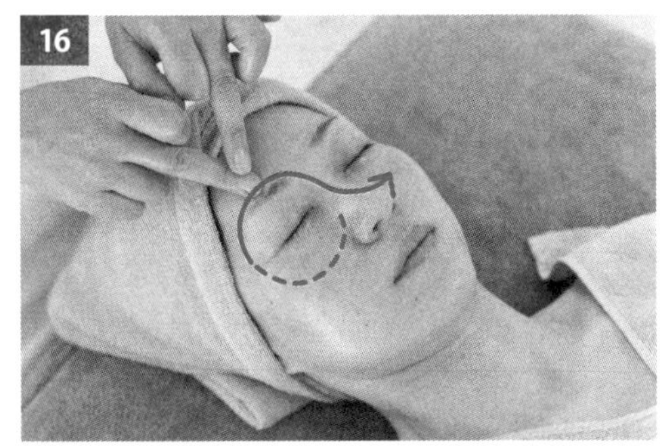

17 反対の目（左の目）に移動し、頬骨に沿ってスライド。

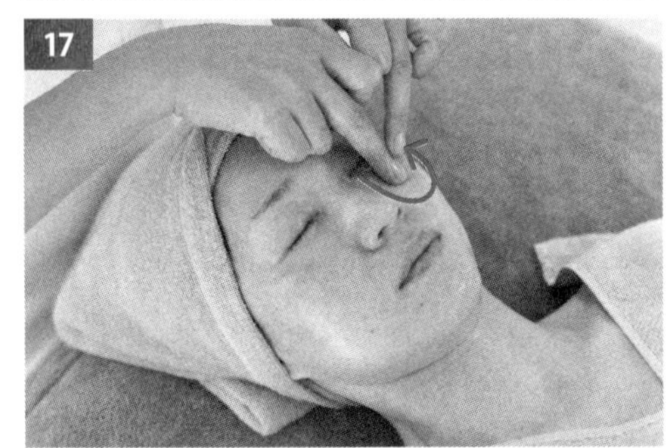

18 目尻側も２円目よりも大きく描く。

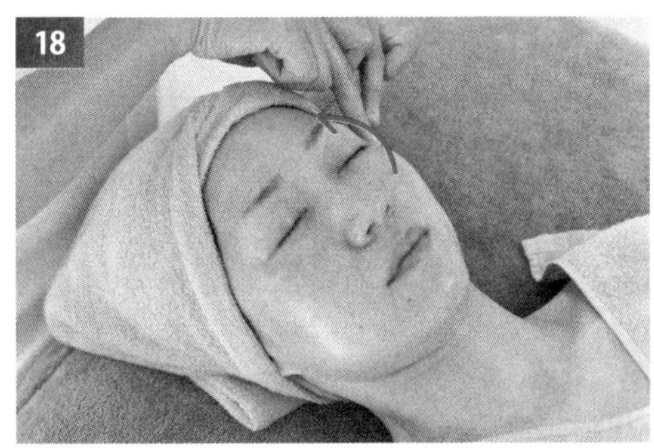

19 目の上も２円目よりも大きく描く。

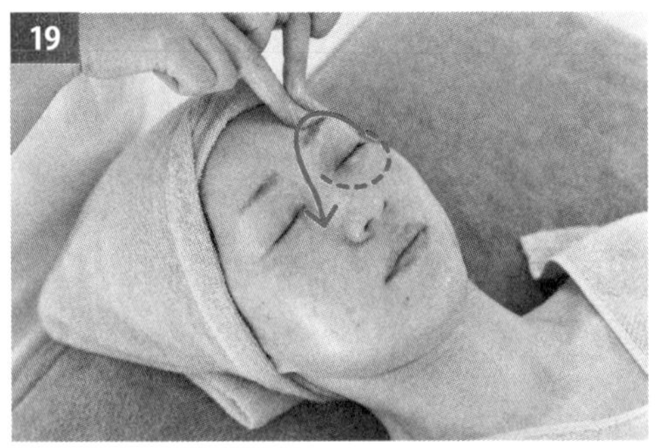

上記の手順 **1** ～ **19** を繰り返す。
スタートする目は左右どちらからでも良い。

❷ 眼輪筋の二指軽擦

二指（中指と環指）で行います。指を立てて指先だけの施術にならないように、指の腹の面を広く使って行います。両手同時に眼輪筋を 1 周するように軽擦します。

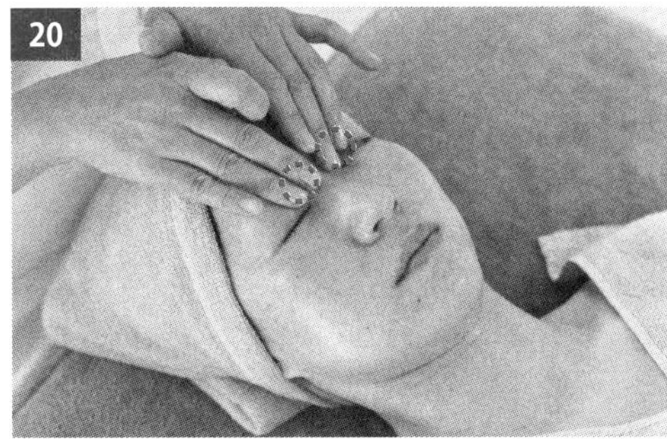

20 両手の二指（中指、環指）を、眉の内側に置きスタート。

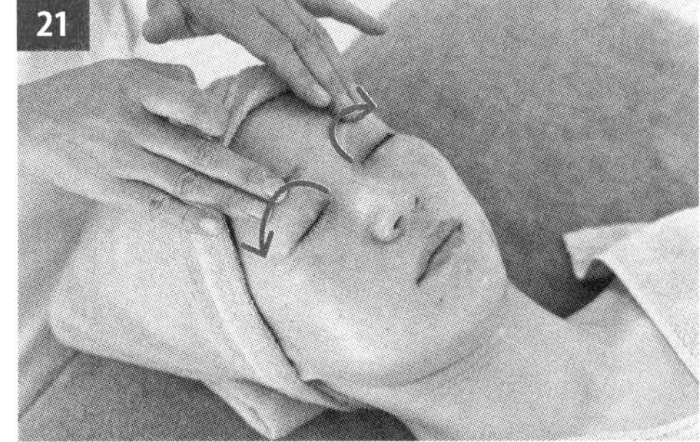

21 前頭骨の上を通り、左右に分かれてスライド。

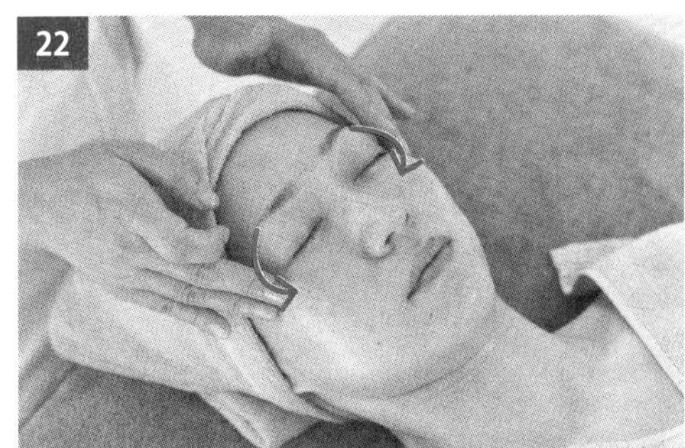

22 目尻に向かってスライド。

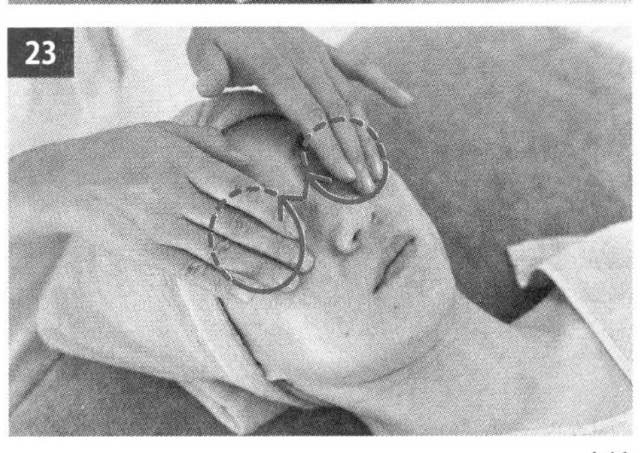

23 目尻から頬骨にスライド。

上記の手順 **20** ～ **23** を繰り返す。

❸ 眼輪筋の二指軽擦（眉を挟む）

二指（母指と中指）で眉を挟むように両手同時に行います。母指は前頭部にサポートし、中指は　眼窩の内縁に滑り込ませるように動かしながら眼輪筋をリリースしていきます。眼窩の上部は４カ所ほど移動しながら筋肉の緊張があったら、中指を細かく左右に動かして軽擦を行います。眼窩の側面も同様に中指をスライドさせながら移動していき、眼窩の下部は母指をスライドさせながら眼窩内縁を１周します。

24 中指と環指で両手同時に左右の眉を挟む。

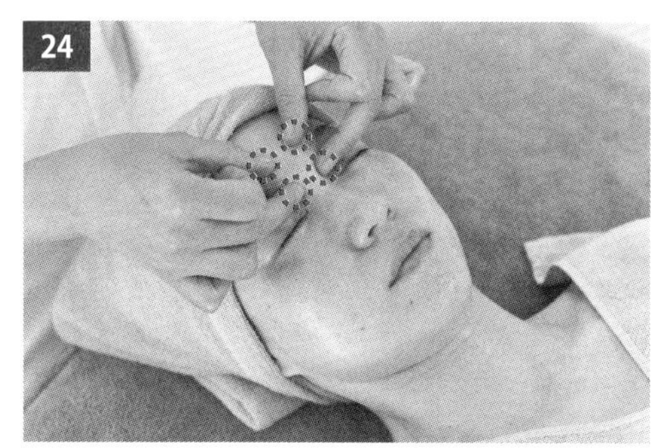

25 中指を眼窩の内側に滑り込ませるように軽擦。

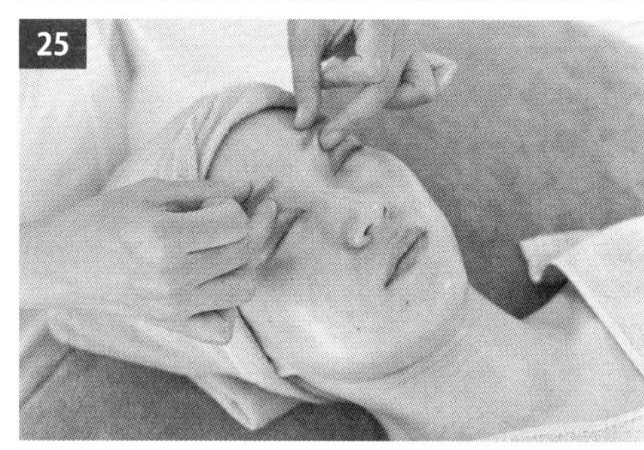

26 細かく中指を内外に数回動かす。

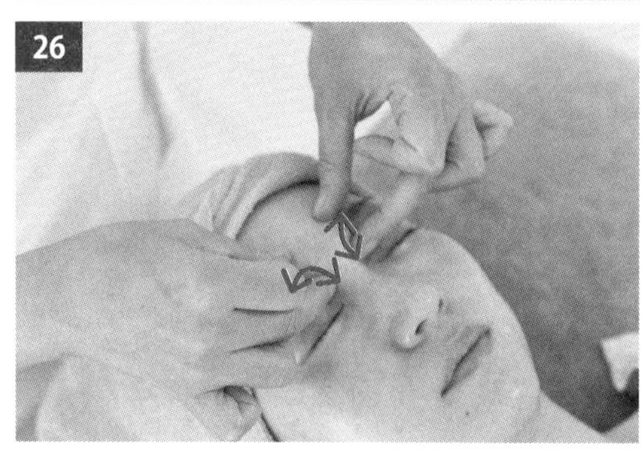

27　２カ所目は、中指を眼窩から離さずに、やや外側に移動。

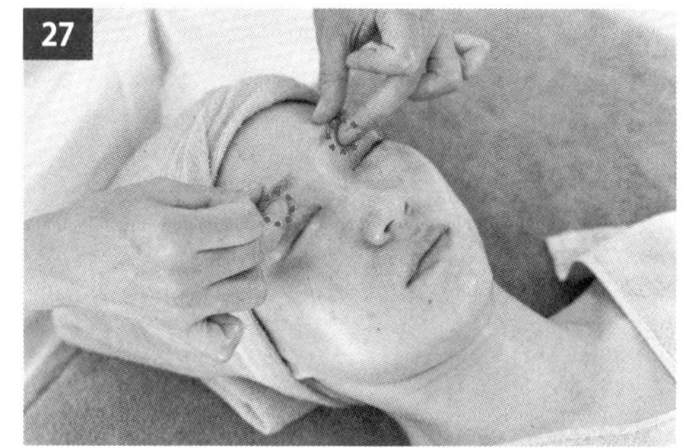

28　ここも同様に緊張があれば、中指を細かく数回動かす。

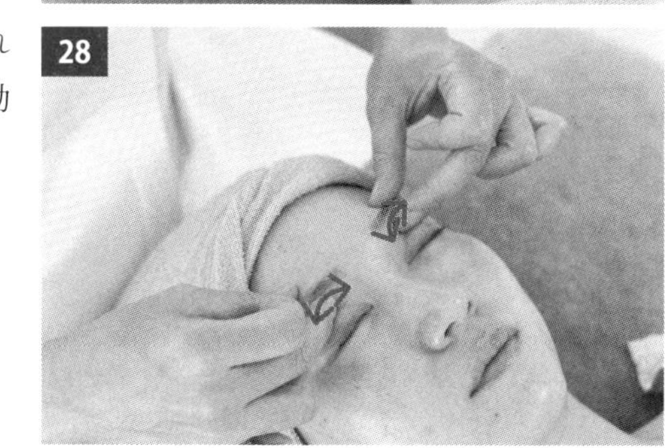

29　３カ所目も中指を眼窩から離さずに、さらに外側に移動。

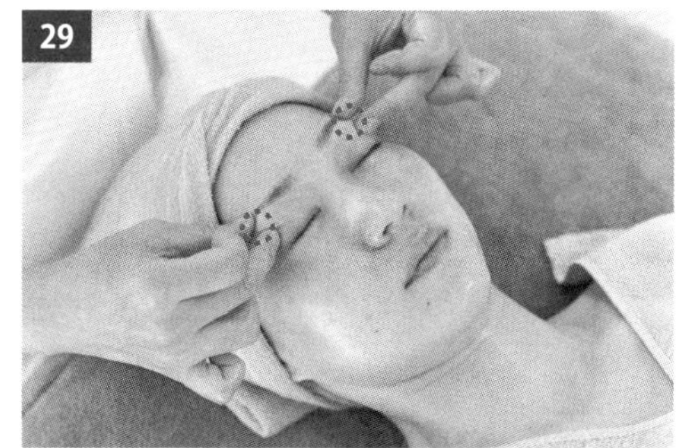

30　ここも同様に緊張があれば、中指を細かく数回動かす。

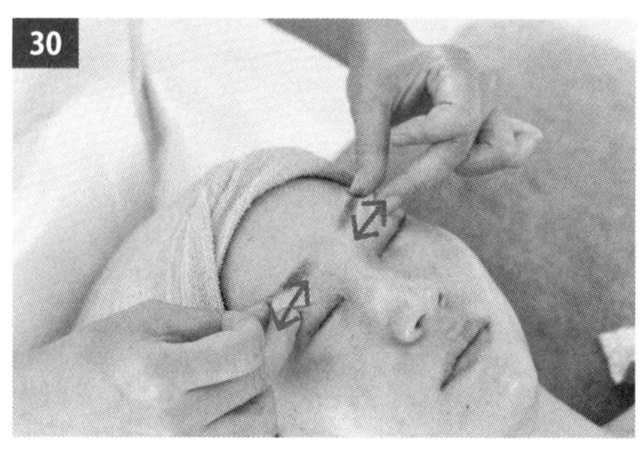

31　４カ所目も中指を眼窩から離さずに、さらに外側に移動。

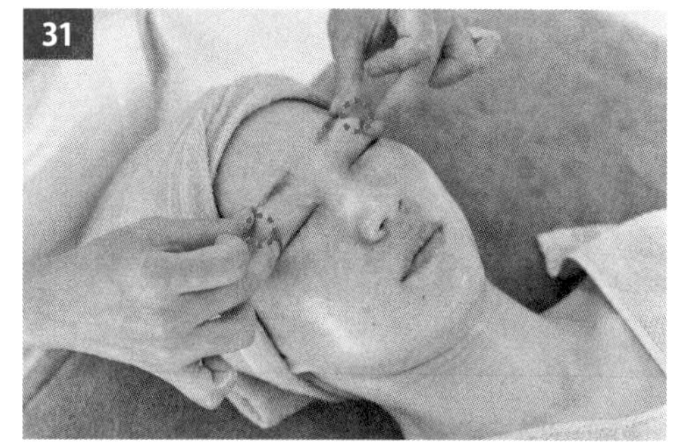

32　ここも同様に緊張があれば、中指を細かく数回動かす。

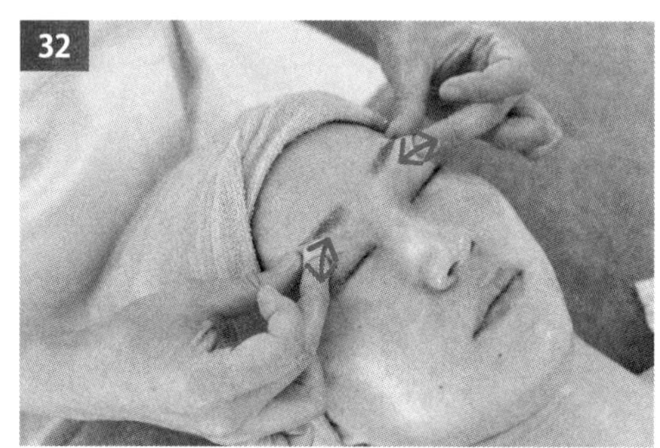

33　中指を離さずに眼窩の側面に移動。

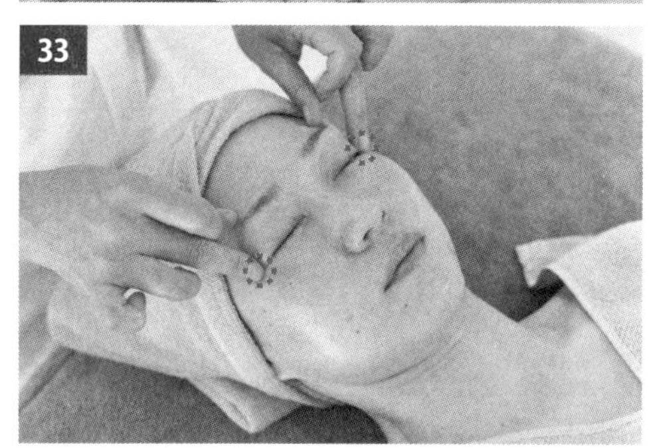

34　ここも同様に緊張があれば、中指を細かく数回動かす。

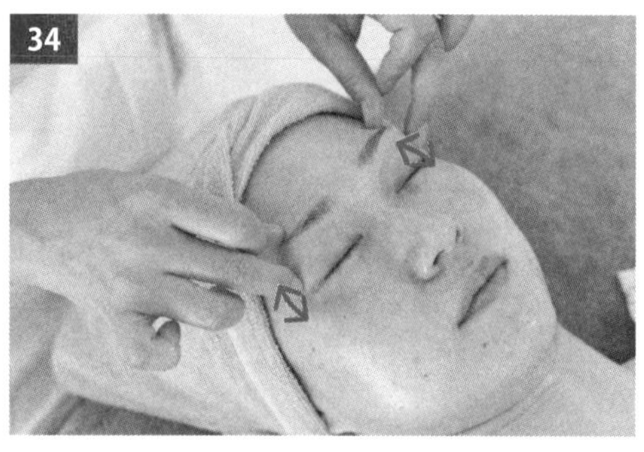

35　母指を眼窩の下側に移動。

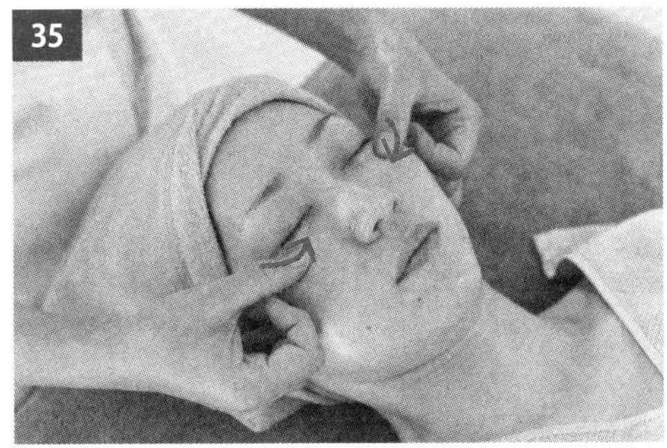

36　眼窩の下部を内側にスライドさせる。

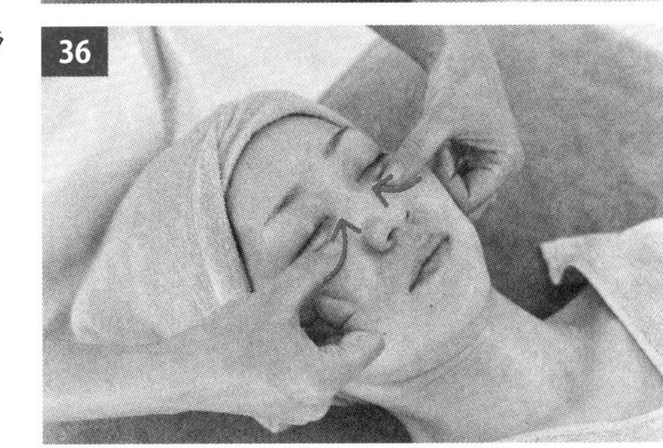

37　ここも同様に緊張があれば、母指を細かく数回動かす。

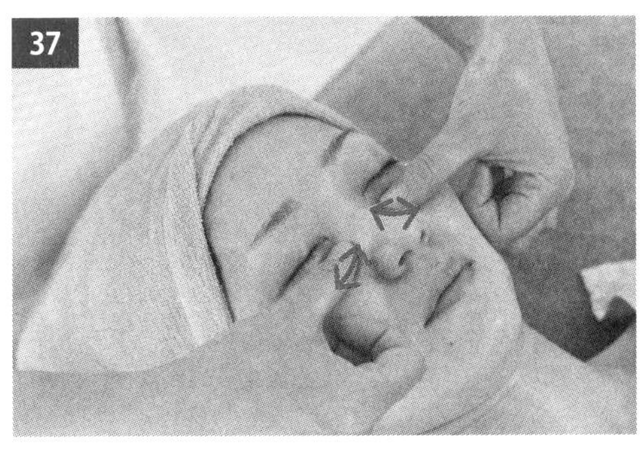

上記の手順 **24 〜 37** を繰り返す。

眼輪筋と眉毛下制筋のプロフィール

眼輪筋は、顔の中では大きな面積を占める筋肉。目の周囲を丸く囲むように付着しています。目をしっかり閉じる時に使われている筋肉で、眼輪筋が緊張したり、筋疲労を起こしていると、まばたきがし難かったり、まぶたが重く感じることがあります。眼輪筋を緩めることで、「目がパッチリ開けるようになった！」「目が大きくなった！」などの感想をクライアントからもらうケースがあります。また、目尻にカラスの足跡と呼ばれるしわを作るので、緊張をほぐしてしわが残りにくいようにしましょう。

眉毛下制筋は眼輪筋の一部で、境界で分離することができません。

▶眼輪筋（がんりんきん）

【付着】 起始と停止：

眼窩部（がんかぶ） 眼窩内縁の固定部（上顎骨前頭突起、内側眼瞼靭帯）と眼窩周囲の皮膚

眼瞼部（がんけんぶ） 内側眼瞼靭帯に固定、眼瞼の皮膚と瞼板
深部は涙骨後涙嚢稜（るいこつこうるいのうりょう）に固定（涙嚢部（るいのうぶ））

【作用】 目を閉じる、目尻にしわを作る、眼から鼻への涙の排泄を調整する

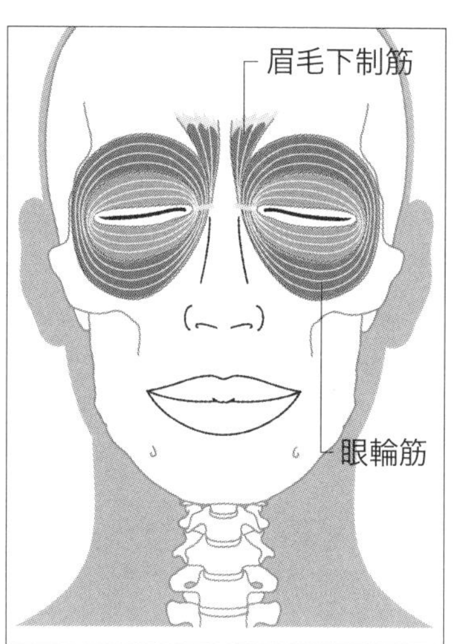

▶眉毛下制筋（びもうかせいきん）

【付着】 起始：眼窩部の内側
停止：眉の内側の皮膚

【作用】 眉毛を内側に引き下げ、鼻根に深い横じわを作る

❹ 側頭筋の三指軽擦

三指（示指、中指、環指）の両手を交互に使い、指腹の接地面を広く密着させて行います。

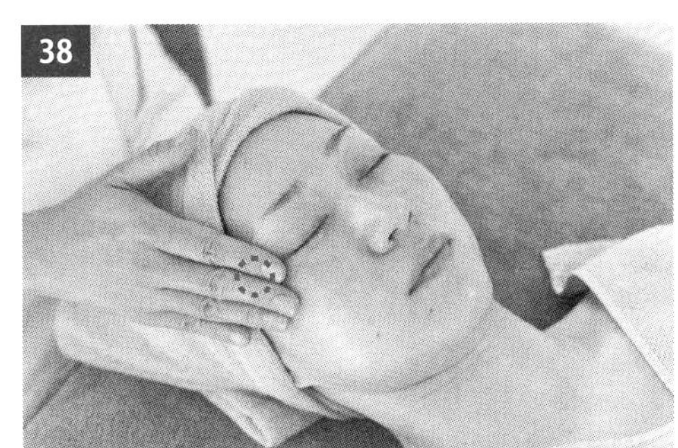

38　右側のこめかみに右手の三指を置き、スタート。

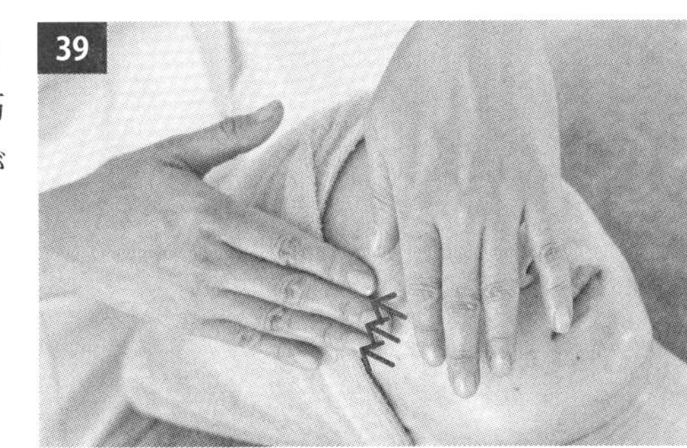

39　三指（示指、中指、環指）でこめかみ部分の側頭筋を軽擦しながら、左手が入る準備。

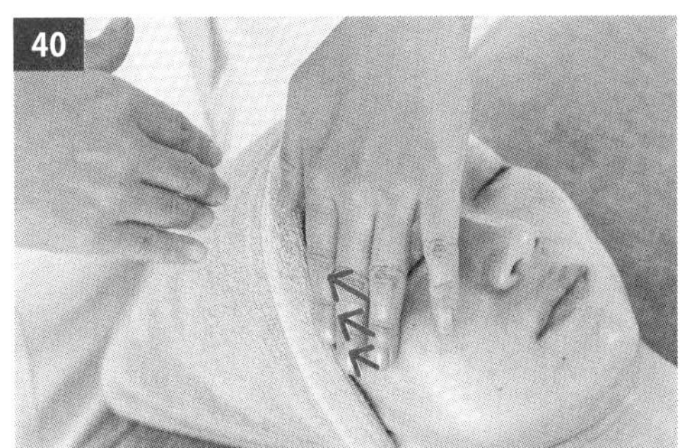

40　右手が抜けると同時に左手が入る。

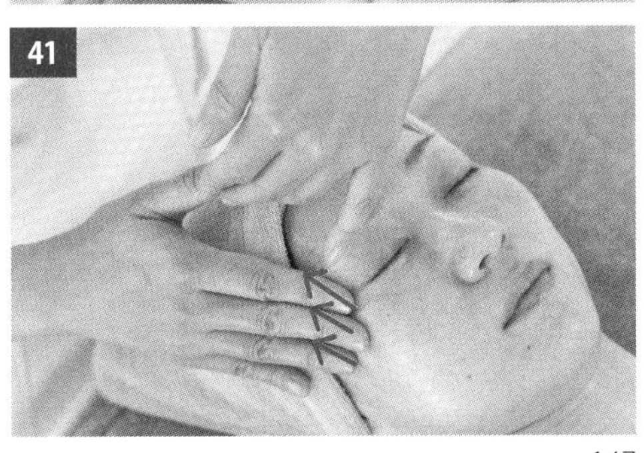

41　左手が抜けると同時に右手が入る。

上記の手順 **38** ～ **41** を繰り返したら、反対側の側頭筋も同様に行う。

42 左側のこめかみに左手の三指を置きスタートし、三指（示指、中指、環指）でこめかみ部分の側頭筋を軽擦しながら、右手が入る準備。

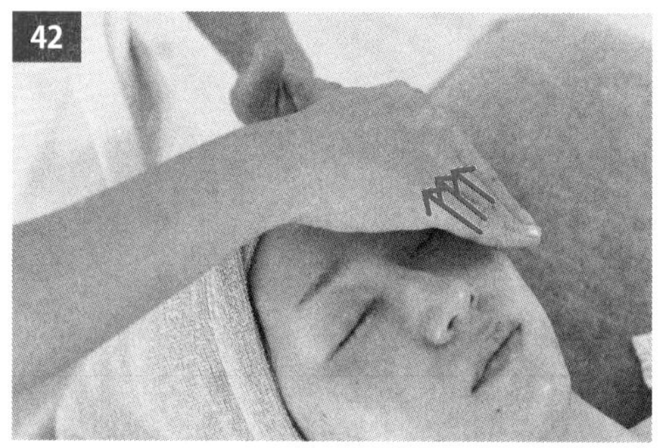

43 左手が抜けると同時に右手が入る。

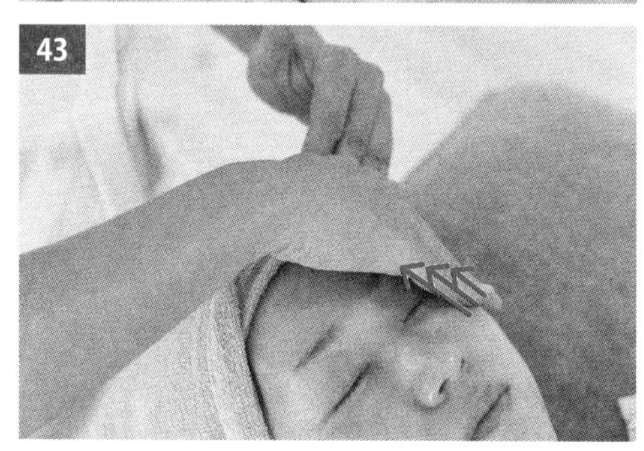

44 右手が抜ける同時に左手が入る。

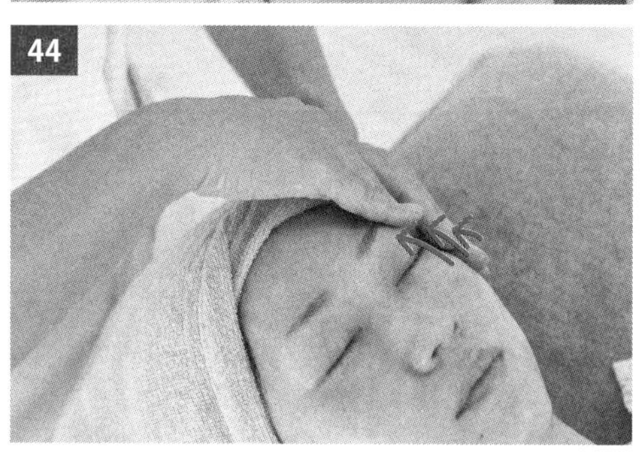

上記の手順 **42** ～ **44** を繰り返す。

側頭筋 のプロフィール

側頭筋は、筋腹が頭蓋の側頭部に位置しているため、ターバンを巻いている時は触れないので、ヘッドマッサージの時に意識しましょう。フェイストリートメントで触れる部分はこめかみの小さな面積となります。

咀嚼筋の一つで、噛む時に下顎骨を引き上げる強大な筋なので、顎の具合がおかしいと訴えるクライアントにはぜひアプローチしましょう。

▶側頭筋（そくとうきん）

【付着】 起始：側頭骨と側頭筋膜
　　　　停止：下顎骨（下顎骨筋突起）
【作用】 下顎を引き上げる

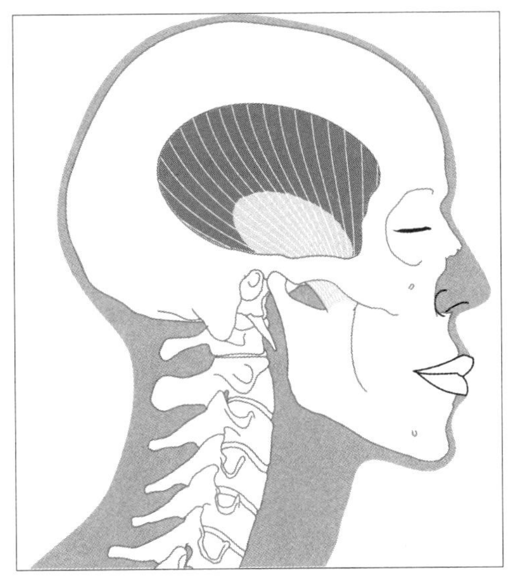

❺ 皺眉筋の一指軽擦

片手は前頭部にサポートし、もう片方の一指（中指）で軽擦を行います。

45 右側の眉の中央部に右手の一指（中指）を置き、左手は前頭部にサポート。

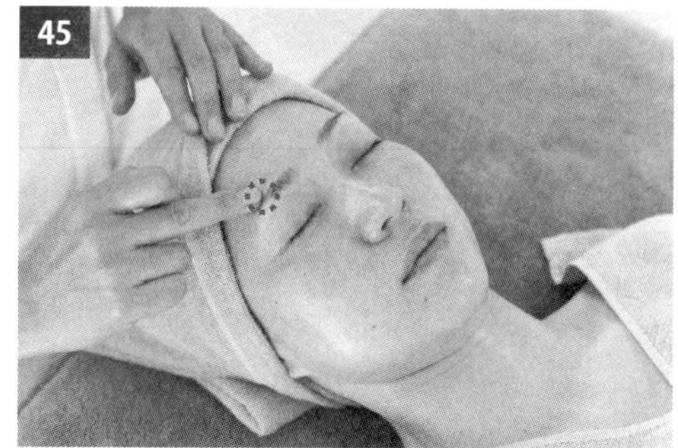

46 反対側の左目の目頭に斜めに向かう。

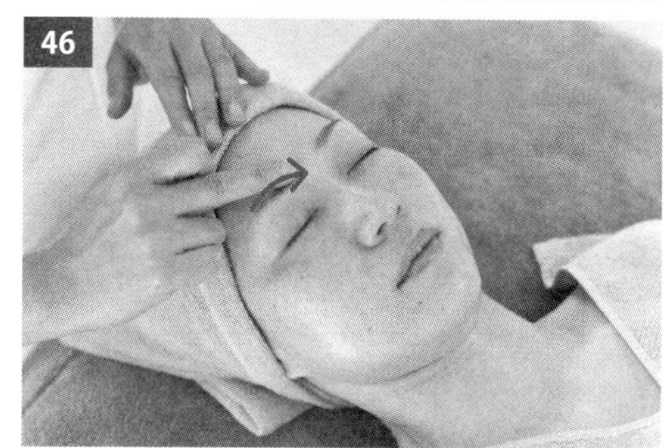

47 左側の目頭のくぼみまでスライド。

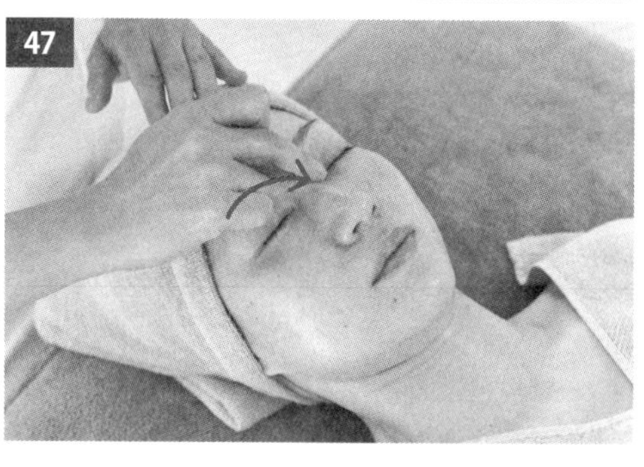

上記の手順 **45** ～ **47** を繰り返す。

48 手を入れ替えて反対側も同様に行う。左側の眉の中央部に左手の一指（中指）を置き、右手は前頭部にサポート。

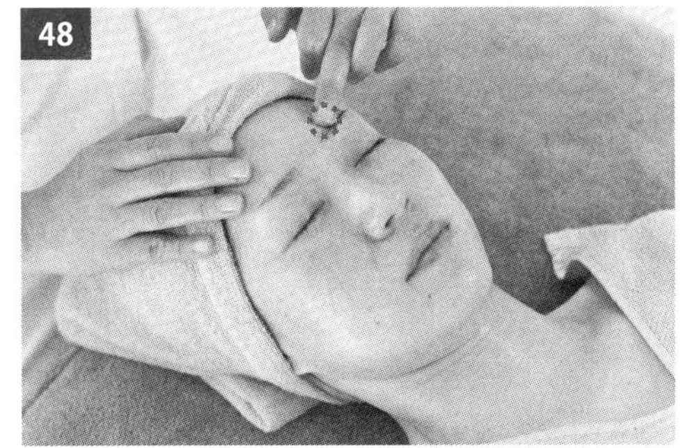

49 反対側の右目の目頭に斜めに向かう。

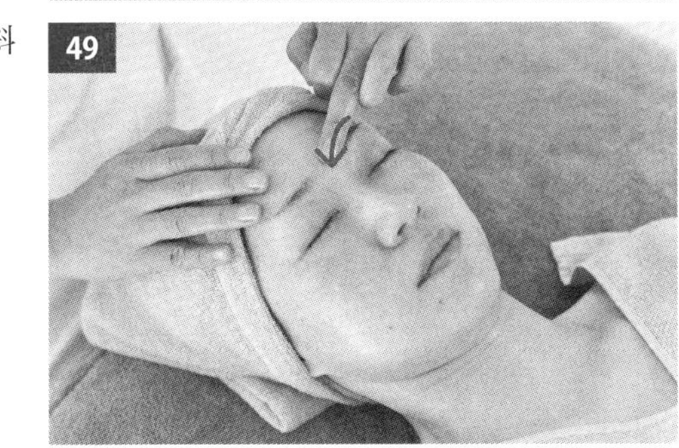

50 右側の目頭のくぼみまでスライド。

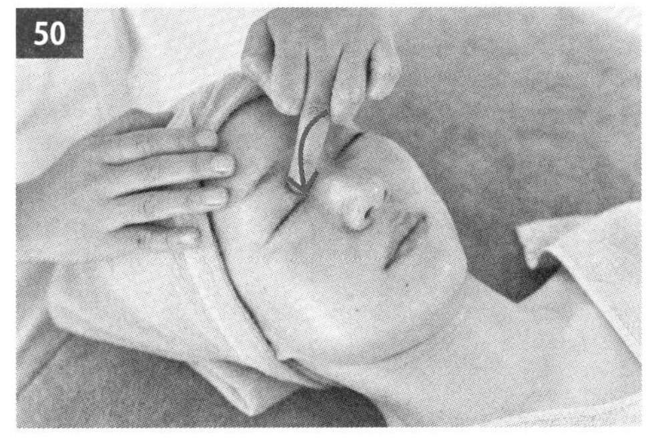

上記の手順 **48** 〜 **50** を繰り返す。

皺眉筋のプロフィール

眼窩の内側には、眉毛下制筋、皺眉筋、眼輪筋、上唇鼻翼挙筋など多くの筋肉があり、互いに深い関係があります。これら全ての筋にアプローチすることができるので、眼窩内側は何度も丁寧に行うと良いでしょう。皺眉筋は、前頭筋にも混入していて、しかめっ面で眉間に力が入ったり、目を細めて見るクセがあると眉間に縦の深いしわを作ります。また皺眉筋の筋量が増えて眉の上にぽっこりと筋肉が浮き出てくることもあります。

▶**皺眉筋**（すうびきん）（または「しゅうびきん」）

【付着】 起始：前頭骨（眉部（びぶ））
停止：眉毛の外側の皮膚（前頭筋の内側を貫く）

【作用】 鼻根部に縦じわを作る

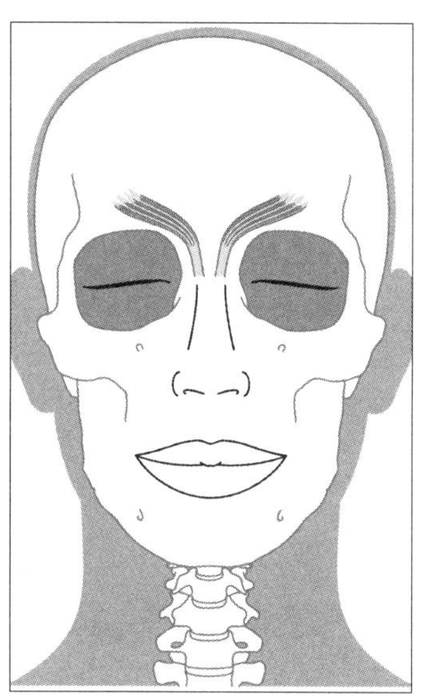

❻ 前頭筋の四指軽擦

四指（示指、中指、環指、小指）の両手を交互に使い、指腹の接地面を広く密着させて行います。額を覆っている前頭筋にアプローチし、額部を往復します。

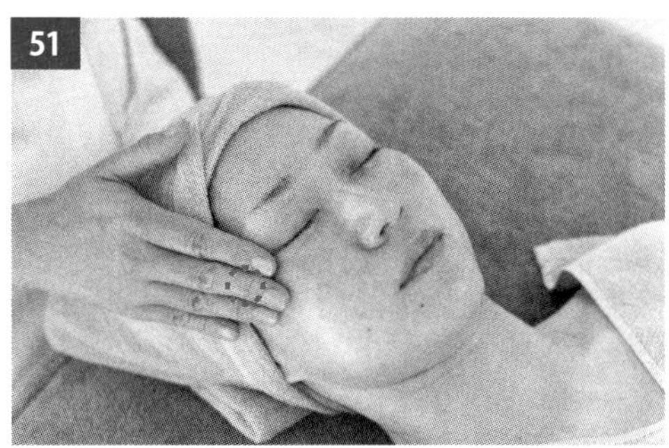

51　右側のこめかみに右手の三指を置き、スタート。

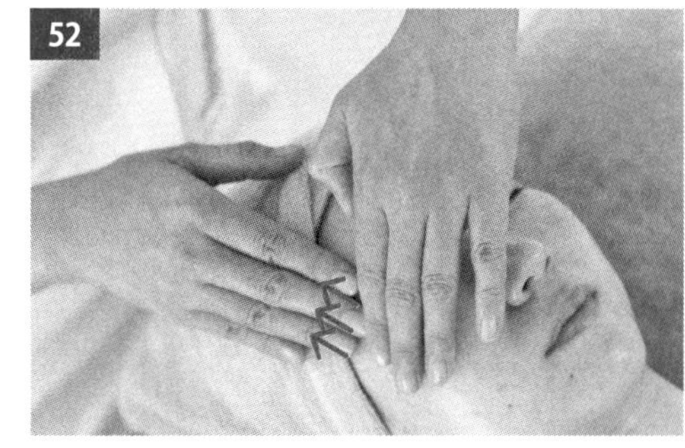

52　三指（示指、中指、環指）または四指（示指、中指、環指、小指）でこめかみ部分の側頭筋を軽擦しながら、左手が入る準備。

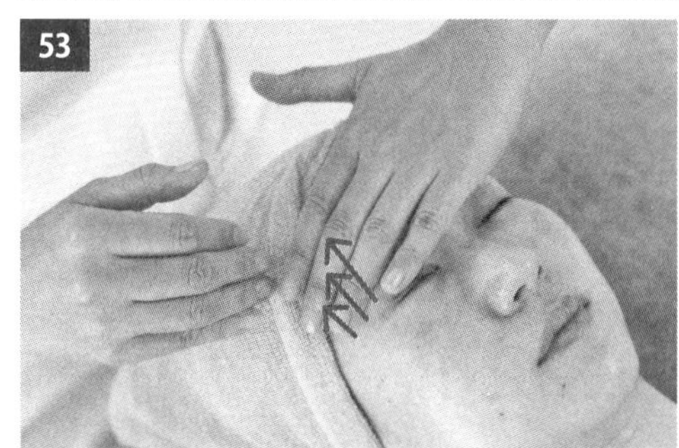

53　右手が抜けると同時に左手が入る。

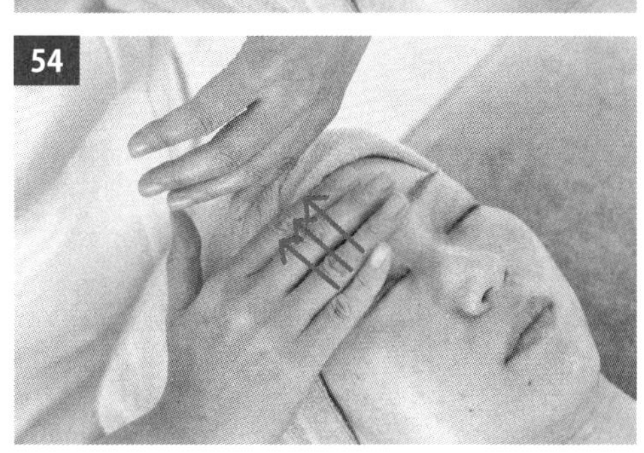

54　左手が抜けると同時に右手が入る。

55 両手交互に入れ替えながら、少しずつ額中央に移動。

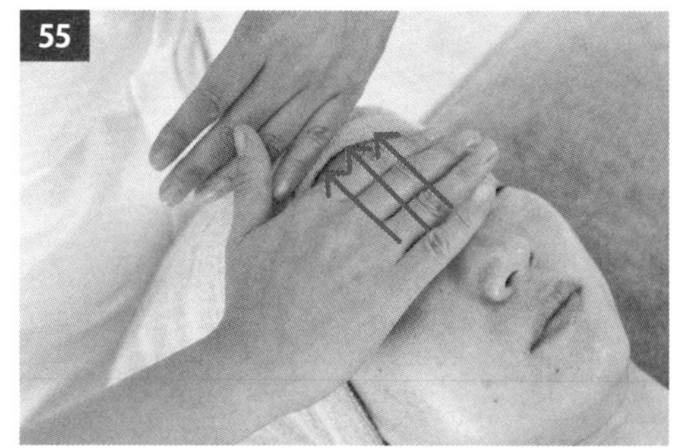

56 手を交互に軽擦しながら移動。

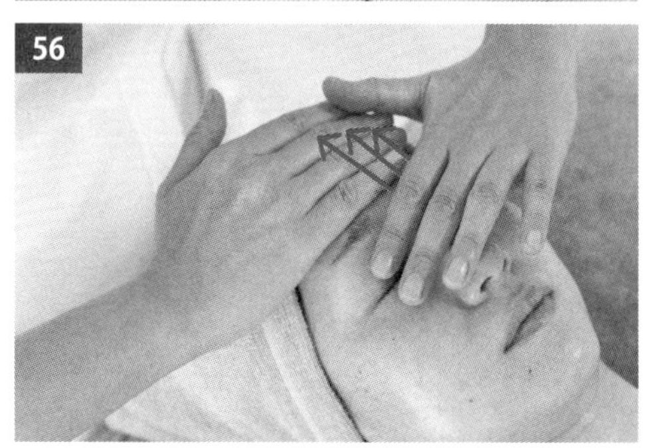

57 さらに少しずつ移動しながら、左半顔に移動。

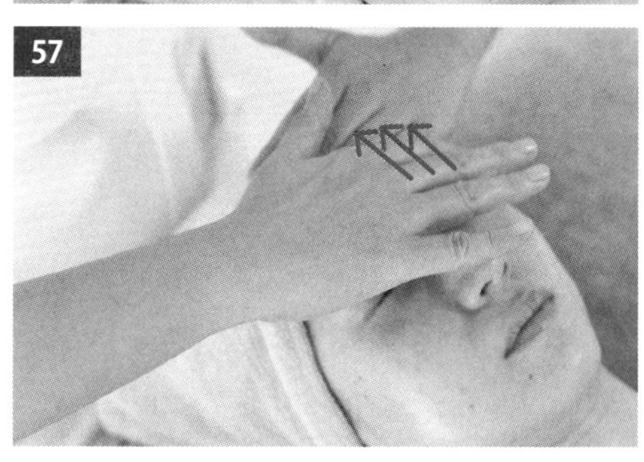

58 手を交互に軽擦しながら移動。

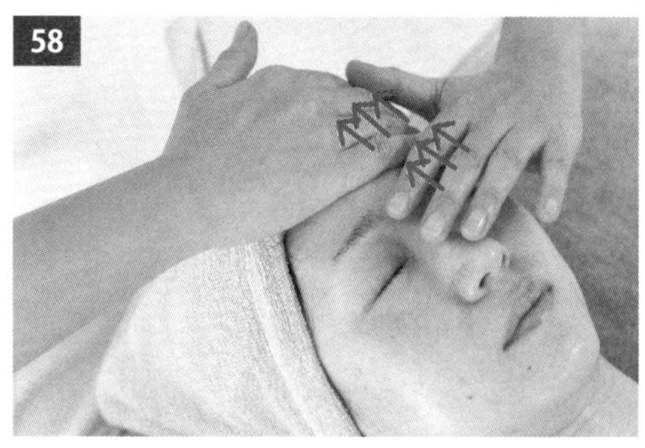

59 さらに少しずつ移動しながら、左側のこめかみに移動。

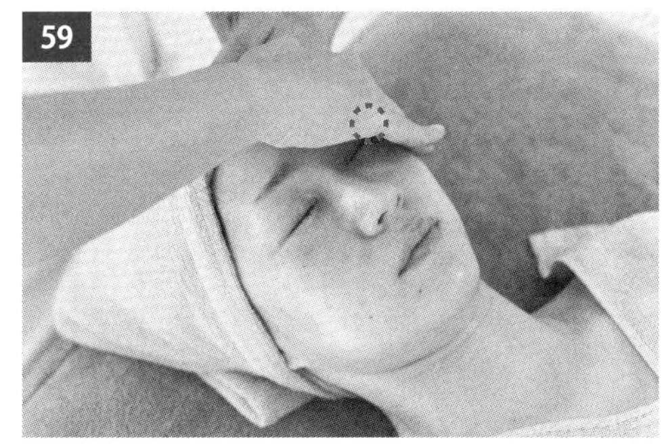

60 右手が抜けると同時に左手が入る。

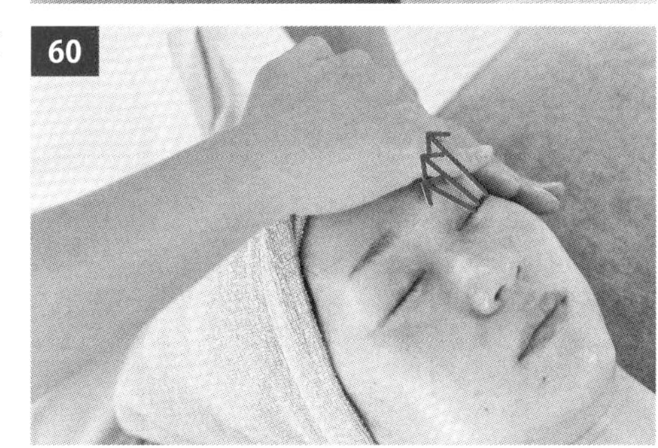

右のこめかみから左のこめかみまで軽擦できたら、左のこめかみから右のこめかみまで前頭筋を戻りながら **60 〜 51** の動きで戻る（前頭筋を往復）。

前頭筋 のプロフィール

前頭筋は凝り固まっていると額に横じわを作ります。さらに、下縁で眼輪筋と密接な関係を持ち、目の周囲の皮膚にも影響しますので、フェイシャルトリートメントで緩めたい筋肉です。帽状腱膜で後頭筋とつながっており、前頭筋、帽状腱膜、後頭筋を一つとして考えると、広い面積を占める筋です。

▶前頭筋（ぜんとうきん）

【付着】 起始：眉部と眉間の皮膚

停止：帽状腱膜

【作用】 額に横じわを作る、眉毛と上眼瞼を引き上げる

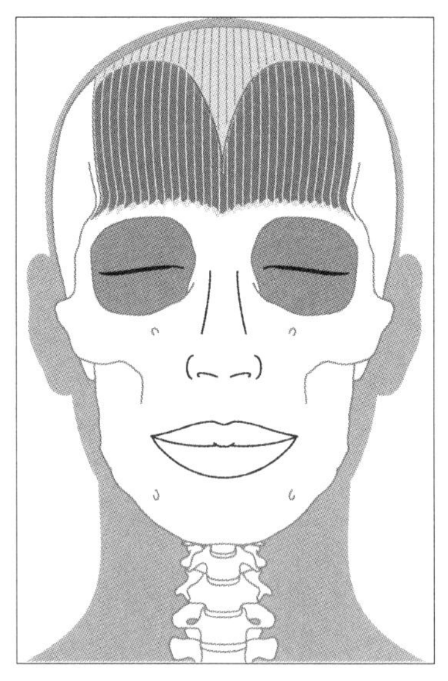

❼ 顔全体のエフルラージュ

第3章の❶（74ページ〜参照）と同様に。
顔の凹凸に合わせて、手掌や指腹全体を密着させて行います。

61 両手を乳様突起に置き、始める。

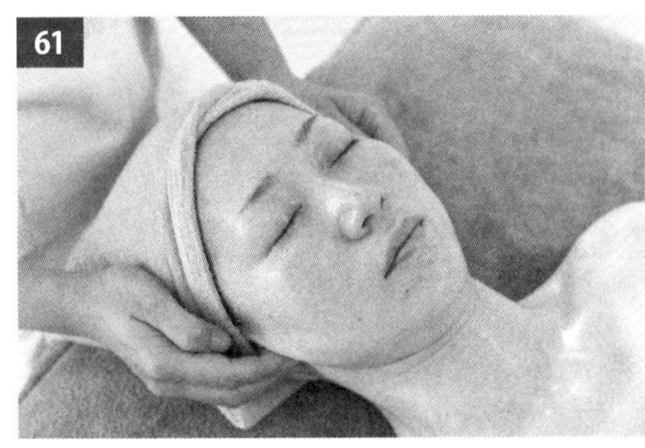

62 示指と中指で下顎骨を挟み顎先から入る。

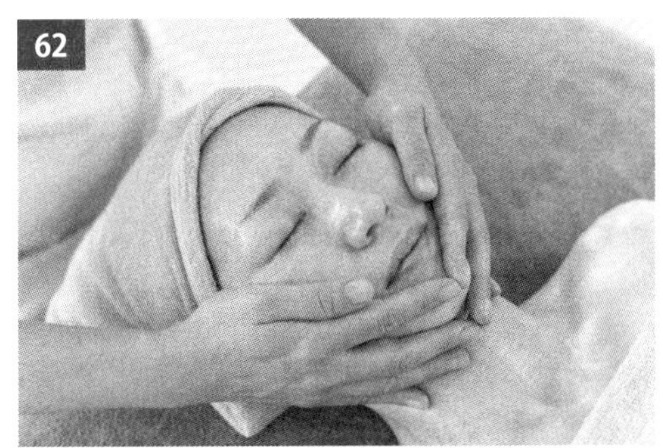

63 両手を下顎骨に沿わせるようにして耳下腺まで移動。

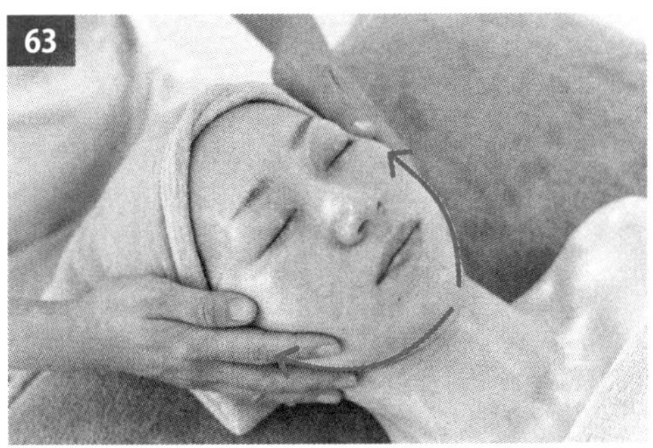

64 母指の背部を耳たぶの辺りに滑らせながら折り返す。

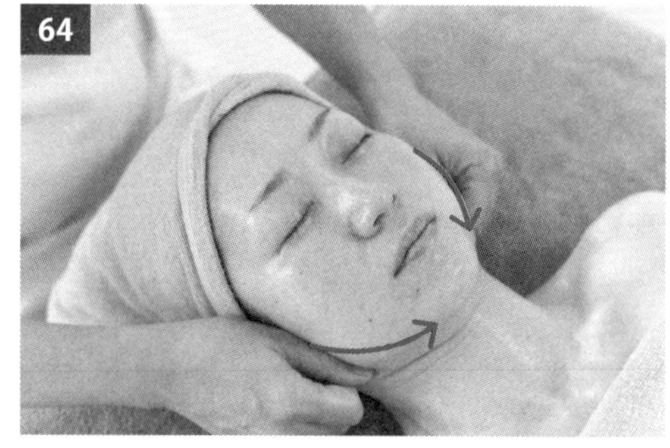

65 顎先まで戻る。

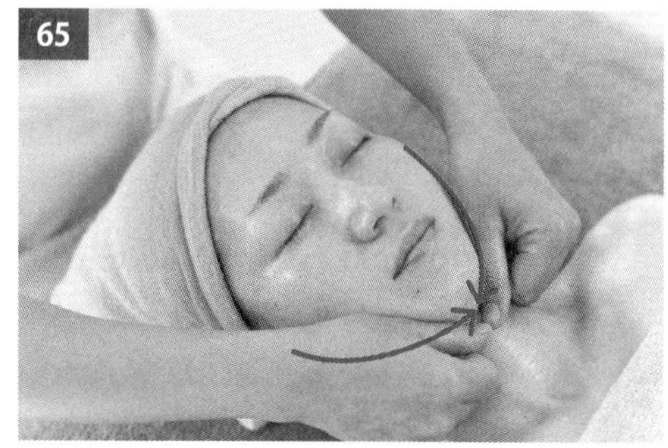

66 四指でほうれい線に沿って小鼻の脇まで移動。

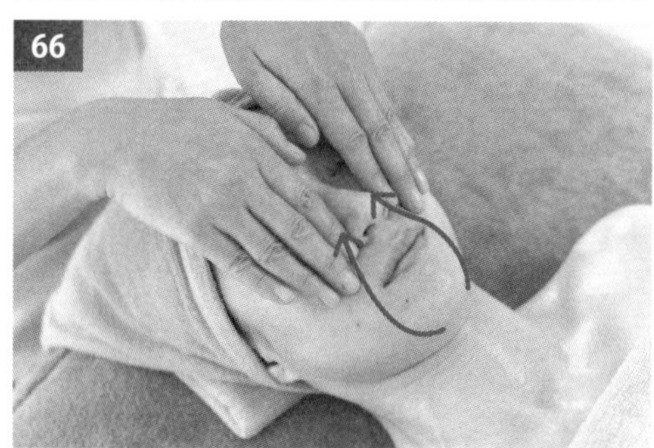

67 骨に沿ってエフルラージュ。

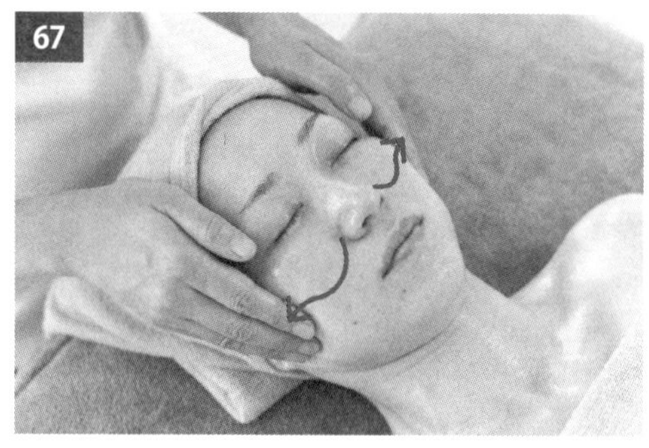

68　頬骨弓の端まで移動。

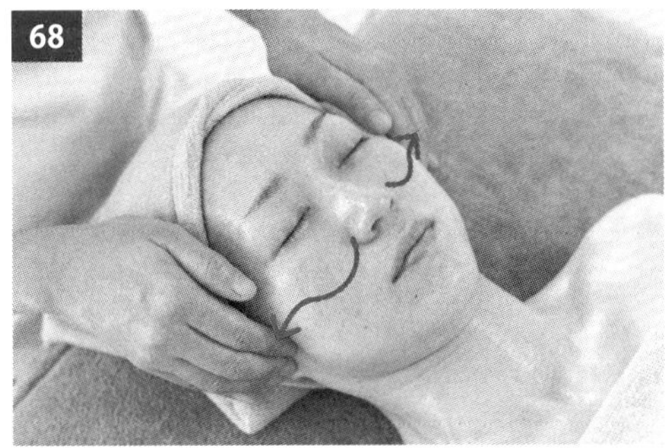

69　母指の背部を耳たぶの辺りに滑らせながら顎先へ。

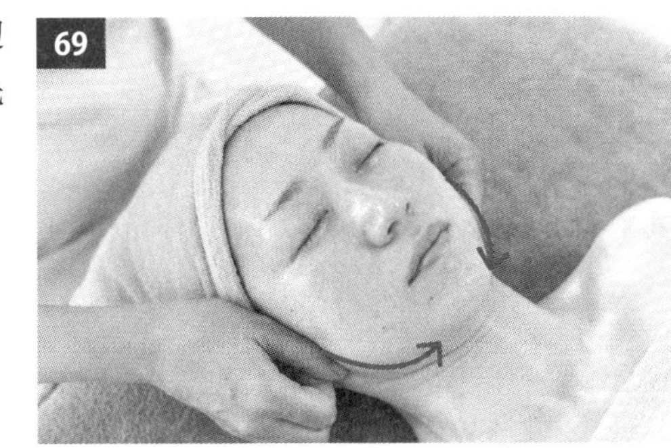

70　顎先まで戻る。

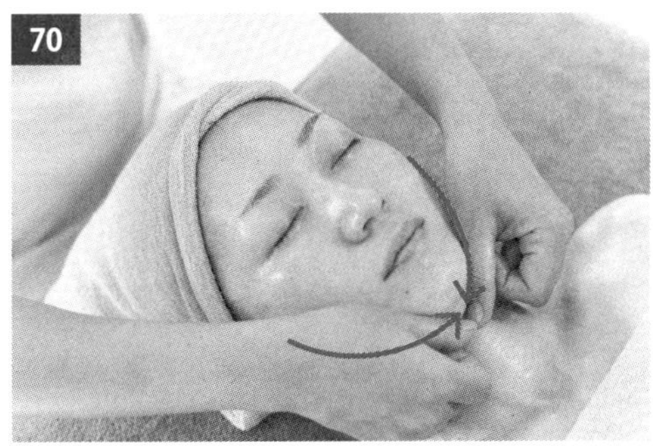

71　四指でほうれい線を通る。

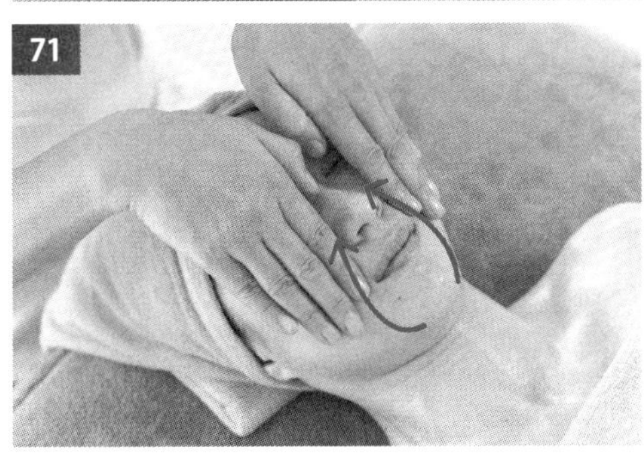

72 鼻の横を通る。

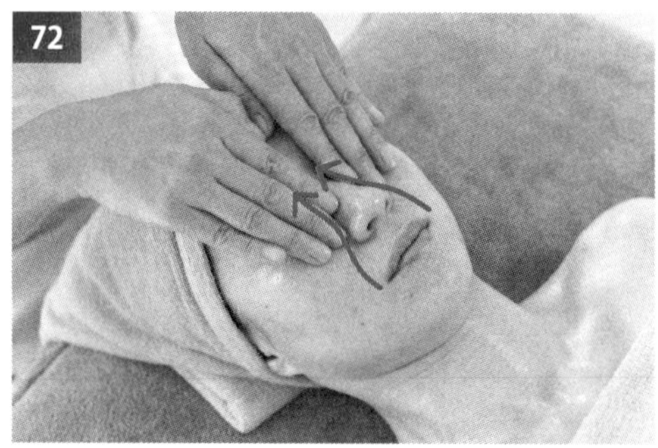

73 目頭のくぼみを通る。

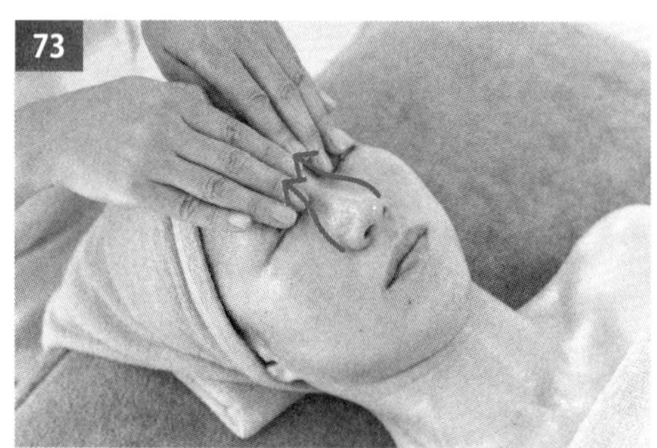

74 額まで移動。

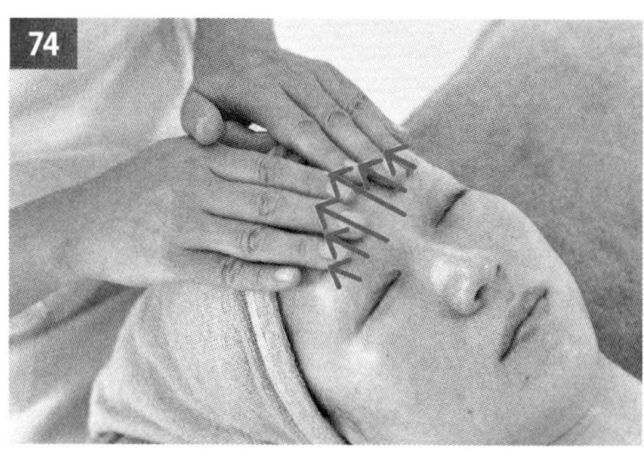

75 両手を左右にこめかみまでスライド。

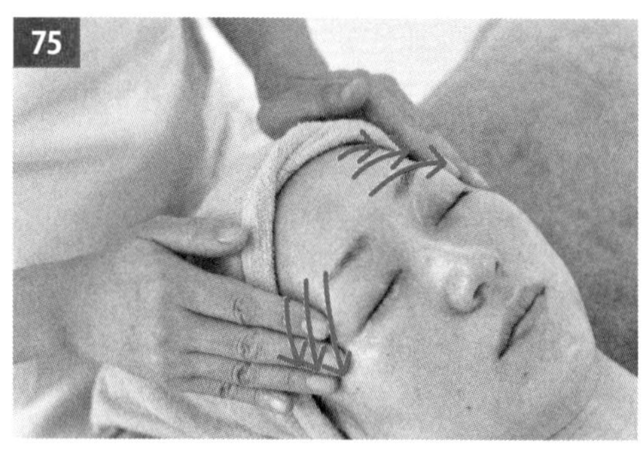

76　こめかみを通る。

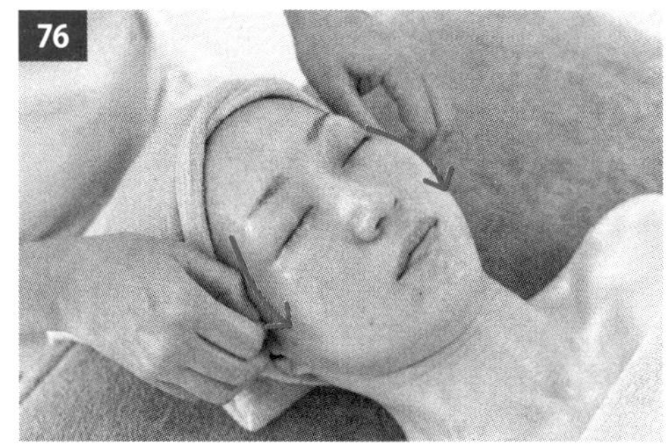

77　顎先まで戻る。

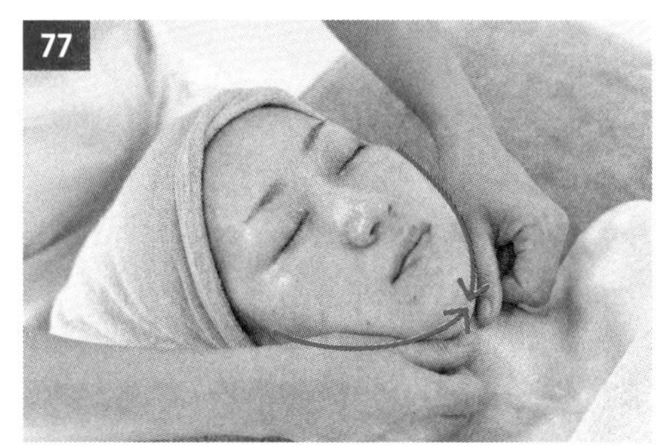

上記の手順 **61** ～ **77** を繰り返す。

第6章

スキンアップ（整肌）

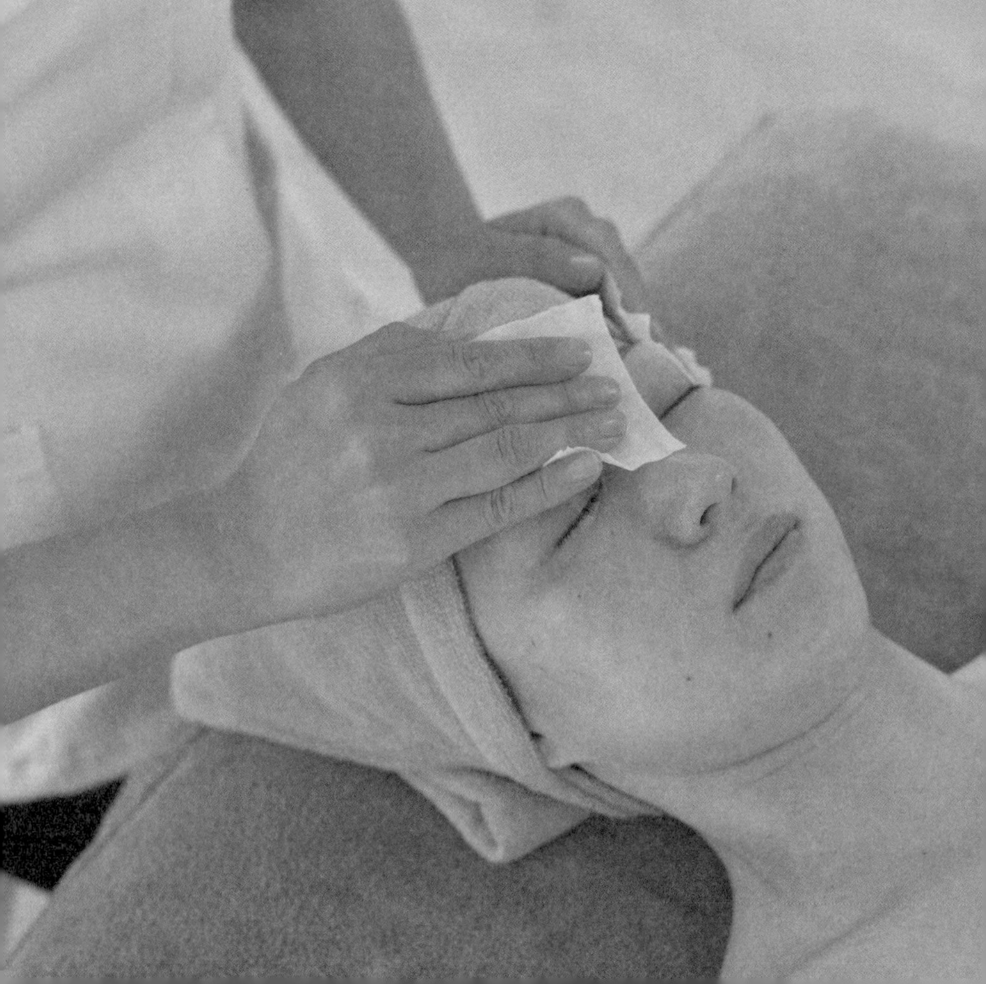

Process
①
化粧水の塗布
②
美容液（セラム）と
クリームの塗布
③
ティッシュオフ

❶ 化粧水の塗布

肌を整えるためのスキンアップを行います。基礎化粧品の「化粧水」「美容液（セラム）」「クリーム」を塗布していきます。

01 コットン２枚に化粧水を含ませる。

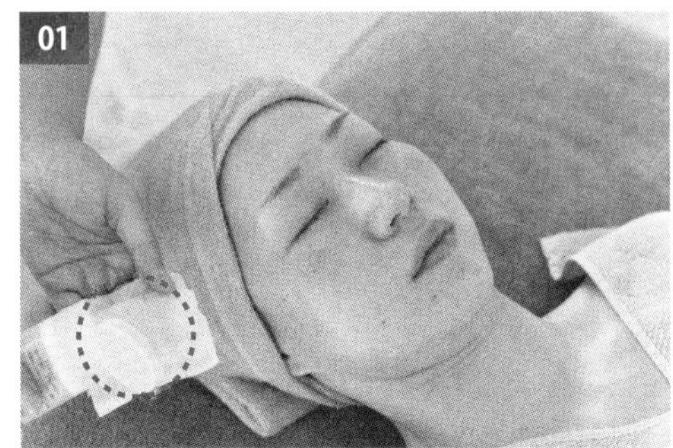

02 両手で持ち、乳様突起に軽く触れて始める。

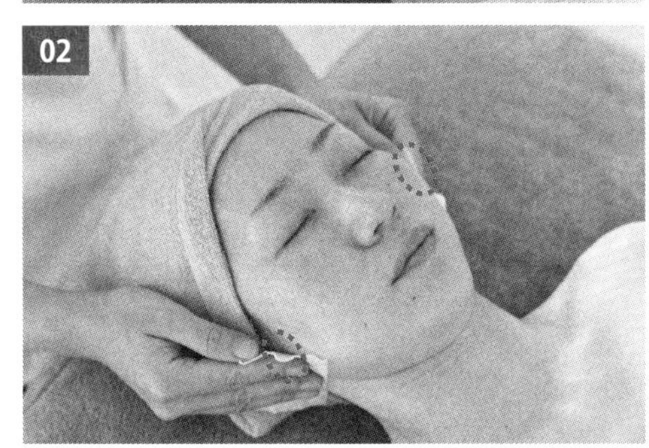

03 首を４ラインで塗布していく。１ライン目は、片手（写真は左手）は乳様突起にあてたまま、もう片方の手（写真は右手）で首中央部を鎖骨から顎先まで塗布する。

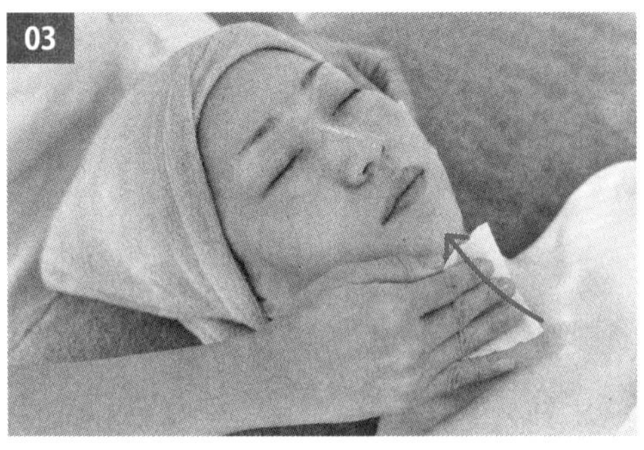

04　２ライン目は、両手同時に１ライン目からやや外側を鎖骨から下顎骨まで塗布する。

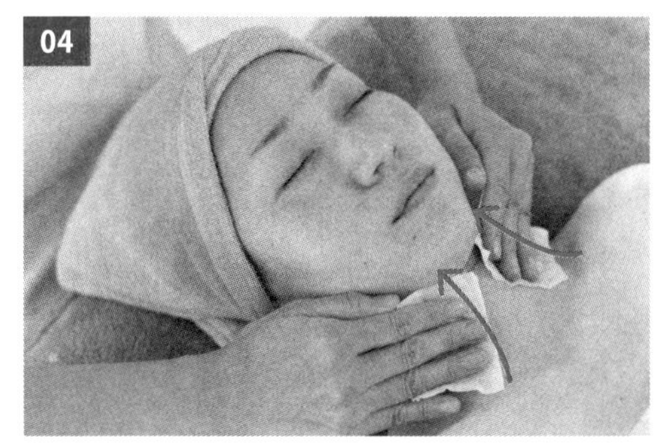

05　３ライン目は、両手同時に２ライン目からやや外側を鎖骨から下顎骨まで塗布する。

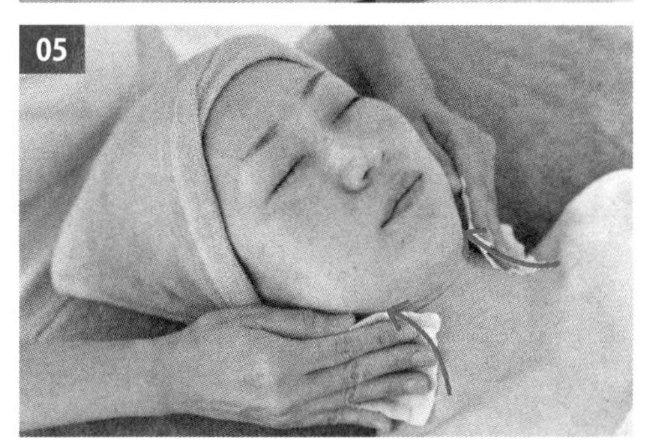

06　４ライン目は、両手同時に３ライン目からやや外側を鎖骨から乳様突起まで塗布する。

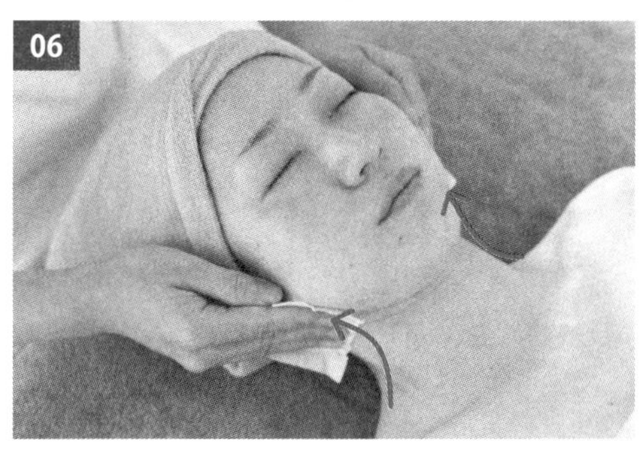

07　片手（写真は左手）は乳様突起にあてたまま、もう片方の手（写真は右手）で、顎の裏を顎先から乳様突起まで塗布する。

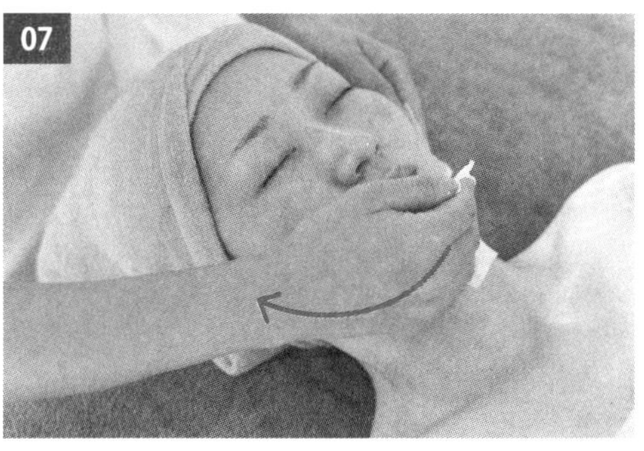

08 反対の手（写真は左手）で、顎裏を顎先から乳様突起まで塗布する。両手交互に使い、手順 **07**、**08** を何度か繰り返す。

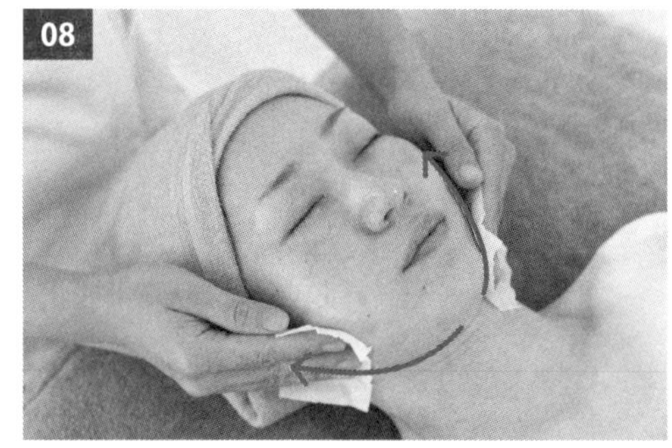

09 顎先（オトガイ部）に右手と左手を交互に使い塗布する。

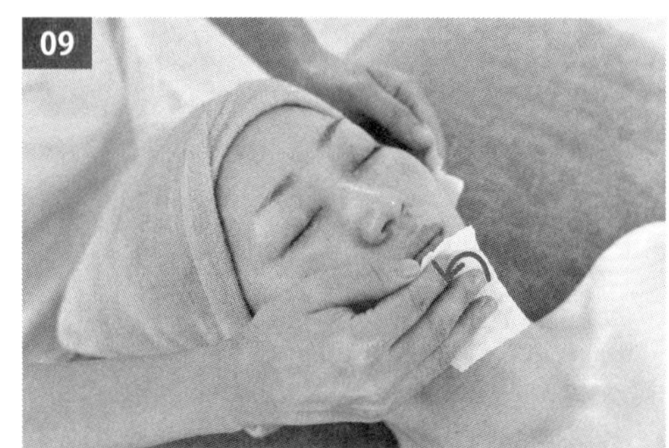

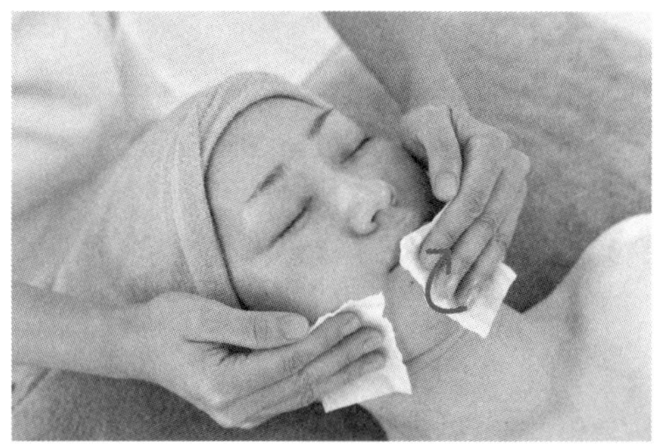

10 頬を４ラインで塗布していく。１ライン目は顎先からこめかみまでのフェイスラインに両手を同時に使い塗布する。

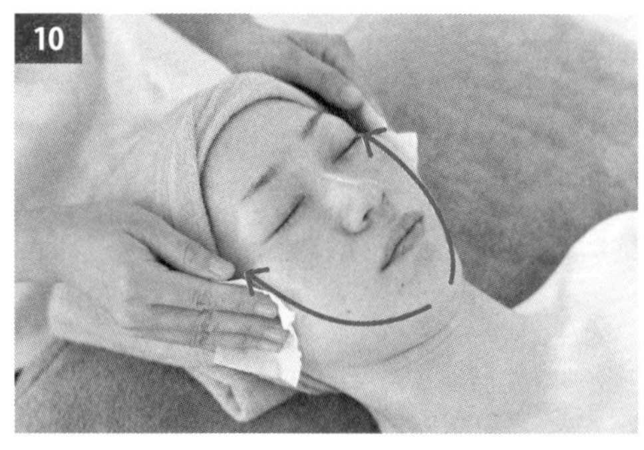

11　2ライン目は、口角からこめかみに両手を同時に使い塗布する。

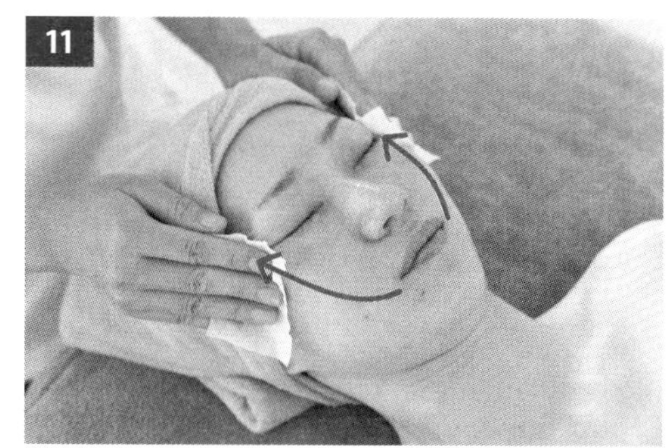

12　3ライン目は、小鼻の脇からこめかみに両手を同時に使い塗布する。

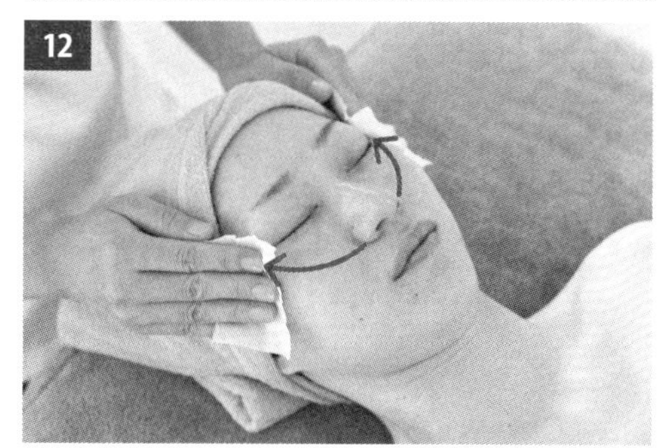

13　4ライン目は、目の下の目頭部分からこめかみに両手を同時に使い塗布する。

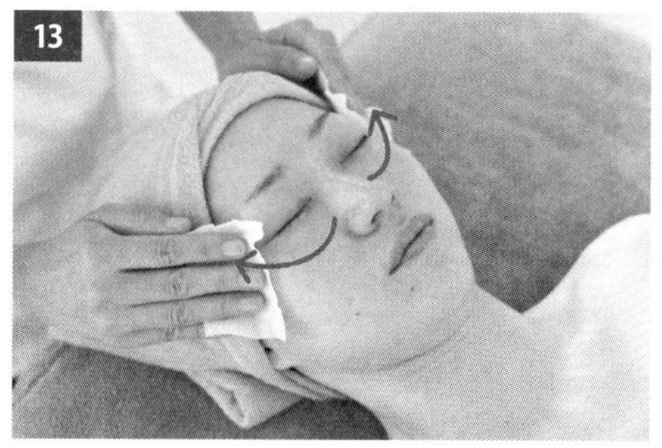

14　片手はこめかみにあてたままで（写真は左手）、もう片方の手（写真は右手）の中指一本で、左の鼻の側面から鼻根部まで塗布する。

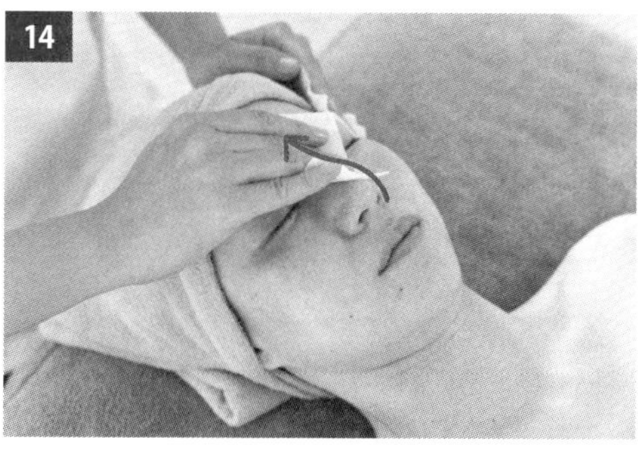

15 左手はそのままで、右手で鼻の鼻背部（中央）を塗布する。

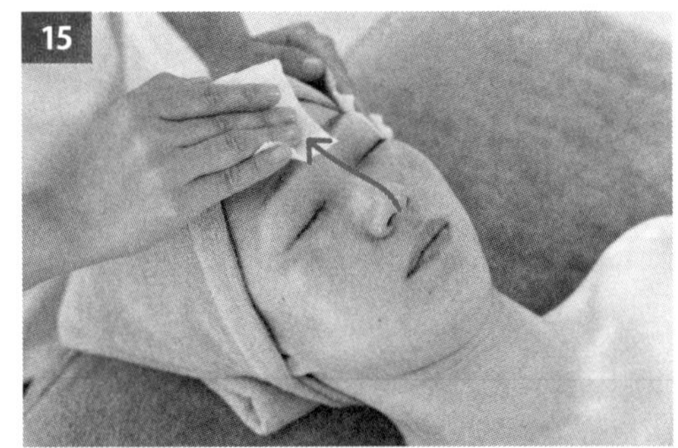

16 左手はそのままで、右手で鼻の右側面を鼻根部まで塗布する。

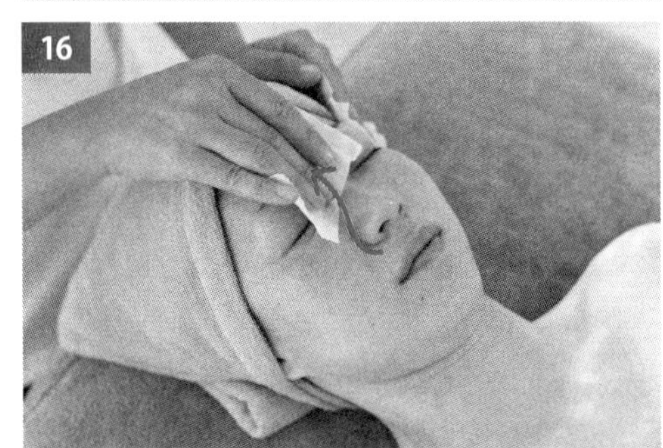

17 鼻の下を右手と左手を交互に使い塗布する。

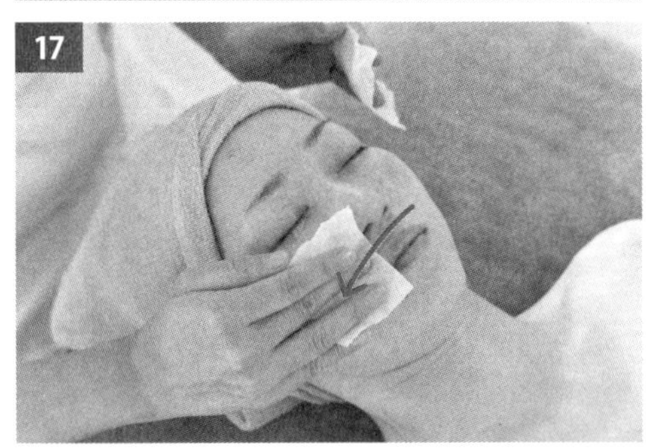

18 左手で鼻の下を塗布する。

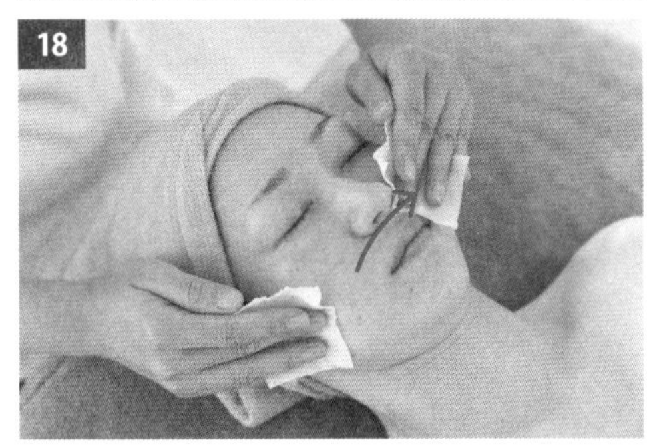

19 両手同時に鼻背部から額へ塗布する。

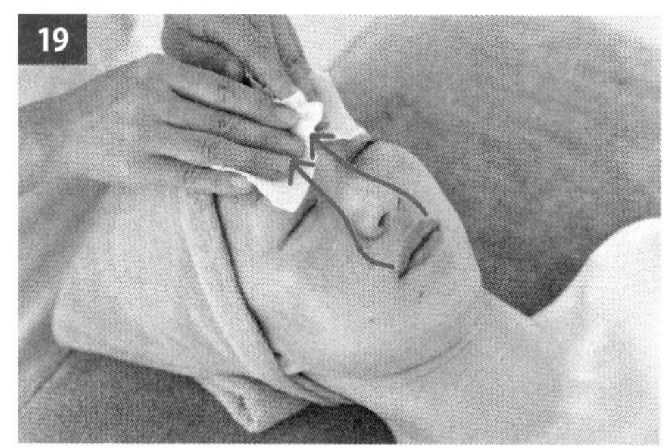

20 額は、両手を同時に使い２から３ラインで塗布する。１ライン目は眉毛のすぐ上辺りを額中央部からこめかみまで塗布する。

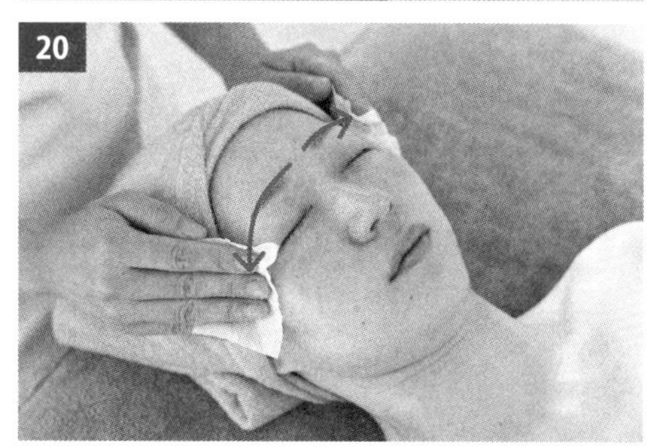

21 ２ライン目は１ライン目よりも少し上（頭頂側）を額中央部からこめかみまで塗布する。

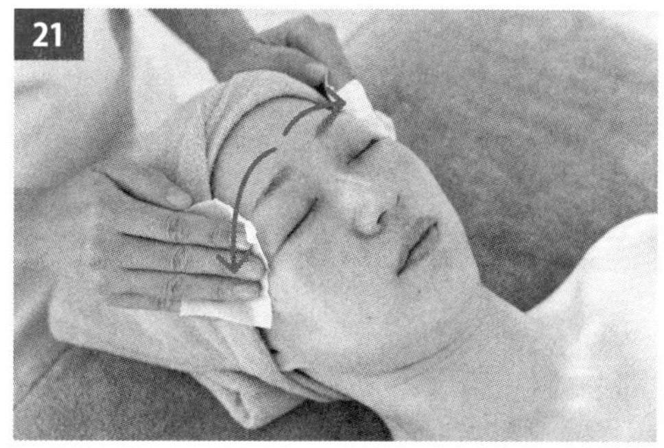

22 ３ライン目はターバンギリギリのラインを額中央部からこめかみまで塗布する。

注）スキンアップの時点では綺麗な肌に塗布していくので、コットンを取り替えたり、ひっくり返したりしないで行う。

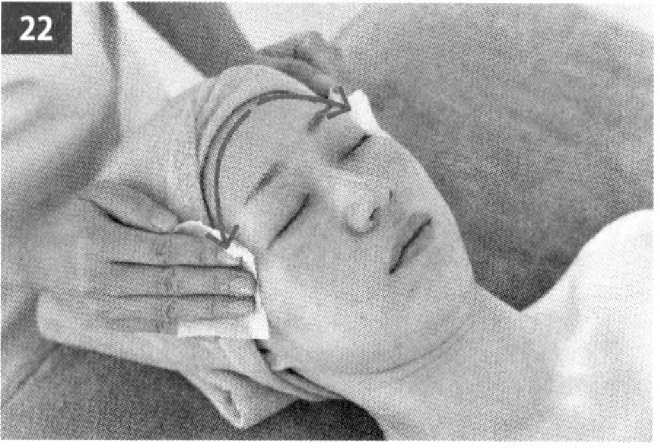

❷ 美容液（セラム）とクリームの塗布

美容液（セラム）やクリームの塗布のやり方は同じです。以下の工程を粧材ごと（美容液、クリームまたは乳液、日焼け止めクリームなど）に行いましょう。美容液やクリームの塗布の順番は、使用するコスメメーカーによって異なることがあります。順番についてはメーカーの指示に従ってください。

23 片手（写真は左手）の手のひら中央部に美容液を取る。

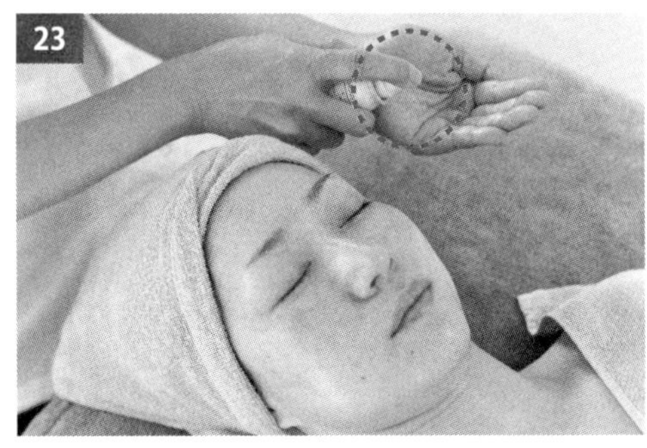

24 もう片方の手（写真は右手）の中指で顔の上に10カ所（顎先、左右の頬に2カ所ずつ、左右のこめかみ、鼻先、額に2カ所）、美容液を置く。

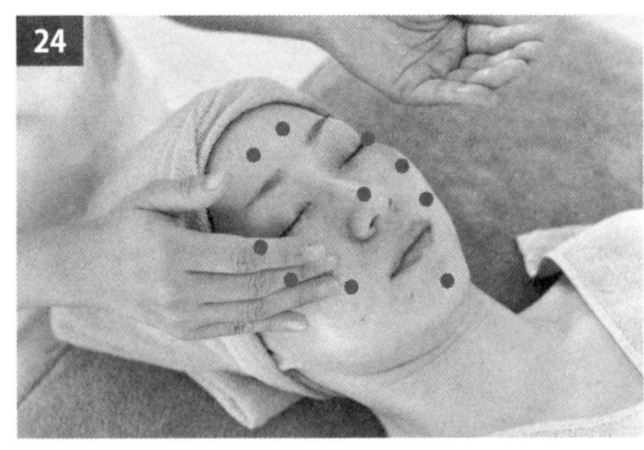

25 頬を4ラインで塗り広げていく。1ライン目は顎先からこめかみまでのフェイスラインに両手を交互に使い塗布する。片手が入る（写真は右手）。

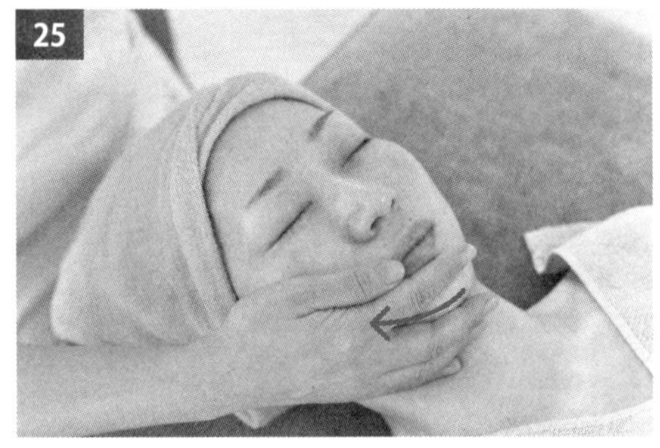

26 塗布している手が離れる前に、もう片方の手が入る（写真は左手）。

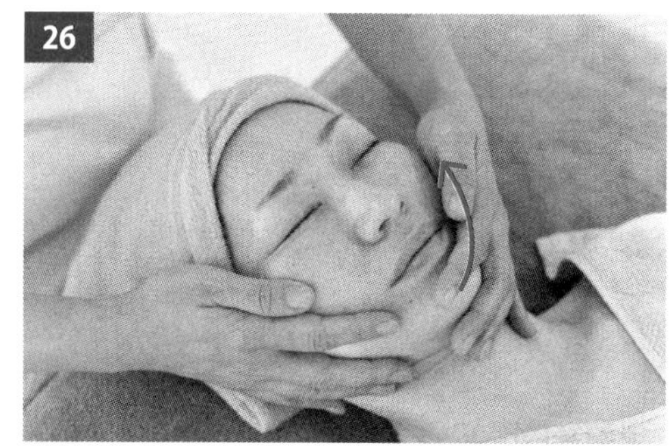

27 ２ライン目は唇を示指と中指で挟むように塗布する。片手が入る（写真は右手）。

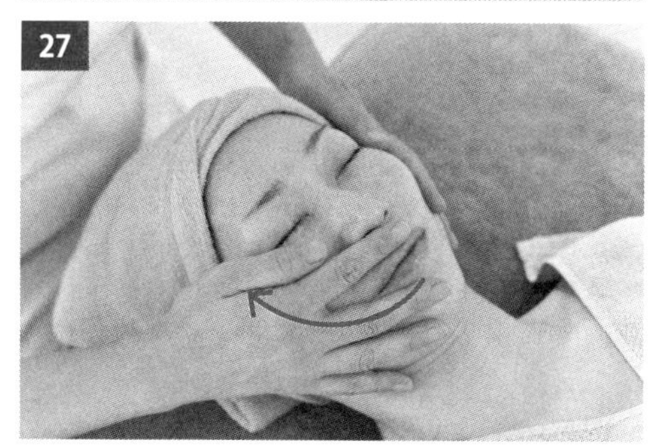

28 塗布している手が離れる前に、もう片方の手が入る（写真は左手）。

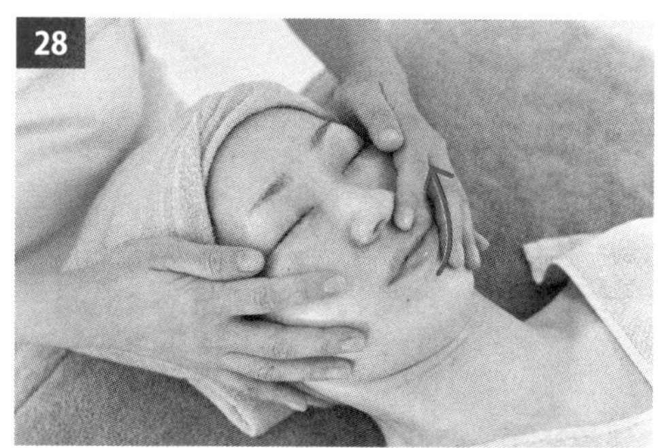

29 ３ライン目を口角からこめかみまで両手で塗布。

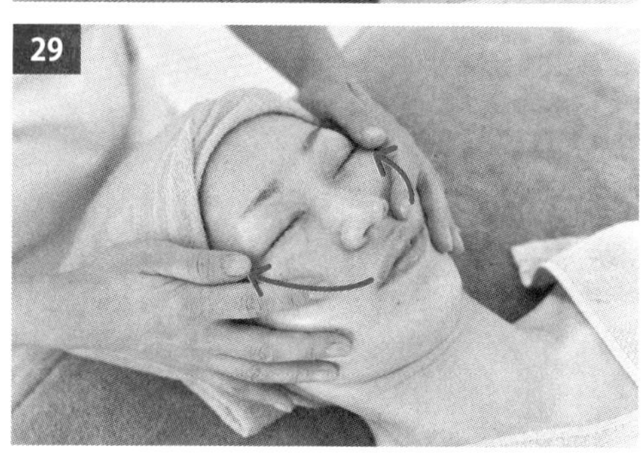

30　4ライン目は小鼻の脇からこめかみに両手を同時に使い塗布する。

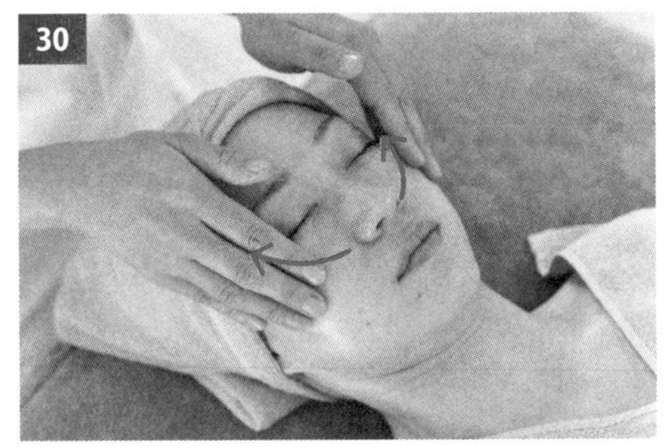

31　小鼻は中指を交互に使い塗り広げる。

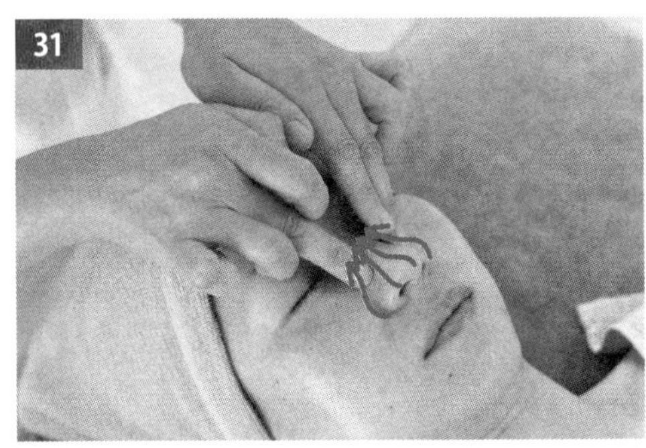

32　両手を交互に使い鼻背部に塗り広げる。

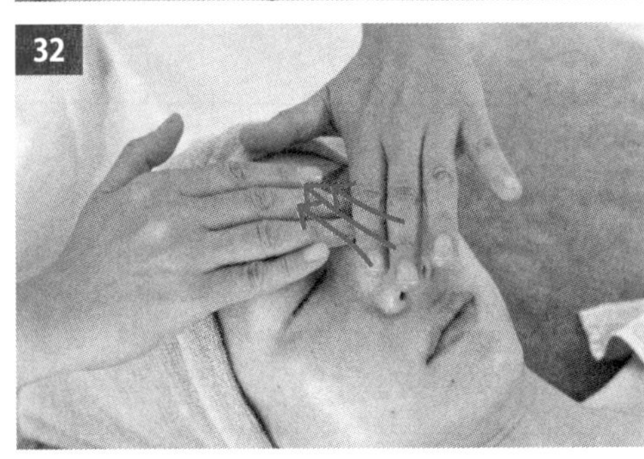

33　額は、両手を同時に使い2から3ラインで塗布する。1ライン目は眉毛のすぐ上辺りを額中央部からこめかみまで塗り広げる。

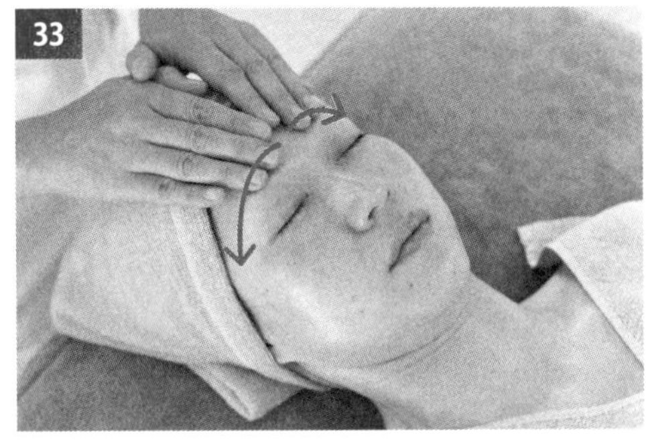

34　２ライン目、３ライン目も額中央部からこめかみまで塗り広げる。

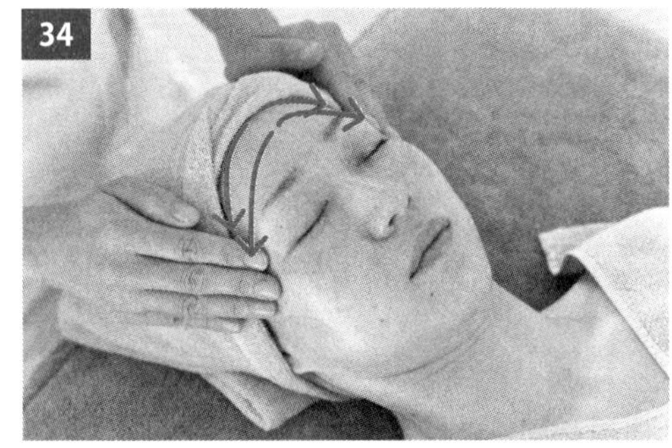

35　こめかみに置いた溶材を目の周りに塗布。片手は頭部にサポートし、右手の中指で左目の目尻に塗り込む。小じわなどがある場合には、その部分に塗ると良い。

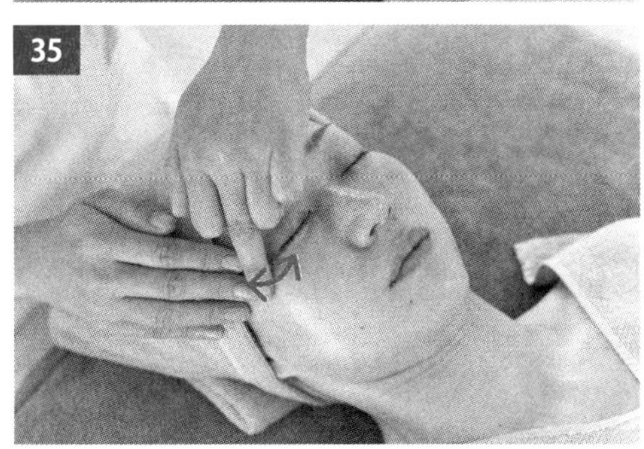

36　右手中指で目の下側から上側に向かうように１周する。これを溶材が入り込むまで繰り返して塗り込む。

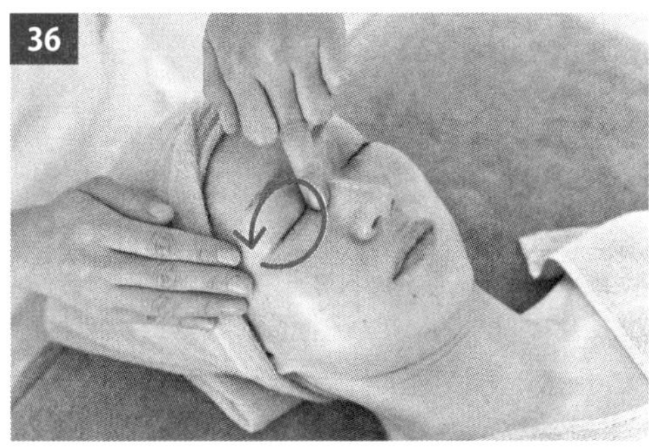

37 反対側も同様に行う。サポートしていた手を入れ替える。右手でサポートして左手の中指で右目の目尻に塗り込む。小じわなどがある場合には、その部分に塗ると良い。

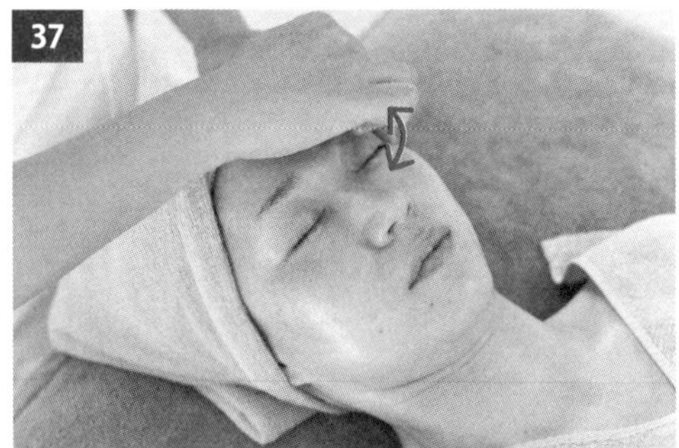

38 左手中指で目の下側から上側に向かうように1周する。これを溶材が入り込むまで繰り返して塗り込む。

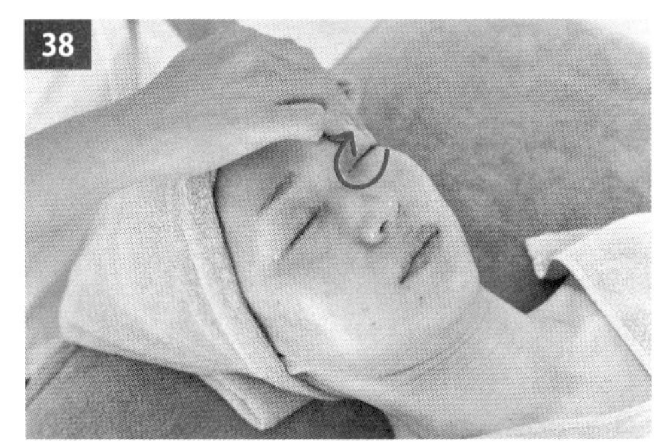

39 両手で鼻根部の辺りから額に向かい、顔の側面を通って顎先に向かう。

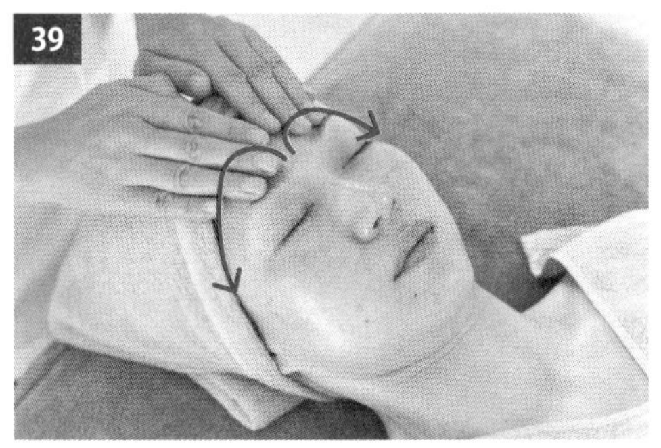

40 顎先から両手同時に乳様突起に向かう。

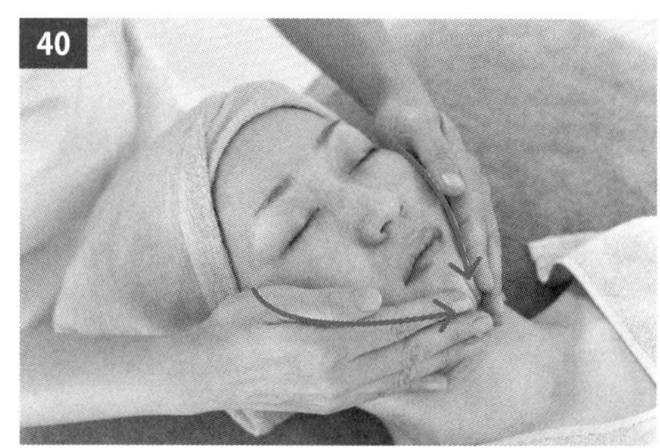

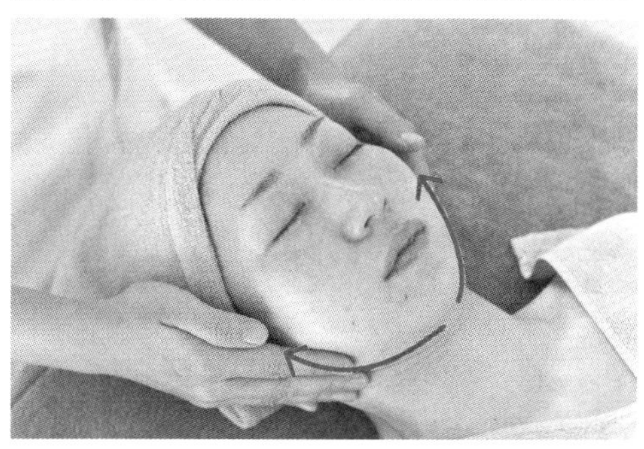

41 乳様突起を数秒押圧して、ゆっくりと手を離す。

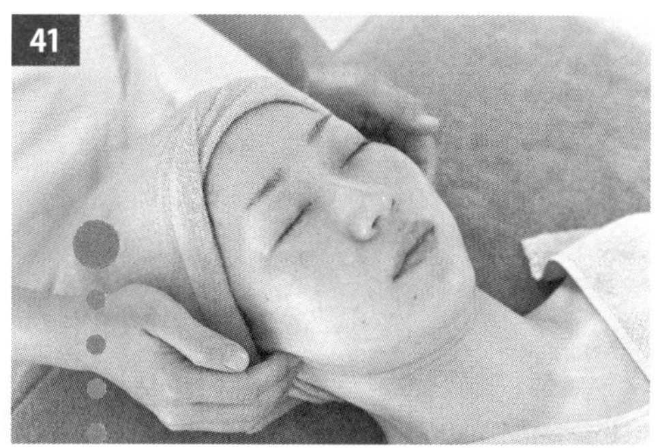

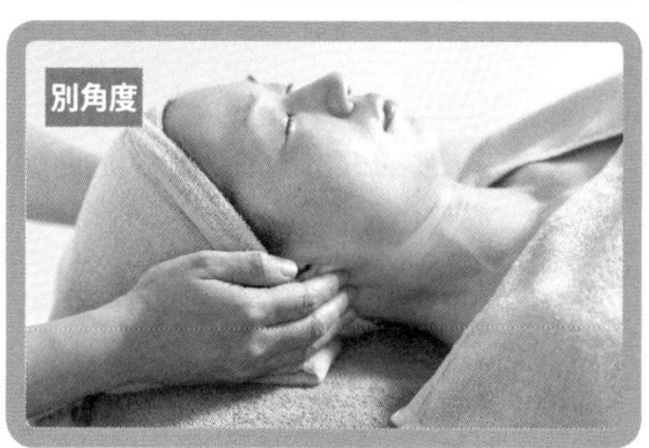

❸ ティッシュオフ

42 ティッシュを半分（三角形）に折り、右半顔に置く。

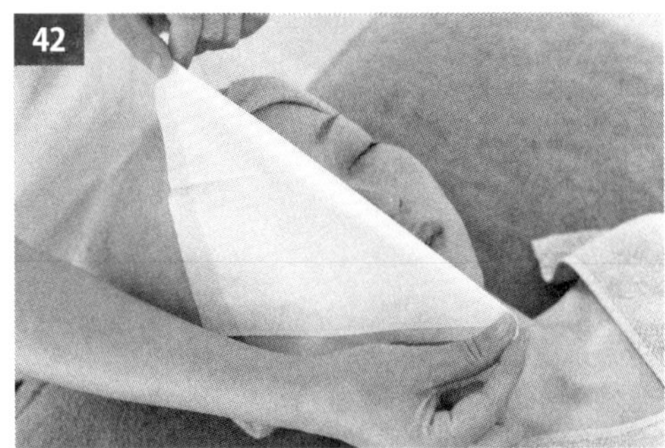

43 右手で右目頭のくぼみに溜まった溶材を軽くプッシュしてティッシュオフする。

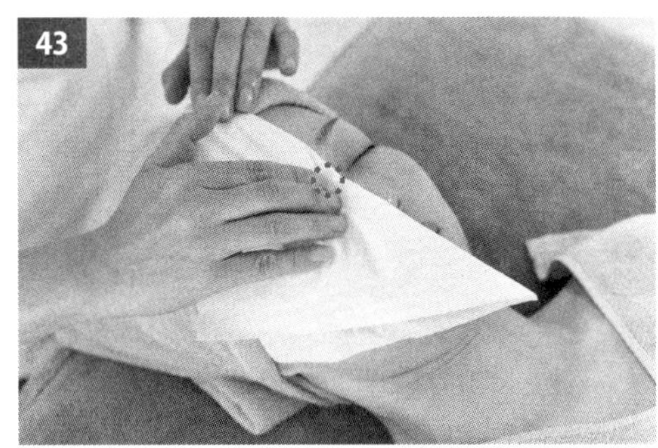

44 右手で右の小鼻の脇に溜まった溶材を軽くプッシュしてティッシュオフする。

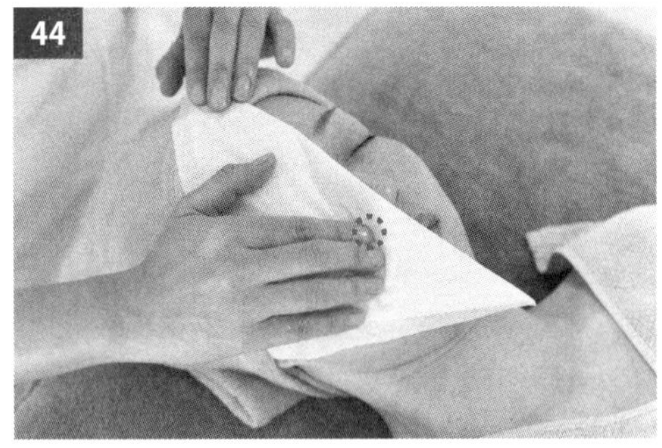

45 右手の示指と中指で、唇の上下のくぼみに溜まった溶材を軽くプッシュしてティッシュオフする。

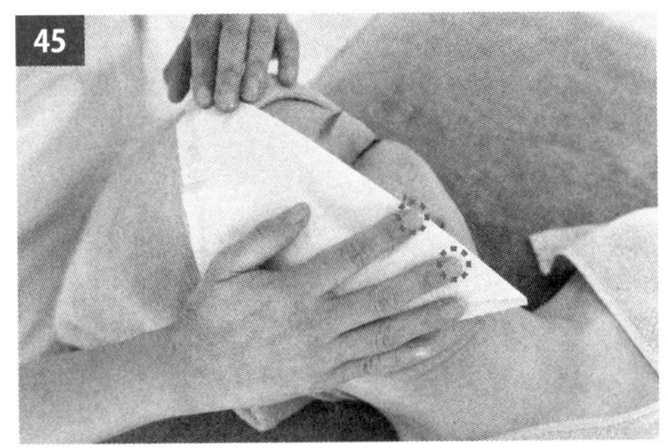

46 右手の四指を使い、額から顎先に向かって右顔全体を軽擦するようにしてティッシュオフする。

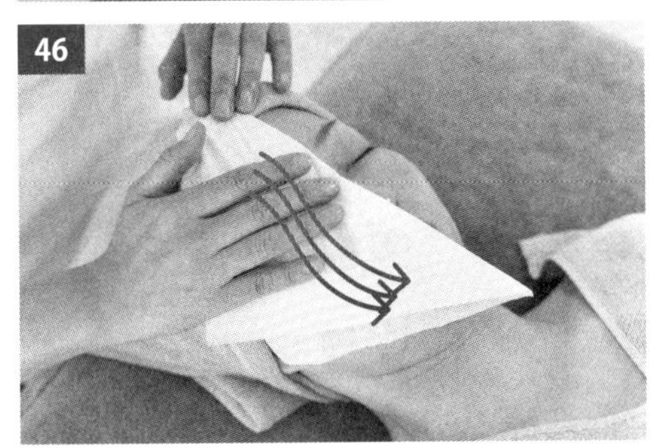

47 右手で頭頂のティッシュを押さえ、左手で顎先のティッシュを持つ。

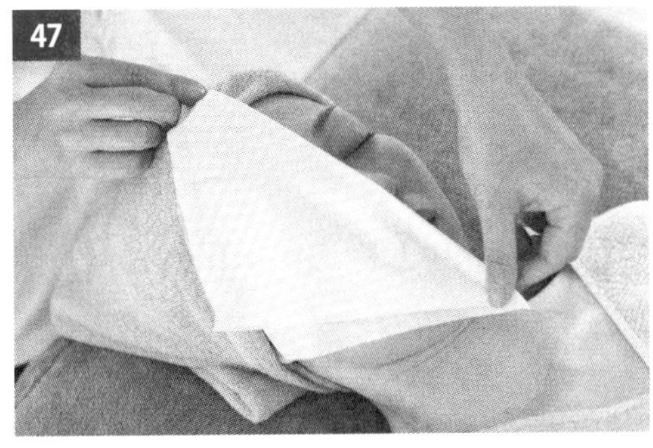

48 頭頂部の右手のティッシュと、顎先側の左手のティッシュを持ち裏返す。

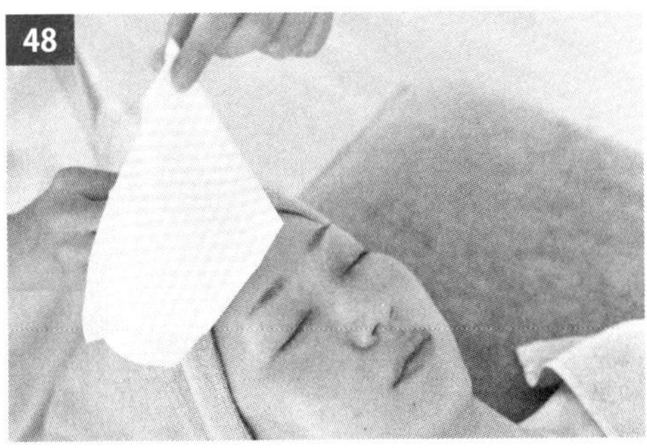

49 ティッシュは使っていないほうに切り替えて、反対側（左側）の半眼にティッシュを置く。

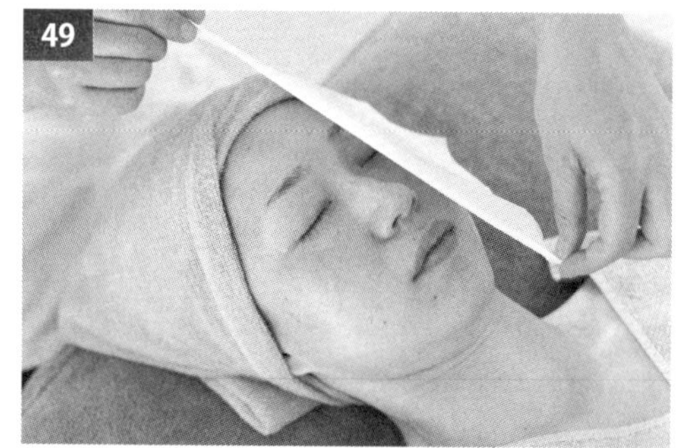

50 左手で左目頭のくぼみに溜まった溶材を軽くプッシュしてティッシュオフする。

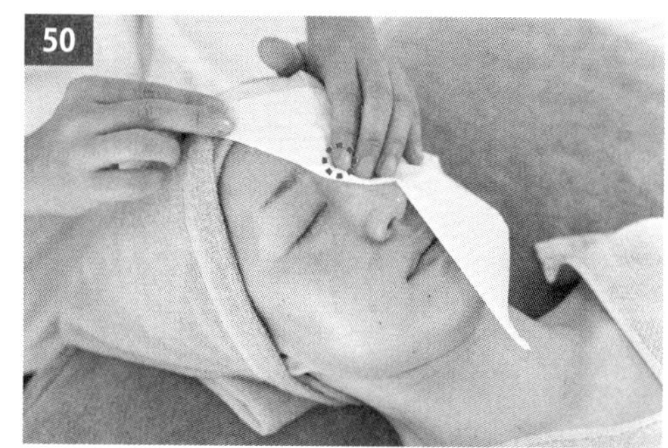

51 左手で左の小鼻の脇に溜まった溶材を軽くプッシュしてティッシュオフする。

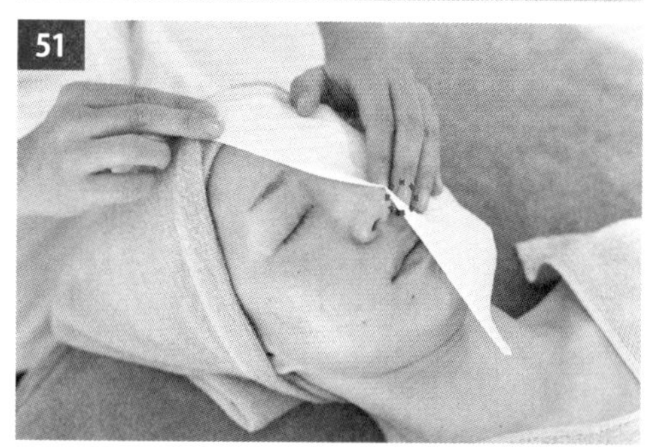

52 左手で左手の示指と中指で、唇の上下のくぼみに溜まった溶材を軽くプッシュしてティッシュオフする。

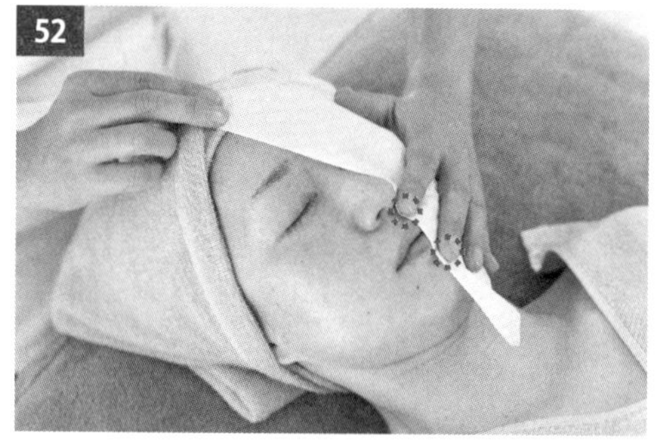

53 左手の四指を使い、額から顎先に向かって、左顔全体を軽擦するようにしてティッシュオフする。

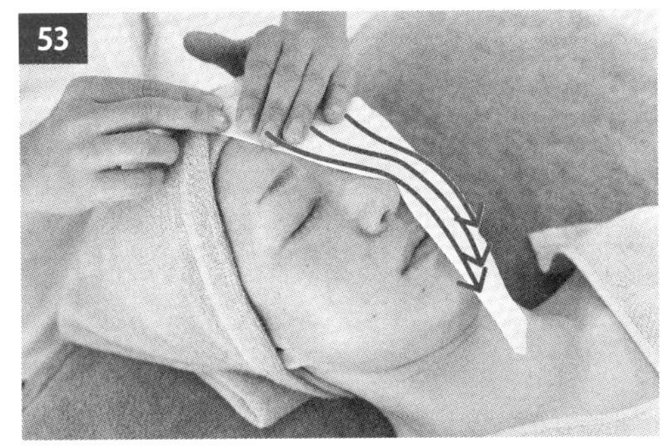

54 右手でティッシュの上下の角を持ち母指で挟み持つ。

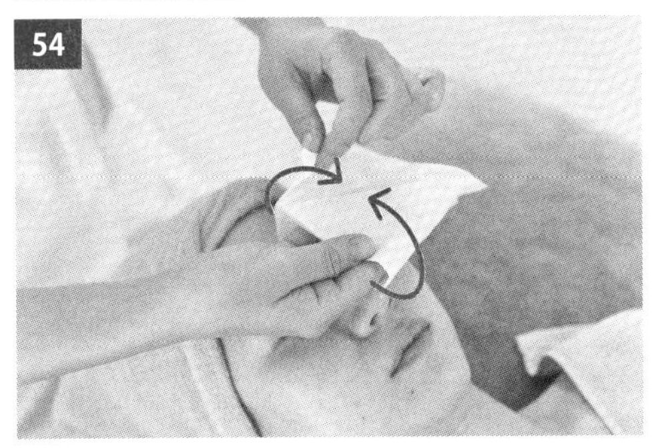

55 三角形の３点を全て右手母指で挟み持ち、ミトンのような形を作る。

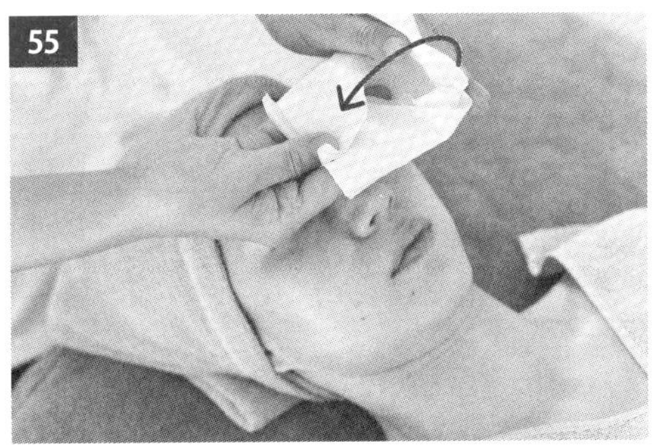

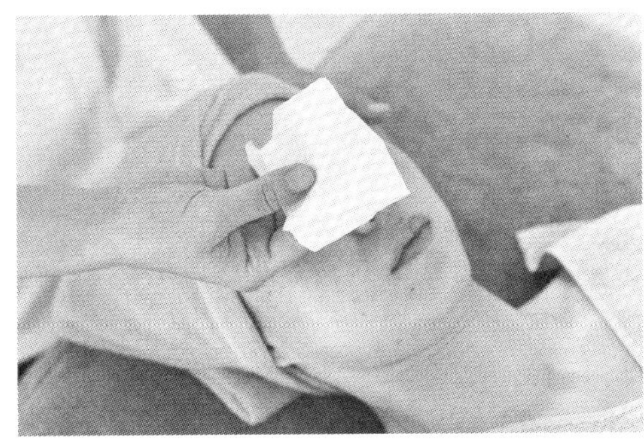

56 まだ取り切れていない溶材を拭き取る（左の小鼻の脇）。

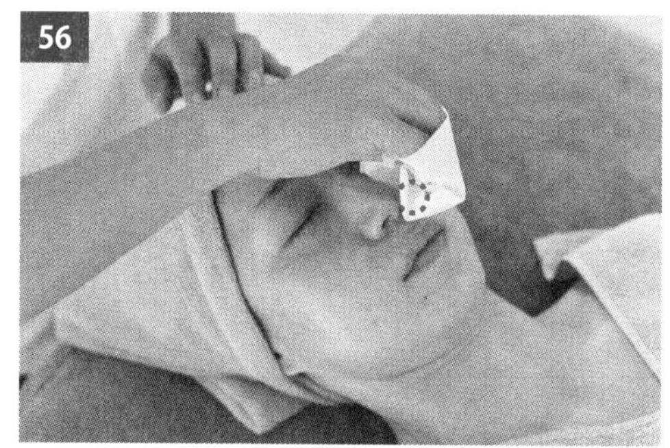

57 まだ取り切れていない溶材を拭き取る（鼻の下）。

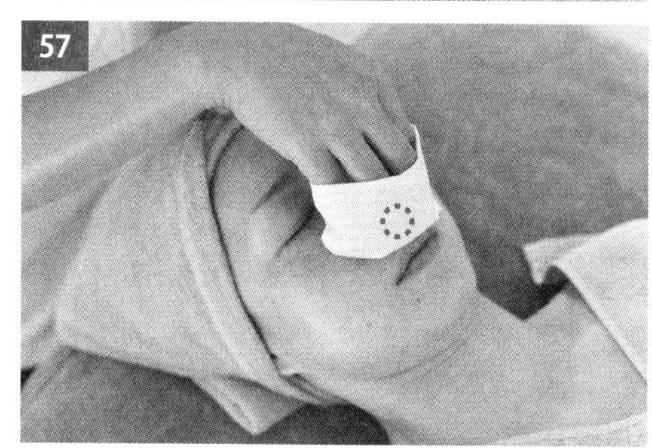

58 まだ取り切れていない溶材を拭き取る（右の小鼻の脇）。

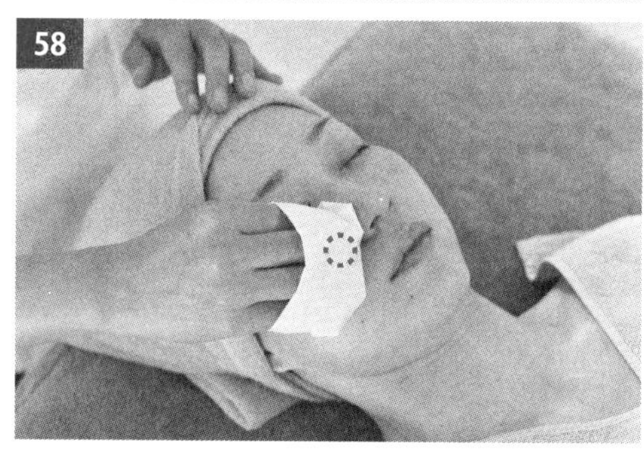

59 まだ取り切れていない溶材を拭き取る（下唇の下のくぼみ）。

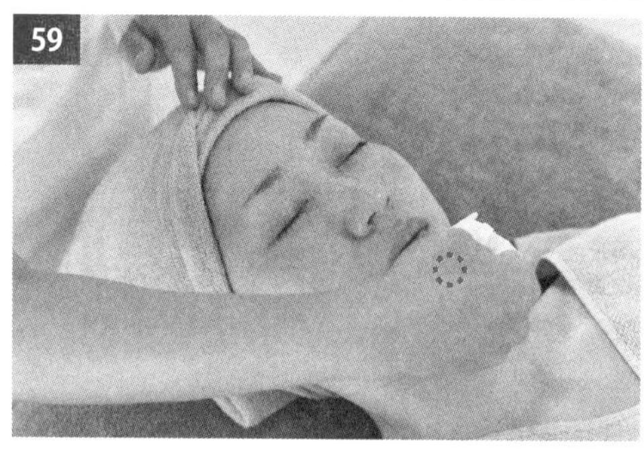

60 まだ取り切れていない溶材を拭き取る（右半顔の顎裏）。

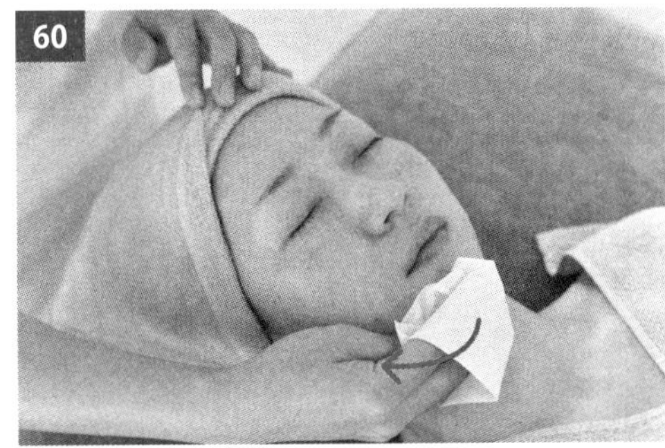

61 まだ取り切れていない溶材を拭き取る（左半顔の顎裏）。

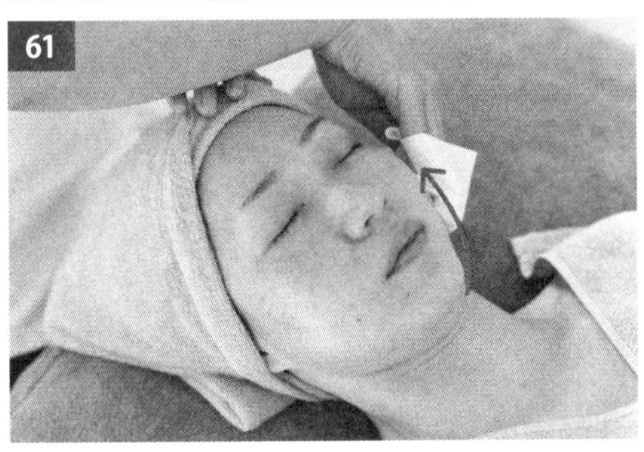

第7章

ヘッドマッサージ

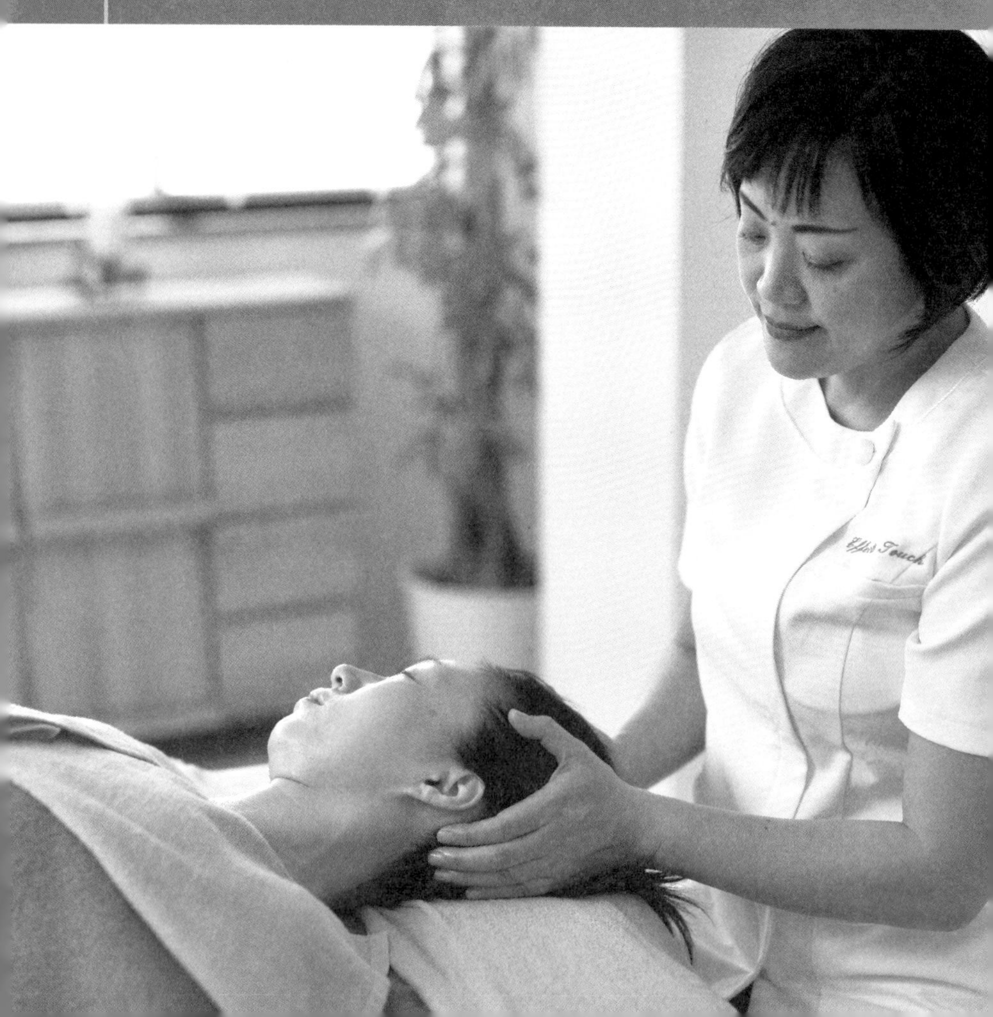

Process

❶ 側頭筋、帽状腱膜の四指軽擦

❷ 後頭筋、僧帽筋の三指輪状軽擦

❸ 後頭筋、側頭筋、帽状腱膜の四指軽擦

❹ 頭部の母指押圧

タオルワーク（ターバンを外す）

01 ターバンの留めが上になっている側から開く（写真は右側）。

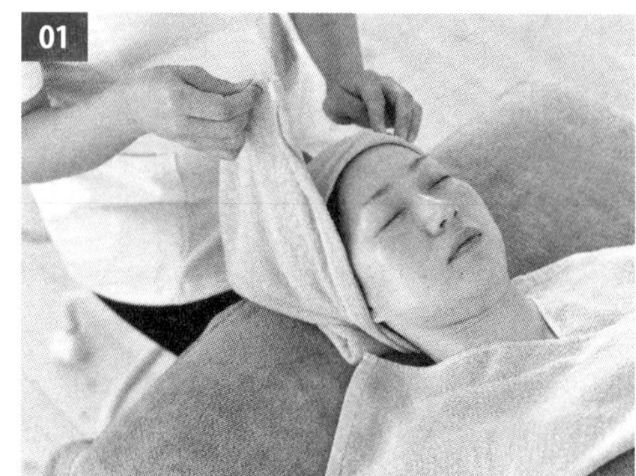

02 反対側（写真は左側）も同様に開く。

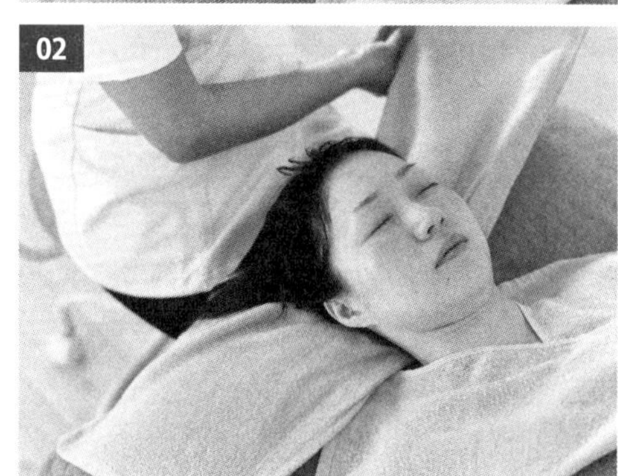

03 タオルにしわが寄らないように両サイドを持ち整える。

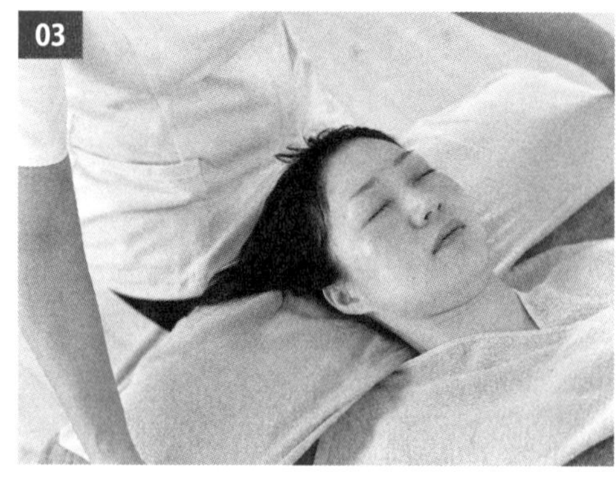

❶ 側頭筋、帽状腱膜の四指軽擦

四指の第一関節が頭皮に接地するように、指腹の面を広く使って行います。生え際からベッドに向かってなで下ろしていきます。頭部側面のアプローチでは、圧の方向は、両手でクライアントの頭を挟むように内側に掛けます。頭頂部分は、クライアントの足の方向に圧を掛けますが、頸部まで圧が届かないくらいで行います。クライアントの頭がガタガタと動いてしまう時は、圧が強すぎるので弱くしましょう。

04 クライアントの頭頂部に立つ。

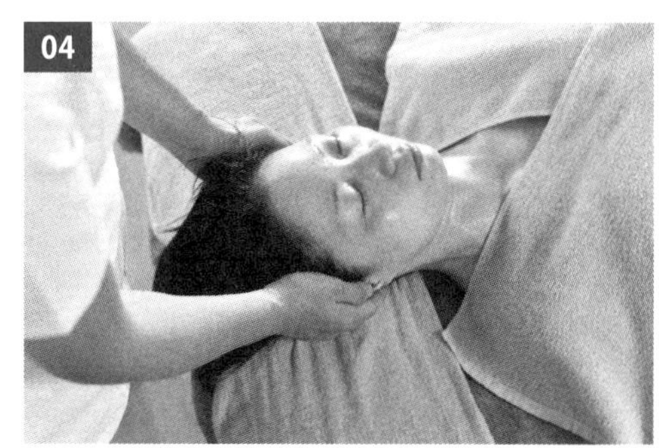

05 両手で頭を抱えるようにして、耳の脇の生え際に四指を置いてスタート。

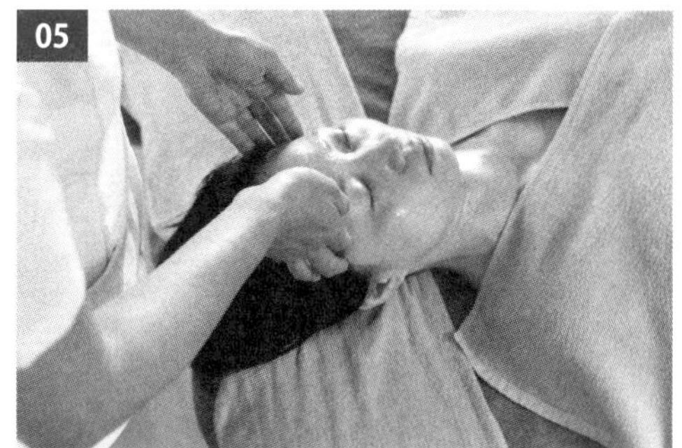

06 頭蓋骨の形状に四指を滑らすように生え際からベッドの方向に向かってスライドさせ、側頭筋をアプローチ。同じ場所を何度かアプローチする。

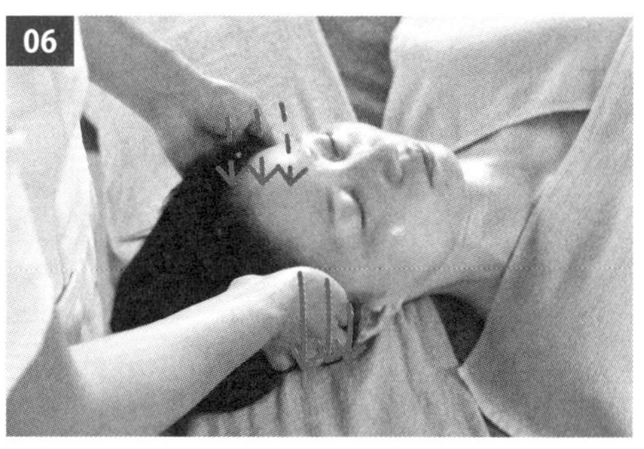

07 少しずつ位置を頭頂の方向にずらしていく。

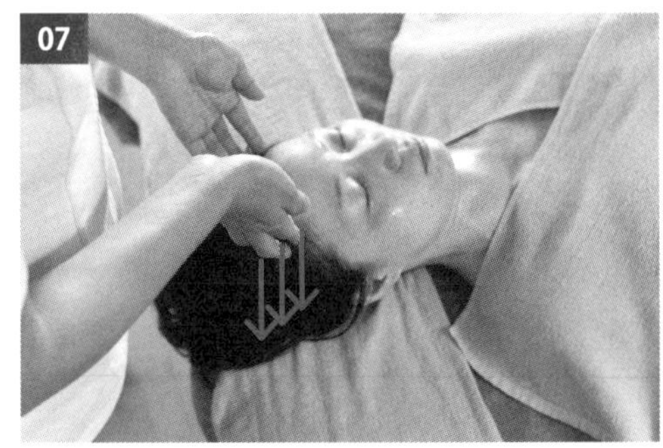

08 頭頂部まで行ったら、帽状腱膜を意識して何度かアプローチする。

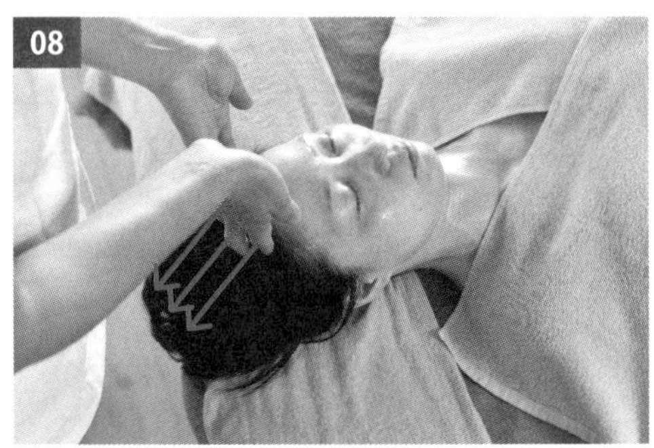

09 頭頂部から側頭部まで戻っていく。

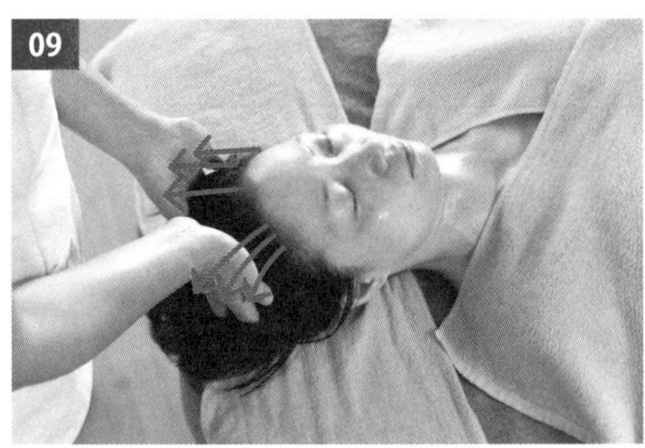

10 耳の横まで戻ってきたらスツールに座る。

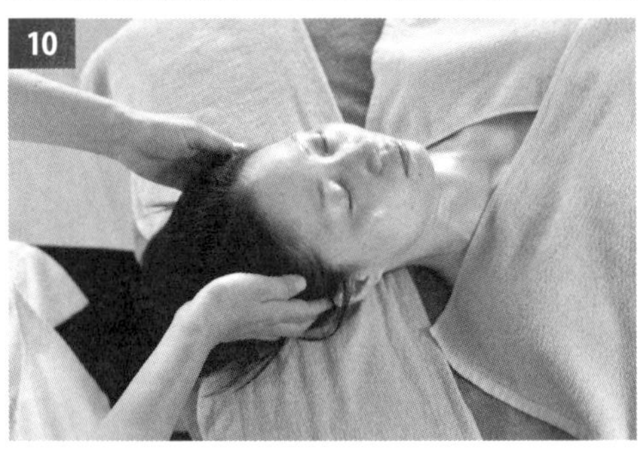

❷ 後頭筋、僧帽筋の三指輪状軽擦

施術を行うほうの手の三指（示指、中指、環指）を後頭骨に当てて、もう片方の手は頭を抱えるように頭部にサポートします。この時、サポートの手が額の皮膚に直接触れないように注意します。輪状軽擦は、指の面は第一関節まで後頭部の頭蓋骨に密着させます。指の関節がつっぱった状態だと密着が外れてしまうので、関節を緩めて後頭部のカーブに沿わせるようにアプローチします。

顔の向きを変える

11 両手で頭を持ち抱える。

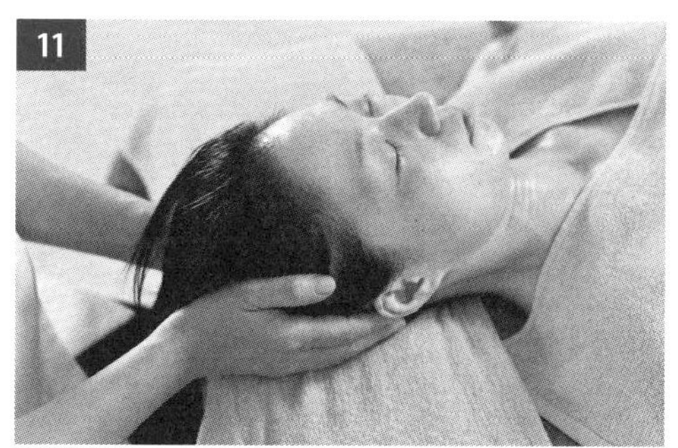

12 顔の向きを横向き（左向き）に変える。

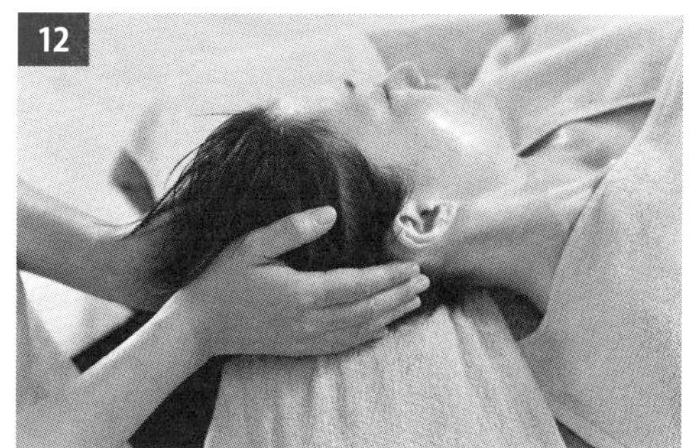

13 サポートの手は、額の皮膚に直接触れないように頭皮の部分に当てる。

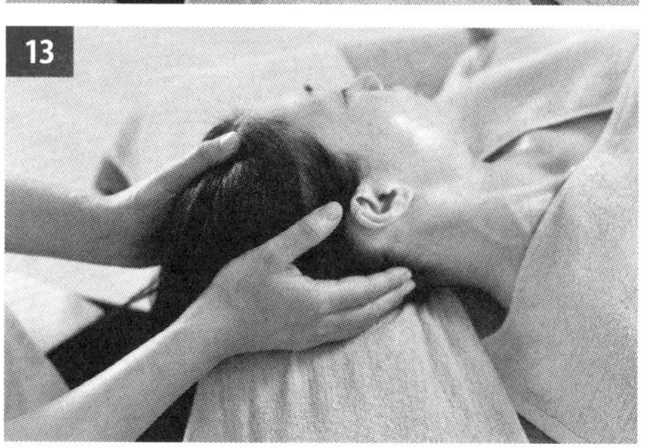

❸ 後頭筋、側頭筋、帽状腱膜の四指軽擦

14 後頭骨の下部に三指を当ててスタート。

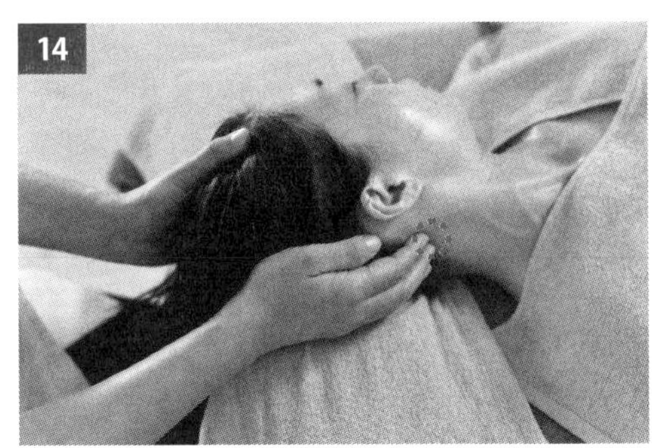

15 後頭筋と僧帽筋上部（上項線）の辺りを３ラインに分けて輪状軽擦。１ライン目は、耳からベッドの方向に輪状軽擦をしながら移動。

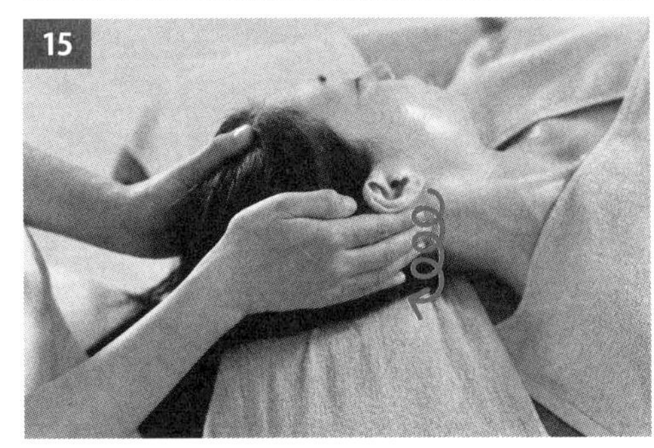

16 耳まで戻ってきて１ライン目と同様に２ライン目も行う。

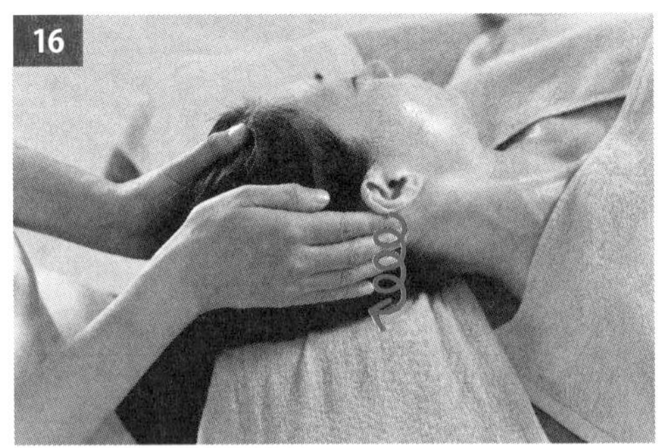

17 耳の上部から３ライン目も同様に。

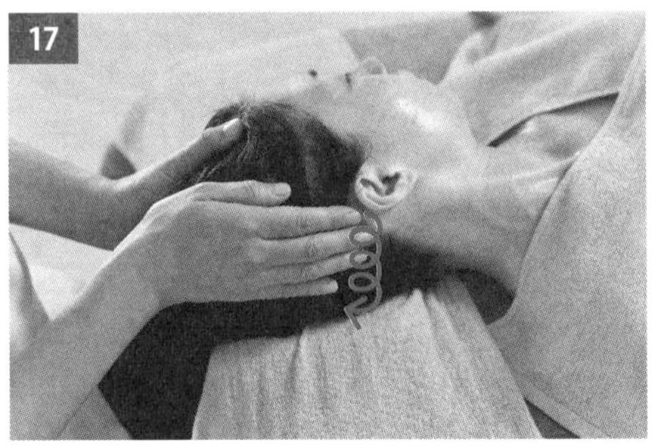

上記の手順 **15**～**17** を繰り返す。

18 後頭骨の下部に手を戻す。

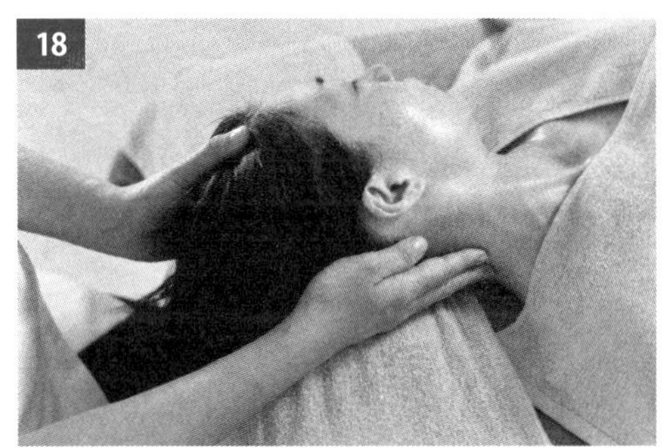

19 サポートしている手の方向に圧を掛けながら、頭頂に向かって髪の毛をかき上げるようにスライドさせる。頭頂までロングストロークで移動させる。

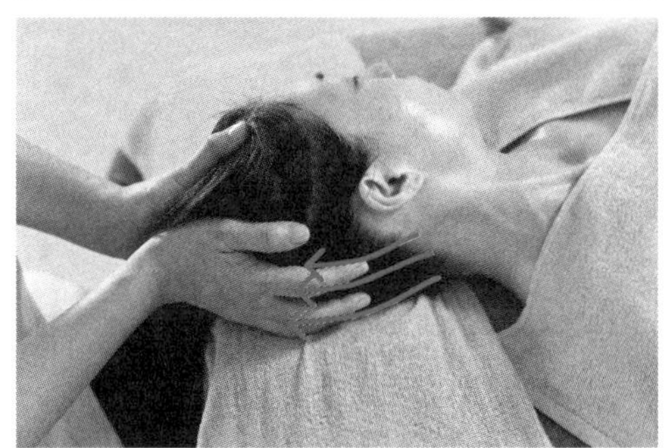

上記の手順 **18** ～ **19** を繰り返す。
頭を戻し、反対側も同様に行う。

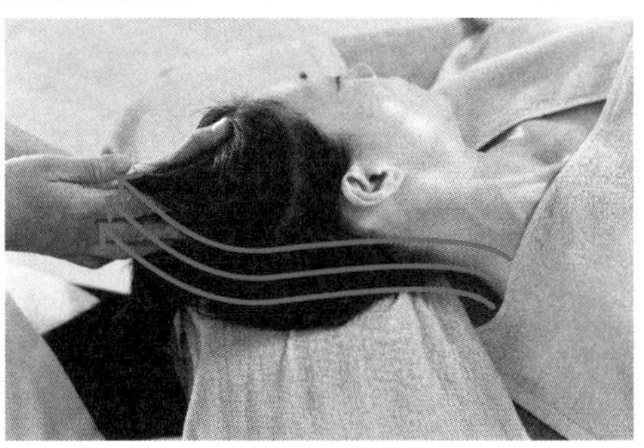

❹ 頭部の母指押圧

両手で頭を抱えるように持ち、生え際から正中線上は母指を重ね合わせて行います。瞳の延長線上は、両母指で左右を同時に押圧します。１カ所１～２秒ほどゆっくりと圧を掛けながら、頭頂の方向に移動してアプローチしていきます。

20 母指を重ねて正中線の生え際部分に置き、スタート。

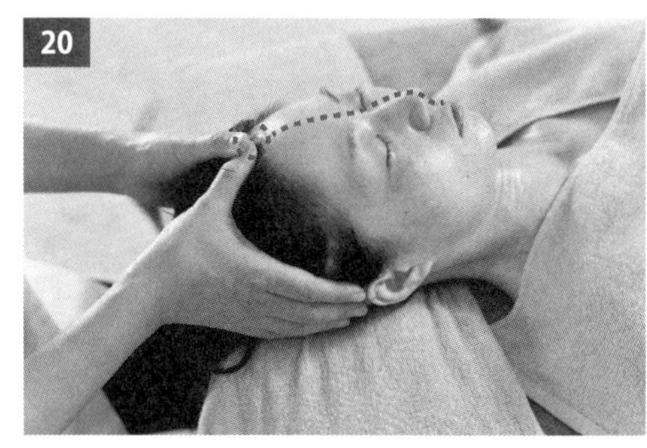

21 １点目。１～２秒ほど押圧しながら、頭頂部に向かって移動。頭頂まで４カ所ほど押圧。

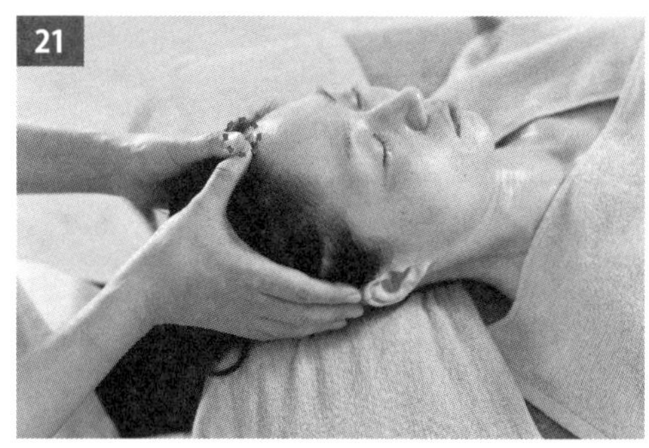

22 ２点目。

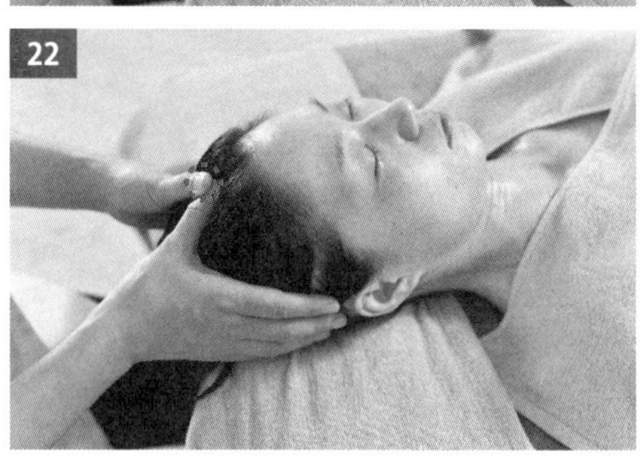

23　３点目。

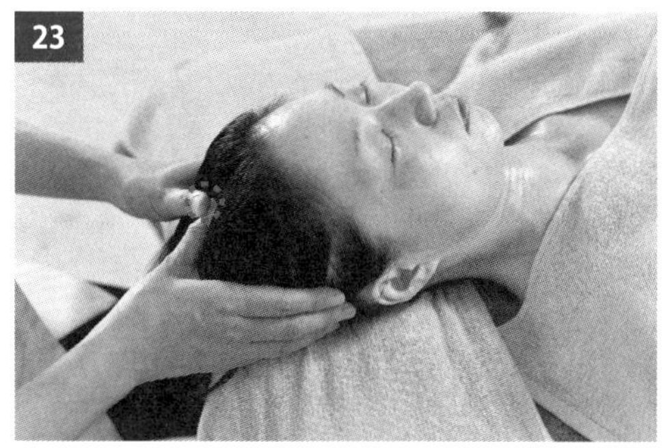

24　４点目。

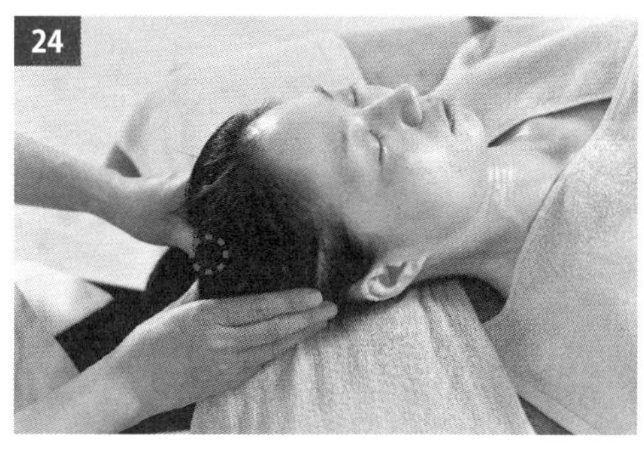

上記の手順 **21** ～ **24** を繰り返す。

25　両母指を左右の瞳の延長線上の生え際部分に置き、スタート。

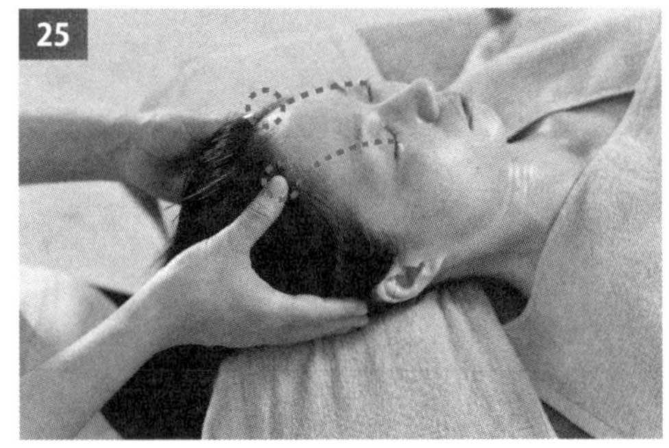

26　1点目。1～2秒ほど左右同時に押圧しながら、頭頂方向に4カ所ほど押圧しながら移動。

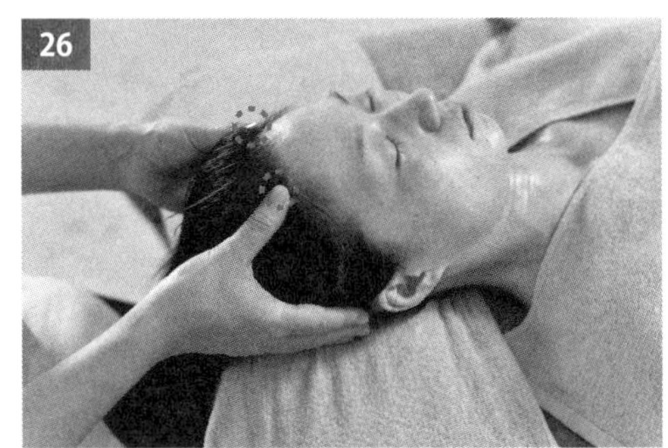

27　2点目。

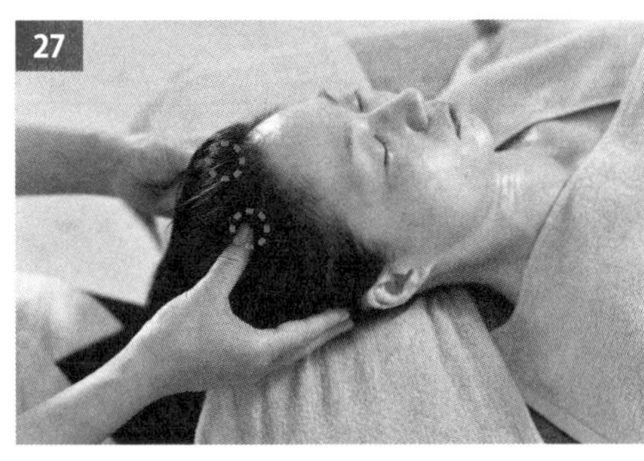

28　3点目。

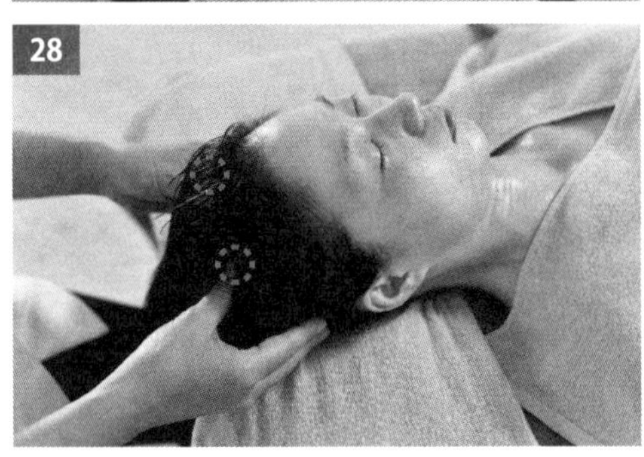

29　4点目。

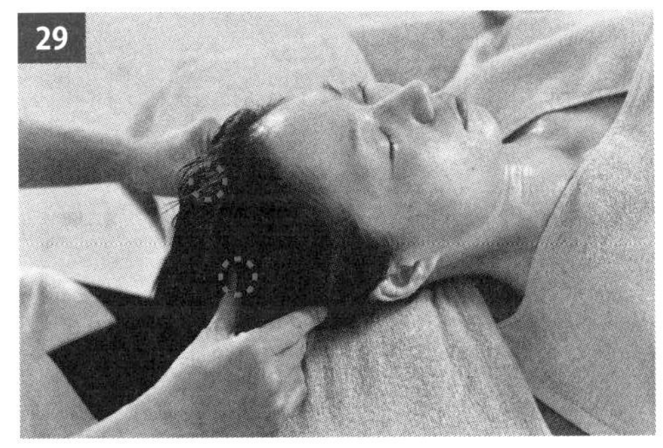

上記の手順 **26** ～ **29** を繰り返す。

30　鎮静で頭部を包み込んで数秒、頭を抱える。

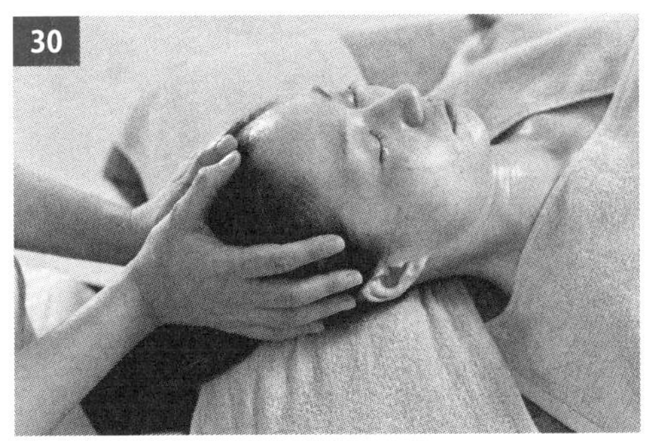

31　ゆっくりと手を離してヘッドマッサージを終える。

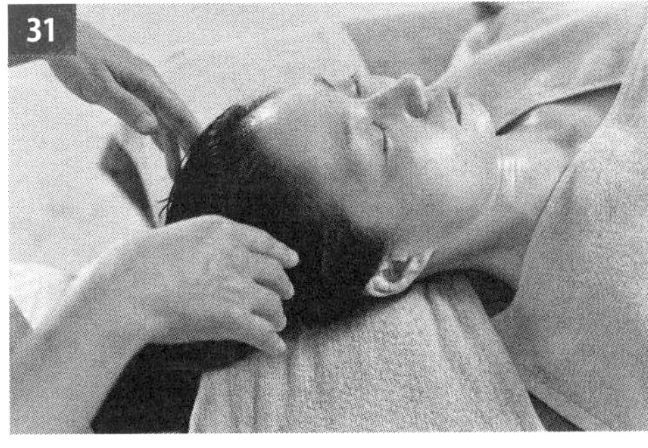

後頭筋のプロフィール

帽状腱膜で前頭筋とつながっているので、フェイシャルのオイルトリートメントで前頭筋をアプローチし、ヘッドマッサージで帽状腱膜と後頭筋をアプローチすると良いでしょう。前頭筋、帽状腱膜、後頭筋を一つとして前頭後頭筋と記されている書も多いですが、ヒトの場合、後頭筋の働きは弱く、また、帽状腱膜はあまり動かないため、筋肉の動きとしては前頭筋と後頭筋を分けて考えたほうが良いでしょう。

▶後頭筋（こうとうきん）

【付着】 起始：後頭骨（最上項線外側）
停止：帽状腱膜

【作用】 頭皮を後ろに引く（ヒトではほとんど動かない）

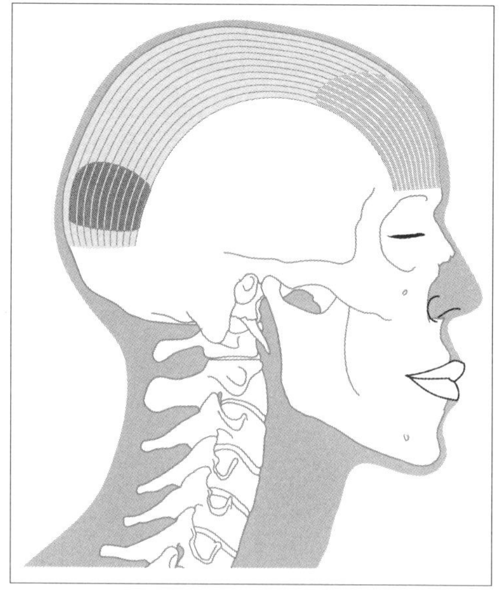

おわりに

私は2005年に異業種からセラピストの世界に飛び込みました。右も左もわからない状態でしたので、知識や施術のスキルアップには参考書や専門書が有効な研鑽ツールでした。ボディ向けの書籍はたくさん手に入りましたが、フェイシャル向けの書籍が少ないことに困惑しておりました。これは15年経った今でも解消されていないと感じています。

「オイルトリートメント向けのフェイシャルの施術法が書かれた本は、あまり見かけないな〜」「顔の解剖学を細かく示したセラピスト向けの本がないな〜」「施術と解剖学をリンクさせた本が欲しいけどどこに売っているのかしら？」と感じていたので、本書はそれらを全て盛り込んだ内容にして書きました。

施術工程はオイルトリートメントとして紹介していますが、クリームを使用した施術でも可能です。オールハンドでフェイシャルを行う施術家のための本にしました。

本書が、肌の健康と美をお届けするセラピストの助けになりましたら嬉しいです。

2019年に念願の初めての刊行から、1年後に2冊目の出版ができたことは周りの皆様のおかげでございます。1冊目の『エフルラージュの教科書』から引き続きお世話になったBABジャパンの森口敦さん、2冊目の執筆のチャンスを与えてくださった東口敏郎社長、セラピストのためを第一に考えながら監修をしてくださった野溝明子先生、長時間の撮影モデルに協力してくださったエフェクティブタッチ・セラピストの弥登由紀子さん、施術工程の膨大な枚数を撮影してくださったカメラマンの漆戸美保さん、執筆に寄り添い協力してくださった近藤友暁さん、その他本書に関わってくださった全ての皆様に深く感謝申し上げます。

小澤智子

著者◎小澤 智子　Tomoko Ozawa

エフェクティブタッチ®スクール校長。Well-being 株式会社・代表取締役。都内でアロマテラピーのサロン、及びセラピスト育成のためのスクールを運営。平成 21 年度、文部科学省委託事業・理容師美容師エステティシャン高度専門課程教育プログラム・開発委員。英国 IFA 認定アロマセラピスト。(社)日本心理学会・認定心理士。

◎アロマスクールのエフェクティブタッチ
http://therapure.jp/
◎自由が丘のアロマセラピーサロン　エフェクティブタッチ
http://effective-touch.com/
◎オザティのオフィシャルブログ
https://ameblo.jp/therapure/

監修者◎野溝 明子　Akiko Nomizo

医学博士、鍼灸師、介護支援専門員。東京大学理学部卒、同理学部修士課程修了（理学修士）、同博士課程中退し東京大学医学部（養老孟司教室）で学んだ後、東京大学総合研究博物館医学部門客員研究員。順天堂大学医学部解剖学・生体構造科学講座で医学博士取得。各種医療系大学、専門学校で非常勤講師を務める。また、鍼灸師として治療にあたり、緩和ケアや高齢者の医療・介護の相談にものっている。

撮影 ● 漆戸美保
撮影モデル ● 弥登由紀子
協力 ● 近藤友暁
解剖図 ● 川本満（メディカ）
イラスト（序章）● 中島啓子、澤川美代子
本文デザイン ● 澤川美代子
装丁デザイン ● やなかひでゆき

フェイシャル・エフルラージュ

1回で結果が出る！ 解剖学に基づくソフトな軽擦法

2020 年 4 月 1 日　初版第 1 刷発行

著　者　　小澤智子
監修者　　野溝明子
発行者　　東口敏郎
発行所　　株式会社 BAB ジャパン
〒 151-0073 東京都渋谷区笹塚 1-30-11　4・5F
TEL　03-3469-0135　　FAX　03-3469-0162
URL　http://www.bab.co.jp/
E-mail　shop@bab.co.jp
郵便振替 00140-7-116767
印刷・製本　中央精版印刷株式会社

ISBN978-4-8142-0274-4 C2077

BOOK

エフルラージュの教科書

解剖学に基づく柔らかい軽擦法で " 驚き " の効果！

筋肉の状態に合わせた、優しいタッチで結果を出す！　解剖学的裏付けで説明もできるからリピート率大幅 UP!　エフェクティブタッチ・テクニークは、セラピスト自身が「楽しみながら」、クライアントに「幸せと感動」を与える技術です。オイルマッサージなどの手技療法は、リラクゼーションや癒しだけを提供するものではありません。クライアントの身体に合わせたアプローチによって、たった１回で、驚くほど心身が変わります！

■小澤智子 著　■野溝明子 監修
■ A5 判　■ 208 頁
■本体 1,600 円＋税

DVD

エフルラージュの教科書　全２巻

～たった１回の施術で結果が出る軽擦法～

筋肉の付着に注目した、深層筋までほぐすテクニック。優しいタッチなので、セラピストへの負担が少なくて済みます。覚えるには少し時間が掛かります。ですが、形だけだった手技が自分の強みになる指導内容です。

第１巻：背中 / 上腕・前腕編
■指導・監修：小澤智子
■ 60 分　■本体 5,000 円＋税

第２巻：下肢 / デコルテ / 腹部編
■指導・監修：小澤智子
■ 58 分　■本体 5,000 円＋税

通販限定２巻セット：■ 9,170 円（税込）

BOOK Collection

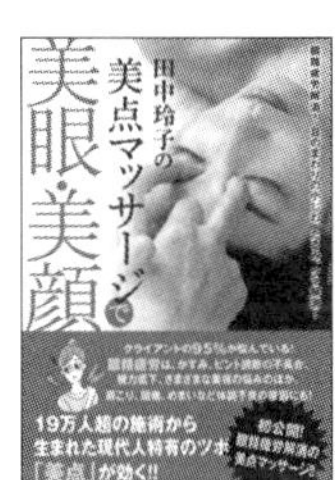

眼精疲労解消! 目のまわりの小じわ、たるみ、クマ解消!

田中玲子の**美点マッサージで美眼・美顔**

初公開! 眼精疲労解消の美点マッサージ!! 19万人超の施術から生まれた現代人特有のツボ「美点」が効く! クライアントの95%が悩んでいる! 眼精疲労は、かすみ、ピント調節の不具合、視力低下、さまざまな美容の悩みのほか、肩こり、頭痛、めまいなど体調不良の原因にも!

●田中玲子 著 ●A5判 ●144頁 ●本体1,500円+税

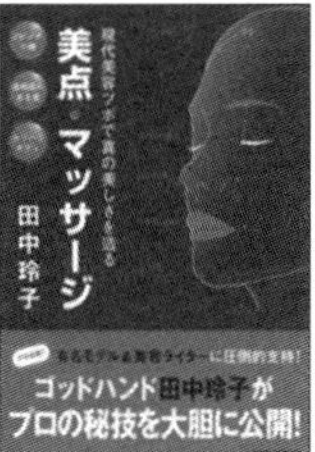

現代美容ツボで真の美しさを造る **美点マッサージ**

ゴッドハンド田中玲子が12万人を施術してわかった新たな美容ツボの厳密な位置を初公開。美点を的確に捕らえて、滞った場所を促し、循環の良い身体をつくのが美点の最大の特徴なので、本を見ながら美点をプッシュするだけでも、美容効果が期待できます。指先や、指の先端を使ったマッサージ方法、もみほぐしたり、流したりする技術、圧のかけ方、時間のかけかたなど、さまざまな技術がこの本一冊で習得できます。

●田中玲子 著 ●A5判 ●158頁 ●本体1,600円+税

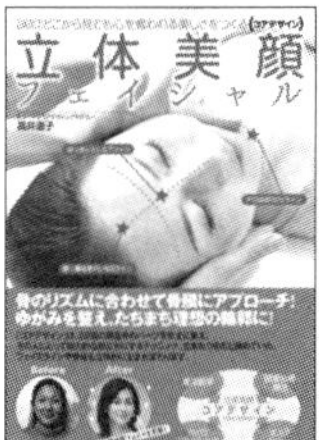

360° どこから見ても心を奪われる美しさをつくる

立体美顔（コアデザイン）フェイシャル

骨のリズムに合わせて骨膜にアプローチ! ゆがみを整え、たちまち理想の輪郭に!「コアデザイン」は22個の頭蓋骨のパーツを安全に整え、その人にとって魅力的な顔立ちにするテクニック。生まれつきだと諦めていた、フェイスラインや骨格も立体的に生まれ変わります。

●高井道子 著 ●A5判 ●160頁 ●本体1,400円+税

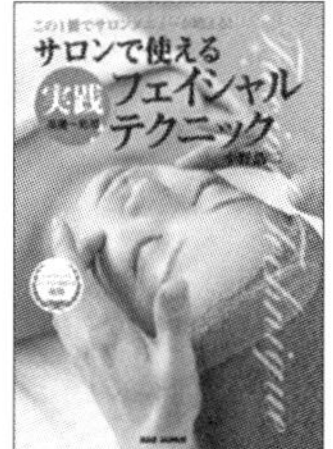

この1冊でサロンメニューが増える!

サロンで使える実践フェイシャルテクニック

35パターンのテクニックを写真で詳しく紹介! この1冊で完璧なトリートメント技術が身に付く! フェイスライン、頬、目元、ほうれい線——むくみ・たるみ・シワの技術がこの1枚に! クライアントの要望の多いフェイシャルテクニックをエステ界のカリスマ・小野浩二先生が丁寧に指導・解説。

●小野浩二 著 ●A5判 ●147頁 ●本体1,200円+税

ダニエル・マードン式 メディカルリンパドレナージュ

リンパとホルモンの解剖生理

ダニエル・マードン氏が、リンパドレナージュを発展させたマッサージメソッド「アロマプレッシャー」。これまでのリンパドレナージュの効果をより高める施術として、多くのセラピストから注目されています。本書では、アロマプレッシャーの基本となる、リンパ、ホルモンの解剖生理を丁寧に解説し、さらに実際の施術を詳しいプロセス写真つきで紹介します!

●高橋結子 著 ●A5判 ●256頁 ●本体1,800円+税

MAGAZINE Collection

アロマテラピー＋カウンセリングと自然療法の専門誌

セラピスト

スキルを身につけキャリアアップを目指す方を対象とした、セラピストのための専門誌。セラピストになるための学校と資格、セラピーサロンで必要な知識・テクニック・マナー、そしてカウンセリング・テクニックも詳細に解説しています。

●隔月刊 〈奇数月7日発売〉 ●A4変形判 ●164頁
●本体909円＋税 ●年間定期購読料6,000円（税込・送料無料）

Therapy Life.jp セラピーのある生活

http://www.therapylife.jp/

セラピーや美容に関する話題のニュースから最新技術や知識がわかる総合情報サイト

セラピーライフ 検索

業界の最新ニュースをはじめ、様々なスキルアップ、キャリアアップのためのウェブ特集、連載、動画などのコンテンツや、全国のサロン、ショップ、スクール、イベント、求人情報などがご覧いただけるポータルサイトです。

オススメ

『記事ダウンロード』…セラピスト誌のバックナンバーから厳選した人気記事を無料でご覧いただけます。
『サーチ＆ガイド』…全国のサロン、スクール、セミナー、イベント、求人などの情報掲載。
WEB『簡単診断テスト』…ココロとカラダのさまざまな診断テストを紹介します。
『LIVE、WEBセミナー』…一流講師達の、実際のライブでのセミナー情報や、WEB通信講座をご紹介。

ソーシャルメディアとの連携

公式twitter「therapist_bab」

『セラピスト』facebook公式ページ

トップクラスの技術とノウハウがいつでもどこでも見放題！

WEB動画講座

THERAPY COLLEGE

セラピーNETカレッジ

www.therapynetcollege.com セラピー 動画 検索

セラピー・ネット・カレッジ（TNCC）はセラピスト誌が運営する業界初のWEB動画サイトです。現在、150名を超える一流講師の200講座以上、500以上の動画を配信中！ すべての講座を受講できる「本科コース」、各カテゴリーごとに厳選された5つの講座を受講できる「専科コース」、学びたい講座だけを視聴する「単科コース」の3つのコースから選べます。さまざまな技術やノウハウが身につく当サイトをぜひご活用ください！

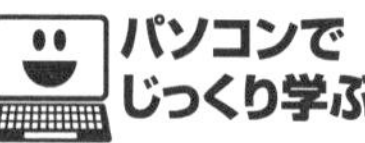

スマホで効率よく学ぶ!

タブレットで気軽に学ぶ!

月額2,050円で見放題！ 毎月新講座が登場！
一流講師180名以上の270講座を配信中!!